黄济 讲国学

国家教育行政学院国学教育研究中心推荐

黄 济 著

学古而不泥古

尊儒兼顾百家

山东城市出版传媒集团·济南出版社

图书在版编目（CIP）数据

黄济讲国学 / 黄济著.—济南：济南出版社，2021.1
ISBN 978-7-5488-4248-4

Ⅰ.①黄… Ⅱ.①黄… Ⅲ.①国学—通俗读物
Ⅳ.①Z126-49

中国版本图书馆CIP数据核字（2020）第264074号

出 版 人　崔　刚
丛书策划　冀瑞雪
责任编辑　冀春雨
图书审读　任肖琳
装帧设计　刘　丽

出版发行　济南出版社
地　　址　山东省济南市二环南路1号（250002）
编辑热线　0531-86131747（编辑室）
发行热线　82709072 86131701 86131729 82924885（发行部）
印　　刷　山东新华印刷厂潍坊厂
版　　次　2021年1月第1版
印　　次　2021年1月第1次印刷
成品尺寸　170 mm×240 mm 16开
印　　张　18.25
字　　数　290千
印　　数　1-5000册
定　　价　39.00元

（济南版图书，如有印装错误，请与出版社联系调换。
联系电话：0531-86131736）

前 言

国学，简言之就是中国的学术，就其一般概念而言是指中国古代文化典籍的集成和总汇。国学和文化的关系既有联系又有区别。文化一般分为物质文化、制度文化和精神文化，国学属于精神文化中的典籍部分。

中国是一个有五千年文化的古国，我们的古圣先贤为我们留下了浩如烟海的文化典籍，是中华民族智慧的结晶，是我们取之不尽的文化宝藏。继承和发扬这份优秀的文化遗产，作为建设现代文化的基石，并用来教育人民特别是青少年一代，是我们广大教育工作者的光荣职责。

国学包含了哪些具体内容？国学如何分类？古往今来有着各种不同见解和主张，从汉代刘歆的《七略》（包括辑略、六艺略、诸子略、诗赋略、兵书略、术数略、方技略）起，到清代永瑢和纪昀主编的《四库全书》（包括经、史、子、集）止，其间有着不同分类。随着时代的发展和编纂者的不同见解，不仅分类的名称不同，而且在各类中所包含的内容也有差异。本书所列的"十讲"，基本上是以《四库全书》的经、史、子、集为基础，但为了照顾学者的特点和需要，突出了诗文，并增加了"中国经典文化源流概述"和"蒙养教育与蒙养教材"两讲，以便给读者以整体的概念，以及由浅入深的学习阶梯，逐步由"升堂"到"入室"。下面我把国学内容分为"十讲"来讲述。

这"十讲"的题目分别是：中国经典文化源流概述，蒙养教育与蒙养教材，解读"四书"，解读诸经，诸子简介，读史，文、赋解说，诗、词解说，曲、杂剧选介，小说选介。在"文、赋解说"中附加了学规和家规选介，在"小说选介"后附加了楹联和谜语选介等，以增广见闻。从所选的题目来看，与以往的诗文选集有所不同的是包含了经、史、子、集多方面的内容，促进读者对我国古典文献的全面了解；并增加了传说、故事、楹联、谜语等通俗文学，以拓宽学者的知识视野。就其时限来说，上起尧舜，下至近代，对三江五岳的人文知识和生活经验广为涉猎。引导读者全面学习中国古典文献，是本书的一大特点。

学习中国古典文化典籍，是建立有中国特色的社会主义文化的一项必要措施。但要做到"古为今用"，必须坚持正确的历史观点和科学态度，因为历史文献都是在一定历史背景下的产物，其中有的可以超越时代的局限，是人类文化中的普遍真理，但在大多数的古代文献中，难免带有历史的以至阶级的局限，经常是精华与糟粕杂陈。这就要用科学的方法来作分析，才能做到去粗取精、去伪存真，并与时俱进地为今日所用。所以出现"国学热"是好事，但必须掌握一个"度"，如果超过了"度"，就会出现"过犹不及"的问题。形而上学地对待历史文化，说好一切皆好，说坏一切皆坏，在历史上曾经出现过，在今天也可能发生，应当引以为戒。因而如何有选择、有分析地学习历史文化遗产，并恰当地联系实际，做到"古为今用"，这些工作，还需要我们认真地去做。对于青少年来说，应以学习诗、文为主，并根据具体情况进行选读。

另外，处理好学习我国古代优秀文化典籍与学习西方的现代文化和先进科技的关系，也是摆在我们面前的一个重要课题。特别是在中小学教育中，一定要处理好学习中国古代诗文与学习现代数理化生以及外国文学的关系。如果强调学习中国古典文献而缩减了对现代文化和科技的学习，这是不恰当的，其后果会遗患无穷。因而全面处理中西关系，做好"洋为中用"，也是一个重要的课题。我们的教育应该是走"面向世界""面向未来"的现代化之路，对中小学的教育来说，尤其需要打好全面的文化学习基础，任何偏颇都会带来重大的损失。我们在撰写此书时，力求以科学为指导，为青少年全面学习我国古代文化经典尽一微薄之力，并发挥一点引路作用。

在撰写工作中，参阅了游国恩教授主编的《中国文学史》、杜祖贻教授主编的《中国文学古典精华》及其参考资料、邱燮友教授等编著的《国学课》、裴治国教授等主编的《中国古籍二百种提要》等专著，以及《辞源》《辞海》等工具书和其他有关的专著和论文，在此一并深致谢意！恕不一一注出。

本书草稿写出后，请王策三教授和王炳照教授进行了审阅，他们不顾身体的年老体迈，在百忙中作了认真的审阅，提出了许多非常中肯的意见和建议，并给予了很多的鼓励和奖誉，共襄其成，对此表示衷心的感谢！

在此，我还怀念起我的私塾老师朱子勃先生，他虽是清末秀才、我县宿儒，但他思想不老化、不固执，他学古而不泥古，尊儒而不排他。他给予了我中国古典文化的有益知识，培养了我为文、赋诗的初步能力，更指点了我如何对待古代文化遗产的分析态度，他为我八九年的私塾教育画了一个句号。我之所以有今日，大部来自朱师。其爱生如子、谆谆教诲的形象，使我终生难忘。

黄　济

庚寅春日于新风居

目　录

第一讲　中国经典文化源流概述

一、远古至夏、商、周时期

文化的起源，同原始人的劳动、生活和语言的发展密切相关。鲁迅在《且介亭杂文·门外文谈》中指出，远古人在劳动中喊出的"杭育、杭育"的劳动号子，就是最早的诗歌。在《尚书·舜典》"舜命夔典乐"一节中，也有"击石拊石，百兽率舞"的记载。可见最早的诗歌和舞蹈是源于劳动和生活的，有的还是对动物活动的模仿。这些原始的文化，是靠实践和语言来传承的。甲骨文的出现，是中国最早的文字记录，也可以视为有文、史的肇始。

（一）在古代神话中，除盘古氏开天辟地、女娲炼石补天和造人的神话之外，其中最能反映原始文化的应是伏羲氏与神农氏两位先祖。有关他们的记载，在《易经》《韩非子》《淮南子》《史记》等书中都有所涉及，尤以《易经·系辞下》记述较详。伏羲氏画八卦以状物记事，制网罟以教民渔猎。神农氏制耒耜以教民稼穑，尝百草以治疗民疾。至黄帝则制作文字、建立制度，使民步入有史记载的时代，是史前文明的结束，真正文化的开始。《史记》在追述三皇五帝的历史时，也是自黄帝（轩辕氏）始。《千字文》中所说的"龙师火帝，鸟官人皇，始制文字，乃服衣裳"，也是指的伏羲氏、神农氏、黄帝和嫘祖（传说嫘祖是黄帝的妻子）的故事。伏羲神农时代，具体地反映了远古的渔猎时代到农耕时代的发展过程；到黄帝才开始有了文字和社会制度等原始文明的创建。此外，还有有巢氏教民构木为巢，从穴居野处到构筑居室；燧人氏钻木取火，从茹毛饮血到学会熟食；这对于提高先民的生活水平和促进人类的智慧发展都有着巨大的作用。再如后羿射日、精卫填海、大禹治水等神话和传说，都具体反映出先民与天斗、与地斗、与禽兽斗的战斗生活和业绩，抒写出鲜明的生活与文化的发展史。

（二）真正文明史的开端，是在有了文字之后。先民为了创造文字，发挥了高度的智慧，如日月取自天象，山川取自地貌，上下取自指事，江河取自形声，日出为旦、日月为明取自会意等。在文字的创建中，已初步体现出"六书"的端倪，其聪明智慧可见一斑。历史上曾传说黄帝命仓颉造字，如果确是真实的史话，仓颉也只能是远古整理文字的一位代表人物。因为文字的形成，是经过长期的历史发展过程，不是一朝一夕的工夫，也不是出自一人之手——当然在整理过程中，也会有不少的创作发明在内。

甲骨文

有关文字的记载，最早是刻在甲骨上的卜辞。甲骨文，也称为"卜辞""契文""龟甲文字""殷墟文字"等，最早出土于河南安阳的商代殷墟。它的功用主要是占卜和记事，其中包括有关天时、历法、祭祀、渔猎、军旅以及教育等多方面的记载，是经典文化的开端。

首先，列举有关天时的记载，郭沫若在《卜辞通纂》中曾有这样的记录：

> 戊辰卜，及今夕雨？弗及今夕雨？
>
> 癸卯卜，今日雨。其自西来雨？其自东来雨？其自北来雨？其自南来雨？[①]

这里所要占卜的是：雨在什么时候下？从哪个方向来？

其次，再举有关田猎的记载：

> 丙戌卜丁亥王窜鹿（根据郭沫若《卜辞通纂》第二三片考释，此字应释为麋），禽（禽）。允禽三百又四十八。[②]

这里明显是对狩猎的记录，讲的似乎是在王的率领下，所猎获的是鹿，所设的是窜（阱），共获得了348只鹿。

最后，有关军旅的记录：

> 丁丑王卜，贞：其振旅，延送于盂，往来无灾。王固曰："吉，在□。"[③]

这里记录的是对军旅训练的占卜，在王的指挥下，大军前往盂地区演

---

① 郭沫若：《卜辞通纂》，转引自游国恩等主编《中国文学史（一）》，人民文学出版社1963年版，第45页。

②《郭沫若全集·历史编（一）》，人民出版社1982年版，第198页。

③《中国通史图说（第一卷）》，九州出版社1999年版，第209页。

练，往返不会有什么问题发生。

另外，在卜辞中，特别是有关生产、祭祀、宗教等的甲骨片，已含有许多教育的因素，不再举例。

有了文字之后，才使社会发展由原始的野蛮时代进化到了文明时代，也就是由史前时代发展到了有文字记载的史后时代。因而甲骨文的出现，在文化的发展史上起着极为重要的作用。

甲骨文出土后，经历了多方面原因的丢失，现存的据《甲骨文编》所记，有4 500字左右，可以认识的字约1 700字。虽然多数字的笔画和部位尚未定型，但它仍是我国最古老和最原始的文字书写体，而且逐步由独体字向合体字演进，即由象形（如"日""月"）、会意（如日出为"旦"，人言为"信"）、指事（如"上""下"），逐步向形声（如"江""河"）、假借（如"令""长"）和转注（如"考""老"）发展，使文字的数量不断增多，文字的使用范围不断增大。

嗣后，在陕西扶风、岐山一带的周原等地，又发现了一些西周时代的甲骨文，这对于研究中国文字发展的地域性差异，也颇有历史价值。

（三）从甲骨文到金文，是我国文字的进一步发展。金文旧称"钟鼎文"，是在商、周时代铸或刻在青铜器上的铭文。商代的金文与甲骨文相近，铭文的字数也较少。至西周时期，金文字数增多，字体也比较整齐，内容多为祀典、锡命、征伐、契约等有关内容，史料价值很高。其字体有的也为小篆所吸取。今天所指的金文，多指西周这一时期的文字。

现以哀成叔鼎及其铭文来作说明：

这个鼎是1966年河南洛阳出土的春秋末期的文物。大意是：哀成叔出生于郑，宦游到周，侍奉康公，当了家臣。此鼎是他的家人为他做的一件殉葬品，目的是希望他死后永远侍奉康公。这反映出当时忠于主人的思想。

哀成叔鼎及铭文

（四）有了文字的记载，文化的积累才逐步成为体系，而且传承的作用日益增大，内容也越来越系统化。到《尚书》和《诗经》成书后，散文和诗歌便成为比较完整的著述，成为我国最早的诗文选集。虽然《尚书》的某些篇章为后人所仿作，但仍不失为原始社会生活的纪实，有很高的史学价值，它与《诗经》一起成为我国也是世界上最早的古文典籍。

从文字的创建到甲骨文和金文的成文，文字经过了一个相当长的历史发展过程；从甲骨文和金文的成文，再到《尚书》和《诗经》的出现，又经历了数百年之久。所有这些成就，都为春秋战国时期的文化繁荣准备了前提条件。这段文化原创时期，为时很长，留下的故事多为耳口相传的神话和传说。可靠的实物和文字记录，就是上面所说的甲骨文和金文，如何从这些遗物中去了解当时的文化成就，尚待我们去继续发掘和研讨。

《易经·系辞下》有关伏羲、神农、黄帝、尧和舜的记载：

> 古者包牺氏之王天下也，仰则观象于天，俯则观法于地，观鸟兽之文与地之宜，近取诸身，远取诸物，于是始作八卦，以通神明之德，以类万物之情。作结绳而为网罟，以佃以渔，盖取诸

"离"。包牺氏没,神农氏作,斲(斫zhuó)木为耜(sì),揉木为耒(lěi),耒耨之利,以教天下,盖取诸"益"。日中为市,致天下之民,聚天下之货,交易而退,各得其所,盖取诸"噬嗑"。神农氏没,黄帝、尧、舜氏作,通其变,使民不倦,神而化之,使民宜之。易穷则变,变则通,通则久。是以自天佑之,吉无不利。黄帝、尧、舜,垂衣裳而天下治,盖取诸"乾坤"。

在这段文字中,说明了伏羲氏教民渔猎,神农氏教民稼穑,黄帝和尧舜则教民以文治,是中国史前文化的概述。

二、春秋战国时期

春秋战国时期,也称为"先秦时期"。但"先秦"的概念,也可以用作自远古起至秦的统一止(前221),"先秦"即属秦先。我们这里标为春秋战国时期,是指周平王东迁(前770)到秦始皇统一这段时期,共五百余年。按鲁史《春秋》来说,应是始于鲁隐公元年(前722),终于鲁哀公十四年(前481)。

(一)社会背景与百家争鸣。平王东迁,周室衰微,诸侯僭越,战争频仍,在这种社会大转型时期,出现了百家争鸣的局面,促进了古代文化的飞速发展。从甲骨文到诸"经",再到春秋战国时期诸子百家的著作,就文学来说,不仅是内容,而且连形式都是一日千里地突飞猛进。

春秋战国时期,是我国古代文化发展的高峰。在这一时期内,不仅有"六经"——《诗》《书》《礼》《乐》《易》《春秋》的系统整理(对《乐经》的有无,尚有争议),而且各"家"又各有著述传世,如儒家有《论语》《大学》《中庸》《孟子》《荀子》,道家有《老子》《庄子》《列子》,墨家有《墨子》,法家有《管子》《商君书》《韩非子》,名家有惠施的论说和《公孙龙子》,阴阳家有《鬼谷子》,兵家有《孙子兵法》《孙膑兵法》，杂家有《吕氏春秋》，等等。在各"家"中，又是"家"中有"派"，如儒分为八，其中孟、荀二家，各行其是；道家有老、庄，也是同中有异；名家有以惠施为首的"合同异"和以公孙龙子为首的"离坚白"；法家也有法、术、势的不同主张和韩非子的集大成等等。总之，各派对中国文化思想都有着各自不同的贡献，形成了"百家争鸣"的局面，文化极度繁荣。

除了"百家争鸣"以外，各个地区还有自己的文化特点，如齐鲁文化、荆楚文化、吴越文化、三秦文化、巴蜀文化等等，对促进中国古代文化的繁荣，都有各自的贡献，并发挥着不同的作用。以"齐文化"为例，它与影响较大的鲁文化就有显著的不同。鲁文化是宗周的，比较传统和保守；齐文化是比较开放的，它所设的稷下学宫，广招天下之士，使其"不任职而论国事"，汇集各派的主张，促进了齐文化的繁荣。齐国之所以能率先成为霸主，与此不无关系。

（二）在史学与散文方面，春秋时期的一些大国，都有自己的历史纪实，如鲁之《春秋》，晋之《乘》，楚之《梼杌（táo wù）》等。再如记载自西周至春秋时期周、鲁、齐、晋、郑、楚、吴、越八国史事的《国语》，集录战国时期游说之士的谋策和言论汇编的《战国策》，以及为《春秋》作传的《左传》《公羊传》《穀梁传》等，都是当时的散文代表作。特别是《左传》，亦称《春秋左氏传》或《左氏春秋》，不仅是散文发展的高峰，而且保存了大量的史实，在文学和史学方面都具有极为重要的地位和价值。

"寓言"也大部分出自这个时期（见后第七讲"神话与寓言"）。

（三）《诗经》和《楚辞》，是诗歌的两大类型。《诗经》起自西周的采风，后经文人的创作和整理，形成了风、雅、颂三方面的内容。风有十五国风，雅有小雅和大雅，颂有周颂、鲁颂和商颂，是当时社会生活的广泛反映，包括了社会下层和上层的多种活动，对当时起着兴、观、群、怨的社会作用。在文体上，有赋、比、兴三体；多属四言，也有的是由长短句所组成；多数用韵，也有少数例外，还有少数运用"兮"的形式。这些都对后世诗歌的发展有着重大影响。

《楚辞》是当时南方的一种诗歌形式，具有浓厚的地方色彩，以屈原的作品为主，《离骚》又是其代表作。它运用楚地的方言、声韵，叙说了楚国衰亡的历史及诗人的爱国情怀，其中某些警句，如"路漫漫其修远兮，吾将上下而求索"，"长太息以掩涕兮，哀民生之多艰"，成为流传千古的绝句。《哀郢》中的"心不怡之长久兮，忧与愁其相接"，这种对国家兴亡的高度责任感，为后人树立了爱国爱民的典范。其中还有少数篇章，如《渔父》《天问》等篇，在体例上稍有变化，也为后世辞赋的发展提供了范例。

《诗经》与《楚辞》为后世诗的发展和赋的出现奠定了基础、提供了范式。

（四）哲学思想的发展。如同《庄子·天下》篇中所指出的："天下之治方术多矣，皆以其有为不可加矣。"也就是说，在春秋战国时期的"百家争鸣"中，各家都认为自己的道术是最高的和最完美的，无以复加，结果形成了"各为其所欲焉，以自为方"的格局。为此，在这一时期内，各家各学派所提出和涉及的问题是多方面的，如天道观、人性论、社会观、政治观、认识论、道德观、审美观以及名学与科技等多个领域，都有各自不同的主张。如在天道观上有自然之天与人格之天之争，在人性论上有自然属性与社会属性、性善论与性恶论等之争，在社会观上有进化论与退化论之争，在道德论上有内省和外铄之争，在名学方面也有"合同异"与"离坚白"的不同主张，如此等等，形成了"道术将为天下裂"的纷争局面，促进了文化的高度繁荣和飞速发展。为了争鸣，寓言故事也得到了广泛的发展和应用，我国的寓言故事大都来自春秋战国时期的诸子，尤以《韩非子》为最多。

恩格斯在《自然辩证法》中，曾经高度评价了古希腊在哲学思想方面的伟大贡献，指出："在希腊哲学的多种多样的形式中，差不多可以找到以后各种观点的胚胎和萌芽。"① 以此来评价中国春秋战国时期各家的思想和文化繁荣，以及对后世学术发展的影响，是有过之而无不及的。这是我们中华民族的伟大贡献和骄傲！先秦的文化思想，为中国古代文化思想奠定了基础，而且直到今天还可看到大量的闪光点，找到多方面的理论根据，成为我们今天新文化建设与发展的宝贵资料和理论基础。

三、两汉时期

这里所指的"两汉时期"，只包括西汉和东汉时期的文学成就和发展，东汉末年的建安诗文则放到下一节"魏、晋、南北朝时期"讲。

（一）"西汉文章两司马"。司马迁的《史记》是散文的代表作，也是散文发展的高峰，同时也是纪传体史书体例的首创。鲁迅对《史记》的评价是"史家之绝唱，无韵之《离骚》"②，可谓恰当。有关《史记》的评说，将在第六讲"读史"中，再做比较详细的论述和评析。

司马相如对赋的形成和发展，做出了突出的贡献。赋的提出在先秦已有端倪，《荀子》为文多用排比句式，还专写了《赋篇》，为赋的形成立论。但赋成为主要文体则完成于汉。司马相如的《子虚赋》《上林赋》等，都是赋创建中的代表作。赋的出现，与《诗经》《楚辞》有着密切的关系，赋要求有确定的句式，要求押韵和对仗，对于增加文学上的文采起着重大作用，而且一直影响至今。但赋应列于诗中还是列于文中，一直存有不同见解。班固在《两都赋序》中说："赋者，古诗之流也。"把赋与古诗联系在一起。但是在《汉书·艺文志》中又说："不歌而颂谓之赋。"又把

---

① 恩格斯：《自然辩证法》摘录，《马克思恩格斯选集（三）》，人民出版社1972年版，第468页。
② 鲁迅：《汉文学史纲要·司马相如与司马迁》，《鲁迅全集（八）》，人民文学出版社1957年版，第308页。

赋与诗歌区分开来。在后世的文选中，一般把赋列于其中，如《昭明文选》《古文辞类纂》《古文观止》等文选中都有赋，而在诗的选集中，如《古诗记》《古诗选》《千家诗》等选本，都没有赋。由此可见，赋又属文而不属诗。有关这个问题，在后面的"文、赋解说"一讲中还将作较为详细的论述，此略。

（二）诗歌方面的发展。到汉代，诗歌从四言发展到五言，甚至到七言，从不规范到比较规范，它的形式和内容都有了新的发展。《古诗十九首》可以视为当时的代表作。其作者不详，从其思想内容来看，似非出自一人之手。其中多属写游子怀乡的、闺人怨别的、游宦无成的，也有写男女真挚爱情的，如《迢迢牵牛星》一首，就是借牛郎、织女的故事，抒写了男女相爱及离别的深情，是《古诗十九首》中杰出的代表作，一直为后人所传诵，直至选入当代的语文教材。

迢迢牵牛星

迢迢牵牛星，皎皎河汉女。

纤纤擢素手，札札弄机杼。

终日不成章，泣涕零如雨。

河汉清且浅，相去复几许？

盈盈一水间，脉脉不得语。

（三）乐府。它又是汉代诗歌中的一种新形式。汉武帝时设乐府官署，专管朝廷中的音乐演奏活动，同时也兼做采集民间的诗歌和乐曲的工作，如同《诗经》采风。后来乐府诗歌多出自文人之手，"乐府"也就成为诗歌中的一体。据《汉书·艺文志》所载篇目，仅西汉的乐府民歌就有138首，但现存的总共不过三四十首。其内容有的是反映对压迫与剥削的反抗，如《东门行》；有的是描述封建礼教终致男女殉情的，如《孔雀东南飞》；有的是写军戍在外家人相互思念，如《饮马长城窟行》；也有的是写男女忠贞爱情的，如《上邪》，现抄此诗如下，并作简析，以具体了解汉代"乐府"诗歌的一些特点：

上邪！我欲与君相知，长命无绝衰。

山无陵，江水为竭，冬雷震震、夏雨雪，天地合，乃敢与君绝！

此诗歌表述了女性对爱情的忠贞和誓言，其中列举了许多不可能出现的自然现象，以此来表白对爱情的无限坚贞。

总之，通过"乐府"民歌，我们可以听到当时人民的呼声，看到当时人民生活的图景，它们是汉代社会深层的真实写照。它继承和发扬了《诗经·国风》的现实主义传统。在尔后的发展中，"乐府"也用作可以入乐的诗曲名。

（四）史学体系的形成。司马迁的《史记》不但是散文发展的高峰，而且是史学体例的开山祖师。正如前面所引的鲁迅的评价："史家之绝唱，无韵之《离骚》。"它所首创的本纪、世家、列传、书、表的史学体例，后经班固《汉书》略加改动，去"世家"，将五体改为纪、传、志、表四体，一直流传后世，成为"二十四史"的统一体例，其间虽少数史籍略有添减，但仍不出《史记》的范例。

司马迁不仅创建了史学体例，而且秉承了"春秋笔法"，寓褒贬于行文之中，树立了高尚的史德与多彩的文风，为史学垂范。如他为项羽写"本纪"，为陈胜吴广写"世家"，对汉高祖和汉武帝寓批判于"本纪"及其他"列传"之中，都是警世之笔。司马迁置生死于不顾的高风亮节，为后世的史学家树立了典范。

（五）汉代学风。汉代学者是在秦灭之后来传授古代文献的，因而特重训诂、考据，形成了一代汉学学风，即"经学学风"，与后世宋代的"理学学风"成为我国两大学风的代表。汉学重训诂，宋学重义理，成为我国"经学"和"理学"两大学派，影响着我国的学术研究和发展。

汉代在"儒学独尊"之后，设"五经博士"，"经学"之风大盛。在"经学"中又有"古文经学"与"今文经学"之分，但重考据、重训诂是它们的共同点，形成了"汉学"的"经学学风"。而且重"师承""家法"，或称"师法"，这是"汉学"的另一大特点。《汉书·胡毋生传》云："惟嬴公守学，不失师法。"就是说嬴公对其师胡毋生所传的《公羊春秋》，严守师法，不作任何篡改。正如清代皮锡瑞在《经学历史》中所指出的："汉人最重师法，师之所传，弟子所受，一字毋敢出入，背师之说即不用，师法之严如此。"这种"师承"与"师法"的传统，虽在学术上有严谨的学风，但失于保守，不利于学术的争鸣与发展，而且在考据和训诂走向极端之后，也出现了烦琐与无稽的问题。如袁枚在《随园诗话》的《遣兴》小诗中，开首一句便是"郑孔门前不掉头"，对郑玄和孔安国的"师法"进行了尖锐的批评。他还以志怪小说《麒麟喊冤》的故事，对郑玄在进行《礼记》注疏时所编造的刻板荒谬的古礼法进行了严厉的批判。①

东汉郑玄注经，兼取今文与古文之长，"师法""家法"也随之有所突破，对汉学的神学化也有所克服。但"今文经学"与"古文经学"的门槛和"师法"的影响，仍未灭绝。

到南北朝时期，在这种"师法"传统的影响下，形成了"南人约简，得其英华；北学深芜，穷其枝叶"的不同风格，仍有着"今文经学"与"古文经学"不同影响的痕迹在内。

到宋代"理学"形成，与汉代"经学"相比，又开创了一代学风。嗣后，"汉学"与"宋学"，"经学"与"理学"，成为我国文化史上两种有代表性的学风，它在不同的时期或不同的学者身上有不同的表现，不仅经学中有今古文之分，理学中也有不同的派别，如理、气之争，心、理之争，都在左右着我国文化的发展。

---

① 参见《光明日报》2008年2月3日，陈文新《郑孔门前不掉头》一文。

四、魏、晋、南北朝时期

魏、晋、南北朝时期，是中国历史上的又一个大动荡的年代。鲁迅称这一时期的特点是："篡"和"乱"。所谓篡，曹氏篡汉，建立魏朝（也称曹魏）；司马氏又篡魏，建立晋朝；晋朝在动乱中被迫南迁，这样又有西晋与东晋两个阶段。所谓乱，不但表现在统治阶级内部，如西晋的"八王之乱"，而且表现在各个民族之间的斗争和融合之中，史称"五胡十六国"。到北魏统一了北方，又形成了南北对峙的局面；不久，魏又分化为东魏、西魏与北齐、北周。在这大分裂、大动荡之中，实现着汉胡互化。直到隋朝建立，才重归统一。魏晋南北朝时期，又是豪门世族（也称"势族"）盛行的时代，士风也受到一定的影响。

在"篡"和"乱"的大动荡社会背景之下，知识分子为了应对混乱的世事，饮酒和服药之风大盛，加上玄学和佛学思想的影响，清谈之风兴起，形成了魏晋时期特殊的名士风度，也使学术思想步入一个新的阶段。建安、正始间的代表人物，如"三曹""建安七子""竹林七贤"等，在文学发展上都有各自不同的贡献。

关于当时知识分子所表现出来的名士风度，鲁迅在《魏晋风度及文章与药及酒之关系》一文中，做了极为深刻和具体的陈述。其中如阮籍的"猖狂"和穷途之哭，陶渊明的"不为五斗米折腰"和"归去来兮"，嵇康的"非汤武而薄周孔""越名教而任自然"的主张，刘伶的"唯酒是务"的蔑视礼法、放浪形骸的行为，等等，都是魏晋名士风度的不同表现。在意识形态方面，"贵无"与"崇有"之争，"无"与"空"的玄学与佛学思想的影响，在儒、道、释三方面形成了既相互排斥又相互吸取的复杂局面。所有上述的历史和文化背景，促成了文学上的"魏晋风骨"，鲁迅称之为"文学自觉的时代"。在诗文体例的革新、文艺批评的发展，以及志怪和志人小说的出现等方面，都有其突出的贡献，现分别简述如下：

（一）在诗文方面。辞赋发展成为当时的主导文学，如西晋左思的

《三都赋》，南朝梁江淹的《别赋》，都是当时的名篇。《三都赋》问世后，大家广为传抄，曾引起"洛阳纸贵"，可见一斑。陶渊明的《归去来兮辞》，更是响彻千古的辞赋名篇。

在诗歌方面，"乐府""古诗"有了很大的发展，并从短篇发展为长篇，如《孔雀东南飞》《木兰诗》等，都是当时的代表作。一是悲剧，一是喜剧，前者批判了封建礼教，后者歌颂了巾帼英雄，被称为"乐府双璧"，流传至今，百读不厌。同时田园诗、山水诗的兴起，为诗坛增添了新的气象，如陶渊明田园诗中的"少无适俗韵，性本爱丘山。误落尘网中，一去三十年。……久在樊笼里，复得返自然"，是他的《归去来兮辞》的续篇；与另一首"种豆南山下，草盛豆苗稀"，详细地表述了他复归自然的心境和勤劳生活的状态，都为后世田园诗的创作树立了典范。谢灵运的《石壁精舍还湖中作》一诗，其中的"林壑敛暝色，云霞收夕霏"两句，对薄暮景色观察入微，深为李白所赏识。

另外，在"三曹"的诗作中，各有突出的贡献。如：曹操的《短歌行》和《步出夏门行》中的《观沧海》《龟虽寿》等，都是唱响千古的名篇；曹操以英雄的气概、"烈士"的胸怀、"天下归心"的抱负，来抒写个人的心愿，为四言古诗增添了光彩。曹植是"三曹"中诗歌创作最多的人，他的一生从受宠到失宠，并受到曹丕的排斥，郁郁不得志；其《赠白马王彪》《野田黄雀行》等诗篇，抒发了他悲愤和失意的心情，在文体上为五言古诗奠定了基础；他的《七步诗》以"煮豆燃豆萁"作比喻，申述了兄弟相残的悲愤心情，是一篇情深意切的通俗佳作，流传千古（见《世说新语·文学》）；他的《洛神赋》更是赋体的佳作，传唱至今。曹丕虽然在诗作方面与其父、弟相比较少，但其《燕歌行》"秋风萧瑟天气凉，草木摇落露为霜……牵牛织女遥相望，尔独何故限河梁"一诗，也对七言古诗的形成，起到了奠基性的作用。

在文章方面，不仅有曹操的《述志令》和诸葛亮的《出师表》等气贯长虹的政论文章，还有嵇康批评山涛同流合污的《与山巨源绝交书》、刘伶玩世不恭的《酒德颂》等，都反映出当时的时代特点和文人心态。还应提到的是梁朝太子萧统主编的《昭明文选》，是我国历史上第一部文学选集。虽在分类和选文方面还有值得商榷之处，但它确实开创了文选的先河。

（二）文学评论的发展。这是当时的又一大特点。现只就曹丕的《典论·论文》、钟嵘的《诗品》和刘勰的《文心雕龙》作些简析。

《典论·论文》是一篇重要的文学评论文章，论文开首就提出"文人相轻"的问题，指出"文人相轻，自古皆然"；并分析了"文非一体，鲜能备善"，批评了"各以所长，相轻所短"的"不自见之患"；接着对"建安七子"逐一做了评说。在论文中，不仅提出了"文以气为主"的基本论断，而且对各种文体的特点作了简要阐明：如"奏议宜雅，书论宜理，铭诔尚实，诗赋欲丽"，对各类文体的写作有重要的指导意义。最后强调指出：文章是"经国之大业，不朽之盛事"，不能草率从事。《典论·论文》的文学评论，至今仍不失其光辉。

钟嵘的《诗品》，是一篇论诗作的评论文章。原名《诗评》，后定名为《诗品》。它将自汉至梁的主要诗人分为上、中、下三品，并论其作品的优劣和其间的继承关系。他强调"风力"和"自然"，又重视辞章的文采；批评了当时片面追求声律和以"用典"为贵的不良风尚；并对理过其辞、淡乎寡味的晋代玄言诗予以否定。这些对诗作都有指导意义。但在分等上，将陆机、潘岳列为上品，陶渊明列为中品，曹操列为下品，显然是不恰当的，前人已言其误，不再赘述。在继承的关系上，把《国风》《小雅》和《楚辞》笼统地作为汉以后所有诗人和诗作的直接或间接的渊源，也有欠妥当之处。①

————————————

① 参考《辞海》文学分册，第175页。

刘勰的《文心雕龙》是一本比较系统的古代文学评论著作，其影响既广且大。全书共分十卷，分上下编。《明诗》与《诠赋》两篇，是专门用来评说诗赋的，文中论述了"诗言志""人禀七情，应物斯感，感物吟志，莫非自然"，以及诗与赋的关系等，都是很重要的思想。确实，任何好的诗作都应该是有感而作，而不是"无病呻吟"；是情感的自然流露，而不是为作而作。全书论述了文学创作中一些重要问题，如：在《情采》中对"文"与"质"的关系作了具体的论述，指出"水性虚而沦漪结，木体实而花萼振，文附质也；虎豹无文，则鞟同犬羊，犀兕有皮，而色资丹漆，质待文也"，讲的是何等生动具体！在《知音》中指出"操千曲而后晓声，观千剑而后识器"，成就要从广学和苦练中得来。如此等等，不胜枚举。当然其中也难免有传统思想的束缚和当时形式主义文风的影响。

如前所述，在梁太子萧统的主持下所编的《昭明文选》，编选了自先秦至梁的诗文辞赋共三十七类，七百余篇，是我国最早的一部诗文选集，是学习南朝梁以前文学的重要参考资料。虽然在分类和选材上尚有不足之处，但仍不失其重要的文学价值。

（三）小说文学的出现。当时不仅在诗文方面有新的发展，而且作为文学的另一种体裁——小说体也开始出现。在宗教思想的影响下，出现了如东晋干宝所撰的志怪小说《搜神记》，另有南朝刘义庆所编撰的志人小说《世说新语》。在志怪小说中，如《三王墓》所记述的干将莫邪铸剑的故事，揭露出统治阶级的穷奢极欲和对劳动人民的压榨，在后世流传甚广。鲁迅还以这个故事写了《故事新编》中的《铸剑》一篇。在志人小说中，《世说新语》记述了从两汉到东晋的一千多个故事，其中的陶母责子、周处改过等都是流传较广的篇章，有重要的教育意义。这些小说，为唐代的传奇、宋代的话本，提供了素材并奠定了基础。

这一时期，不但在文学上有"建安七子""竹林七贤"的著作，更有"三曹"在诗文方面的卓越贡献。在民族的纷争中，形成了南北对立，北魏到周、齐，在文化上继续发展；晋朝南迁，文化南移，接着是宋、齐、梁、陈四朝的更替，江南文化也有了很大的发展；在汉化与胡化的相互融合中，促进了中华文化的新发展。

五、隋、唐时期

隋文帝统一南北，于581年建立隋朝。后传隋炀帝，至618年隋亡，还不到40年。由于时间较短，在文化的发展上不及前代，但有一点值得提出的是建立起科举制，取代了从汉代起到魏晋大盛的察举制，打破了门第传承之风，扩大了人才选拔的途径。这在中国历史上是一大创举，被西方誉为中国的"五大发明"之一。

一提到科举制，自然就会联想到清代末年"废科举"的斗争和"八股文"的流弊。实际上，科举的建制，打破了原有世袭制度的旧习和察举制的流弊，初步体现出为学和为官方面的公平竞争，在当时对促进文化的发展和人才的选拔，起了极为积极的作用。无怪乎唐太宗在端门看到新选的进士鱼贯而出的时候，欣喜地大呼："天下英雄尽入吾彀中矣！"关于对"八股文"的评价，这个问题留待后面去讲。

察举制与科举制在历史上曾轮换使用或兼用，一直影响至后世。今天的考试和推荐还保留着它的一些痕迹。历史经验，值得注意。

下面着重讲讲唐代在文学方面的突出贡献：

（一）唐诗。唐诗、宋词、元曲，成为唐、宋、元三朝的主导文学。诗的发展到唐时大盛，而且已形成了句式、平仄、押韵、对仗等严格的格律形式，即所谓"律诗"，一直沿用至今。

唐诗，就其思想内容来说，已突破了儒学独尊的樊篱，道家、释家的思想都对其有不同程度的影响。如被称为"诗仙"的李白，受道家思想的影响很大，是浪漫主义的代表；被称为"诗圣"的杜甫，主要是受儒家思想的影响，是现实主义的代表；被称为"诗佛"的王维，主要受释家思想的影响，主张空灵、清静。他们把儒的典雅、道的超脱、释的空灵，各自体现出来，形成了中国诗风独有的、各自不同的特点。

唐代的著名诗人不胜枚举。从"初唐四杰"王勃、杨炯、卢照邻、骆宾王起，进而到盛唐的山水田园诗人孟浩然、王维，边塞诗人高适、岑参，以及浪漫主义诗人李白，现实主义诗人杜甫等；中唐诗人白居易、刘禹锡、李贺、孟郊、贾岛；晚唐诗人杜牧、李商隐，等等，都是唐代诗坛上的杰出代表。他们为后人留下了多种体裁的诗歌，有律诗、有古诗、有长篇、有短歌、有乐府，还有如骆宾王《咏鹅》那样的儿歌，充分表现出中国是一个诗歌大国的特点。

历史上有不少有关唐诗的集子，如《唐诗纪》《唐诗纪事》《唐诗别裁》《唐百家诗选》《唐诗百名家全集》等等，其中《唐诗三百首》是流行颇广的蒙养教育必读教材。清代彭定求等十人所编的《全唐诗》共收唐至五代诗作49 403首，残句1 000余条，作者2 837人，是研究唐诗的重要参考书。今人又对《全唐诗》作了补遗。总之，《全唐诗》为我们留下了无尽的文化宝藏。

（二）文起八代之衰。当六朝赋作走向形式化（如偏重铺陈和形式，缺乏精当的论说）的时候，韩愈、柳宗元大力倡导古文运动，对散文的继承与发展起了极大的推动作用，成为"文起八代之衰"的旗手。现将韩、柳在文学上的贡献简述于下。

韩、柳的文章，不但文体多样，而且内容极为充实，为后世的散文发展提供了范例，如明代一些文学家王慎中、唐顺之、归有光、茅坤等，都称自己为唐宋派，足证其古文运动的深远影响。古文运动在韩、柳的倡导下，到宋代欧阳修继续弘扬，加以"三苏"（苏洵、苏轼、苏辙）、王安石、曾巩等人的后续努力，又将古文运动向前推进了一大步，形成了"唐宋八大家"。

韩愈在思想方面，坚守儒家思想，其《原道》《原性》等文，大倡儒家心性之学，力辟佛、老，虽不免有一些保守和过激之辞，但在维护儒家思想的统一和弘扬传统教育方面，曾起过历史作用。其为文纵横捭阖，流畅明快，确实起到了承前启后的作用，现仅以《师说》《杂说（四）》和《祭十二郎文》为例，作些简略的说明。

《师说》论述了"能者为师"的思想，批评了"小学而大遗"的耻于从师的自大思想，这在当时来说是非常难能可贵的。《杂说（四）》以"伯乐相马"为例，阐发了人才不为世用的满腔愤慨，批评了那些对人才视而不见的政盲，极其发人深思。《祭十二郎文》被誉为"祭文中的千年绝调"，情真意切，读之催人泪下。苏洵称"韩子之文，如长江大河，浑浩流转"（《上欧阳内翰书》），不为过分，是很恰当的评价。其中有的篇章，还将在第七讲"文、赋解说"中评述。

柳宗元也是古文运动的发起人之一。他仅活了四十七岁（773—819），因参加王叔文集团的"永贞革新"失败被贬，先去永州，后迁柳州，故称"柳柳州"。在将近二十年的贬谪生活中，他思想上备受折磨，有机会接近社会底层，因此他对人民的疾苦多有了解和体验，思想上和文学上都有丰富的宝贵遗产流传后世。他在宇宙观和历史观方面比较开放，在天人观上主张"天人不相预"，肯定人的社会作用；在社会观、历史观上，他批判了封建制，肯定了郡县制的历史进步性；在文学上，他笔锋犀利，说理透辟，写了许多揭露社会黑暗和批判一些不合理事物的散文和杂文，有的还是带有寓言特色的短文，如《捕蛇者说》《三戒》等，都是议论深邃或短小精悍的警世文章，其社会意义永垂不泯。

在柳宗元的散文中，还有一部分是山水游记，《永州八记》是其游记中的代表作。通过游记，不但细致地刻画了山水的奇特和幽美，而且抒发了个人心中的块垒，把写景和抒情有机地结合起来，为后人书写游记提供了范例。有人说"柳子厚之文，得山水之助"，也说明了游览对柳文的社会意义和文采所起的辅佐作用。

韩、柳所倡导的古文运动，又使散文的发展攀上一个新的高峰。由韩、柳发起，欧阳、三苏、王、曾等人继其后，使中国的散文在诗、词、曲的大发展过程中，一直处于并驾齐驱的地位，长久不衰。在古文运动的影响下，唐、宋传奇小说也得到了发展。

（三）唐代的传奇。传奇是小说之流，在春秋战国的"九流、十家"中就有小说一家，但居于末尾，不被重视，属"九流"之外。到魏、晋、南北朝时期，有志怪和志人小说出现（见前），也多属短篇或片段。到唐代，小说有了新的发展，称为"传奇"，它是在民间文学兴起的影响下，形成的文学发展的一种新形式。它集诗、文于一体，将抒情和叙事相结合，以比较通俗的语言写成。现举几例作些说明：

《枕中记》和《南柯太守传》　《枕中记》为沈既济（约750—约800）所作，写卢生在邯郸逆旅中，借道士吕翁的青瓷枕入睡，梦中经历了他生平追求的"出将入相"的生活，还不到蒸熟一顿黄粱饭的工夫，便梦醒，一切皆空。通常所说的"一枕黄粱"的典故，即出于此。《南柯太守传》，作者李公佐（约770—约850），写淳于棼醉后入梦，被槐安国招为驸马，出任南柯太守，后因为与檀罗国交战失败，公主又随之谢世，于是宠衰谗起，终被国王遣送出国。淳于棼醒后，寻踪发掘，所谓槐安、檀罗国者，原来都是蚁穴。自此栖心道门，不问世事。[①]　毛泽东在《满江红·和郭沫若同志》一词中所说的"蚂蚁缘槐夸大国"，即用此典故。

《柳毅传》和《莺莺传》　这是两个爱情故事。《柳毅传》是李朝威所作，其生平不详。他写的是洞庭龙女嫁与泾河夫家，备受虐待，要求柳毅代为传书至洞庭龙宫；结果龙君弟钱塘君诛杀了泾河逆龙，救出龙女；后经许多曲折，龙女终于和柳毅结成美满婚姻的故事。这个故事，既反映了龙王包办婚姻给女儿造成的无限痛苦和折磨，又写出了龙女反抗夫

—————————

　　① 游国恩等编：《中国文学史（二）》，第529页。

权压迫、追求幸福爱情的妇女形象。这篇"传奇"故事，写得有声有色，浪漫主义色彩极为浓厚，通过幻想来反映现实，将志怪与志人做了有机的结合，是一篇极为成功的文学创作。《莺莺传》又是另一篇爱情小说，为元稹所作，写的是张生与莺莺相爱，后因张生负心背弃，以悲剧而告终。这个故事为元杂剧《西厢记》所采用，但与原小说有所不同，以忠贞爱情的喜剧告终。留传后世，一直演唱至今。

《霍小玉传》和《李娃传》　写了两个妓女的爱情故事，最后都以悲剧告终，控诉了当时社会的传统观念和某些文人守旧忘情的思想。蒋防在《霍小玉传》中写了歌妓霍小玉与书生李益的爱情故事，霍小玉温柔美丽，对爱情执着不移；而李益则荣贵变心，另娶富贵家女卢氏；小玉悲愤交集，痛斥李益而死，冤魂化作厉鬼，搅得李益夫妻不和，这是一个悲剧故事。白行简在《李娃传》中写了妓女李娃与荥阳公之子某生的爱情故事，揭露出当某生在沦为乞丐时和高第得官后两种截然不同的境遇下，其中错综复杂的亲情和爱情的种种表现，反映出一个被人贱视的妓女的高尚品质和剥削阶级虚伪欺诈的卑鄙作风，使人们认识到在封建制度下的门阀婚姻问题。但其中最后的荣华富贵结局，则是不可取的。这则传奇故事，为压在社会最底层的妇女呐喊，也为宋代的话本、元明清的小说和杂剧的创作准备了有关资料和提供了前提条件。

（四）在宗教方面。由于唐代是李姓，因而道教得以扶持，被尊为国教，广设道观，与佛寺并行。嗣后，南北天师道与上清、灵宝、净明各派逐渐合流，道教又走上新的发展阶段。[①] 佛教至唐已鼎盛，而且逐步走上汉化的道路。其间不仅有玄奘去天竺取经并在印度讲经的创举，而且佛教在汉化的过程中，已形成了天台宗、华严宗、唯识宗、禅宗、净土宗、密宗等许多具有中国特色的不同教派，这些教派不但在国内广泛传播，对

---

① 《辞海（中）》，上海辞书出版社1989年版，第2774页。

中国文化的发展产生了多方面的影响，而且远及国外。鉴真和尚东渡日本传经即是一例，他六次东渡，五次失败，最后成功，目已失明。他去日本之后，建唐招提寺，传布佛教，并将中国的建筑、雕塑、医药等介绍到日本，为佛教传播和中日两国文化交流，做出了卓越的贡献。

总之，唐代是中国文化发展的鼎盛时期，也是对外影响最大的时代，因而有"汉唐"之称，其成就和影响远超汉代。公元7世纪以后的外国人常称中国为"唐家"①，至今欧美各国称中国侨民居住的地方为"唐人街"，都足以说明其影响之大。

六、宋与辽、金时期

宋与辽、金时期，又是历史上民族纷争的主要时代。由于契丹和女真两大民族南下，先后建立辽、金两国，逼迫宋朝迁都江南，形成了南北对峙的局面，使文化南移和文化多元发展，其间既有南宋与北宋的不同，又有宋与辽、金与蒙古等的不同，各民族的文化既有区分，又有融合。

（一）文的发展。继唐代韩、柳所倡导的古文运动之后，以欧阳修等为代表的宋代文学家，继承和弘扬古文运动，推动散文的进一步发展，形成了"唐宋八大家"。宋朝的欧阳修、王安石、苏洵、苏轼、苏辙、曾巩都对古文运动做出了突出的贡献，已为大家所熟知，不再列举。其他如范仲淹的《岳阳楼记》、王禹偁的《待漏院记》、周敦颐的《爱莲说》等等，都是传世的名篇。一篇《岳阳楼记》，响彻千古。

另外，欧阳修的《秋声赋》、苏轼的《前赤壁赋》《后赤壁赋》、文天祥的《正气歌》，在文赋的发展方面，也做出了突出的新贡献。

在文的方面，还需要提到的是，司马光的《资治通鉴》在史学方面的突出贡献，它将纪传体发展为编年体，在以文写史方面发挥了散文的

---

① 《辞海（中）》，第2287页。

作用。继《资治通鉴》之后，南宋袁枢撰《通鉴纪事本末》，以说故事见长，又创一新的体例。

（二）词的王国。词体萌芽于南北朝，形成于唐代，盛行于宋代，成为宋代的主导文学，于是乃有"唐诗、宋词"之称。词开始发展于民间，其格式比较活泼，语多浓艳，后经文人创作，其格律日趋严格。诗的五言、七言句式中的平仄应用于词，词的对仗和押韵等方面也吸取了诗的韵律，所以也称词为"诗余"；又因它以长短句写成，也称为"长短句"，较之诗体更为活泼，而且更便于配音吟咏。这些特点又为后来曲的形成打下了基础。词以字数多少分为小令、中调、长调，而且有近、慢等不同的格调，在音乐上体现出不同的节奏，也为词向曲过渡提供了前提。

词有各种词牌，作词时要按照词牌的要求填写。词牌的来源，有的在开始时确有真人真事，如《忆秦娥》《菩萨蛮》等。后来沿袭下来，便成为一种格式，词牌的名称便与词的内容无关了。作者只依照格式的要求（包括句式、平仄、对仗、押韵等）来写作，因而称为"填词"。

词，按其风格分为不同派别，就其大者而言，可以分为婉约派和豪放派两大类。词在晚唐和五代的形成过程中，婉丽词风曾弥漫一时，晏殊、晏几道是这方面的代表性作家。南唐词人初步摆脱了"花间词"的消极影响，推动了词风的转变。到宋代范仲淹、欧阳修等已在部分词里表现出新的风格，到苏轼就开创了和"婉约派"不同的"豪放派"风格。到南宋，在偏安的形势下，爱国诗词大发展，包含了许多政治性内容，陆游、辛弃疾的词可以作为代表。李清照也促进了婉约派的发展。

宋诗在唐诗的基础上仍有所发展。由于当时宋先被辽、后被金所逼，偏安江南一百五十余年（1127—1279），在民族的矛盾下，爱国诗篇大发展，出现了许多忧国思乡、催人泪下的爱国诗篇，这是大家所熟知的，不再赘述。还需要提到的是宋代在理学的影响下，也出现了一些内容别具一格的理学诗篇，如程颢的《偶成》、朱熹的《观书有感》等等，都是理学诗篇的代表作，详见第八讲"诗词解说"。

（三）说话人和话本。说话人，是对唐宋以来说书人的称谓。话本，是说话人讲说故事所用的底本。在宋代，无论是北宋或南宋，都有一些说话人出现于市井之间，为市民讲说故事，以资消遣。讲说的内容，一般可以分为小说和史话两大类，前者多半为白话、短篇，后者多用浅近文言，篇幅较长，这些都为元、明、清时期的短篇或长篇小说的创作准备了素材。它们所使用的"入话"（即"引子"）和"楔子"等，也为后人写长篇小说所使用，如金圣叹在删改《水浒传》时，将原本的"引首"和第一回合并，改称"楔子"，即是例证。

（四）辽、金的贡献。与宋对峙的辽国与金国，虽然文化比较落后，而且立国时间较短，但在利用宋朝遗老、实行科举制度、翻译和注解经史等方面，也做出了一定的贡献。如辽国天祚帝的文妃萧瑟瑟所写的《咏史》《讽谏歌》等，也有一定的史学和诗学价值。[①]

金国比辽国存在的时间长，在这方面留下的作品也比较多。在南北和局已定之后，金世宗、金章宗时期，出现了一些文学侍从之臣，他们也写了一些诗文。如王若虚所写对王庭筠的讽刺诗："东涂西抹斗新妍，时世梳妆亦可怜。"他又批评当时江西派的诗风说："文章自得方为贵，衣钵相传岂是真，已觉祖师低一着，纷纷嗣法更何人？"主张"文章自得""浑然天成"，提倡"辞达理顺"，反对"雕琢太甚，经营过深"等，[②]都有其可取之处。

金国的说唱文学，也为后人留下了"金院本"。

有关这方面的资料，我们了解得不多，容后继续收集和研究，再做遗补。

---

① 游国恩等主编：《中国文学史（三）》，第727页。

② 同上，第728页。

七、元、明、清时期

元、明、清是三个不同民族在不同时期建立的政权，虽同属封建专制制度，但其社会背景和民族习性有很大的差异，文化发展的水平也不完全相同，因而学者对这"三代"文学发展的分期也就有着各自不同的主张。有的将元、明放在一起，因为元朝时间较短，而且有的作者处于元末明初之间。有的将明、清放在一起，因为这时期的某些社会背景和文化设施有许多相似之处。也有的干脆将元、明、清三代各自独立来写。另外还有的将清代又分为"清初至清中叶的文学"和"近代文学——晚清至五四的文学"。① 我们把元、明、清三代文学发展放在一起来写，将六百余年的文学发展做一个大盘算，目的在于完整地叙述小说的发展，系统地叙述元杂剧的影响。而且对其他有关的问题，如类书的编写、科举制度的发展等，将明清两代联系起来写，也有利于作比较全面的论述。这样处置，当否？请方家指正！

（一）元曲。元代在文学上的突出贡献是元曲。唐诗、宋词、元曲，是大家所熟知的中国诗歌发展的三部曲。元曲始出民间，渐渐发展成为一种文学形式。曲是由词发展而成的，故又称"词余"。

元曲分为散曲和套数，套数演化为杂剧，所以元曲又是散曲和杂剧的合称。元曲是在诗、词的基础上发展而形成的，成为杂剧后，又增加了"宾白"（对话和独白）和"科介"（表演），集唱、做、念、打于一体，而且分为"本"和"折"（即是"幕"或"场"），成为一出完整的戏曲。因此，元曲不仅是对唐诗、宋词的综合应用，而且使杂剧向更大的范围、特别是向社会下层推广，使这种文学形式更接近群众。元杂剧的著名代表作家有关汉卿、王实甫等人，他们所创作的《窦娥冤》《西厢记》等杂剧，一直演唱至今。

---

① 游国恩等：《中国文学史（四）》，第1003页，第1157页。

在元杂剧的影响下，各种地方戏曲大发展，其中昆曲与京剧，成为独具一格的两大经典剧种，一直流传至今，并仍在不断发展中。

（二）小说。小说在这一时期内，得到了极大的发展。由于当时工商业的发展，民间文学随之兴盛，反映出当时平民思想的萌芽，其中有不少是写社会下层的人和事。有的还写压在社会最低层的妇女，如《金玉奴棒打薄情郎》，是写一位叫花子的女儿；《杜十娘怒沉百宝箱》是写一位妓女，是当时《三言》《二拍》的代表作。

四部古典小说——《三国演义》《水浒传》《西游记》《红楼梦》，成为在世界上广泛传播、影响深远的杰作。批判科举制度的《儒林外史》、揭露官场黑暗的《官场现形记》、介绍海外见闻的《镜花缘》等，都是卓有成效的代表作，也是历史上有名的章回小说。此外，历史演义《东周列国志》，神话小说《封神演义》，以及揭露社会黑暗和官商恶霸相互勾结、荒淫无耻的《金瓶梅》等，也相继问世，虽然有的其中含有某些迷信和淫秽的腐笔，但是仍不失为名著传世。除此之外，也有一些思想守旧和极少数思想反动的小说或篇回，前者如《儿女英雄传》，后者如《荡寇志》，是需要以分析和批判的态度来进行阅读的（详见第十讲"小说选介"）。

（三）诗文。在诗文方面，有"台阁体"和"公安派"等。"台阁体"是明初官僚间所形成的一种文风，多为粉饰太平之作，其代表人物有杨士奇、杨荣、杨溥，时称"三杨"。"公安派"是明后期的文学流派，以袁宏道及其兄宗道、弟中道为首，因"三袁"是公安人而得名"公安三袁"，主张文学要抒写性灵，在当时很有影响。[①]

在诗作方面，清代也有不同的流派。其中王士祯的"神韵说"，主张作诗应追求情韵逸趣，要有"味外味"，对当时的文坛颇有影响，著有《渔洋诗话》。袁枚的"性灵说"，也是当时影响较大的一派，主张作诗要反映

---

① 参考《辞海（一）》，第735页。

真性情，反对拟古和复古。他的《随园诗话》对作诗有许多独到见解。另外，比较著名的还有"桐城派"的文章和郑板桥的诗词，堪称当时杰出的代表作。小说体的短文笔记，如袁枚的《随园诗话》、纪昀的《阅微草堂笔记》，都以短小精悍的笔调论述了有关诗文的理论和世事浮沉，对诗文写作和面对人生都有一定的影响。

特别值得提出的是，在晚清出现了一些抗击列强、救亡图存的爱国诗篇。如林则徐在《赴戍登程口占示家人》中的"苟利国家生死以，岂因祸福避趋之"，丘逢甲在《春愁》中的"四百万人同一哭，去年今日割台湾"，谭嗣同在《狱中题壁》中的"我自横刀向天笑，去留肝胆两昆仑"，秋瑾在《黄海舟中日人索句并见日俄战争地图》中的"拼将十万头颅血，须把乾坤力挽回"，等等，都是掷地有声的铿锵诗句，读之催人泪下。在近代的爱国主义诗篇中，所反映出来的已经不是历史上民族斗争的诗篇，而是与帝国主义的侵略和压迫进行殊死战斗，关系到中华民族存亡的救亡图存的爱国诗篇。

下面我们再选录洪秀全的诗两首，从中可以看出中国最后的一次、也是最大的一次农民革命的壮志和宏愿。

斩邪留正诗

手握乾坤杀伐权，斩邪留正解民愚。
眼通西北江山外，声震东南日月边。
展爪似嫌云路小，腾身何怕汉程偏。
风雷鼓舞三千浪，易象飞龙定在天。

吟剑诗

手持三尺定山河，四海为家共饮和。
擒尽妖邪归地网，收残奸宄落天罗。
东南西北敦皇极，日月星辰奏凯歌。
虎啸龙吟光世界，太平一统乐如何！

此外，在农民中有许多反映农业生产的歌谣，如"冬无雪，麦不结""棉花不害羞，哩哩啦啦出一秋"等等，都很生动具体地反映出农业生产的情况以及农民的智慧。

下面再将少数民族中的神话传说以及民谣等作些简介：

中国是一个多民族的大家庭，在各兄弟民族中，也保留着许多文化宝藏。如关于开天辟地和造人的神话，不仅汉族有，其他民族也有类似的神话，如纳西族的《创世纪》、彝族的《梅葛》和《阿西的先基》、傣族的《变札贡帕》（意为古老的荷花）等。再如与洪水斗争的故事，在云南的少数民族中大部分都有，白族最多，因为白族聚居地湖泊最多；傣族《泼水节的故事》，反映的是与魔怪作斗争的故事。① 如此等等，不胜枚举。

在歌谣中，反映出的文化内涵更为突出。满族有很多反映生活和生产的歌谣：如《挖参歌》②，反映的是东北的特产；再如《比小脚》③ 歌谣，反映出满族不缠足的良好风尚等等。

（四）类书。类书的编纂是明、清两代在整理中国古代文献方面的伟大贡献。

第一部是《永乐大典》，是明成祖令解缙等编辑的。始于永乐元年（1403年），成书于永乐六年（1408年），收集各类图书七八千种，共22 877卷。嘉靖、隆庆间，依正本另摹副本一份。正本约毁于明亡之际，副本在八国联军侵入北京时，部分遭焚毁，部分被窃走。1960年，中华书局根据历年征集到的730卷，影印出版。④

第二部是《四库全书》，清乾隆三十八年（1773年）开馆编修，经十

---

① 王军、董艳主编：《民族文化传承与教育》，中央民族大学出版社2007年版，第198-199页。
② 同上，第410-411页。
③ 同上，第412-413页。
④ 《辞海（上）》，第243页。

年始成，共收书3 503种，79 337卷，分经、史、子、集四部，故称"四库"。全书共缮写七部，分藏在文渊、文源、文津、文宗、文汇、文溯、文澜七阁内。文汇、文宗都毁于战火，文源被英法联军焚毁，文澜所藏也多散失，经补抄得全。1934年，商务印书馆印232种，名为《四库全书珍本初集》。1983年后，海峡两岸先后出版全书。[①]　其中《四库全书提要》，多为纪昀所撰，有重要的参考价值。

　　（五）科举制度和"八股文"。科举制度始创于隋，定型于唐、宋，至明、清时期，又在初级阶段的考试中，增添了"八股文"的格式。它与整个科举制度一样，都是一开始起到积极作用，后来成为文化发展的桎梏。前面已经谈到，当科举制度取代察举制度时，在选拔人才和推动文化发展等方面，都曾起过非常积极的作用，因而唐太宗发出"天下英雄尽入吾彀中矣"的感叹。"八股文"也是这样，据说是由朱元璋为解决考试文章冗长问题而令文人所确定的一种考试文章的格式。"八股文"要求为文要遵循破题、承题、起讲、入手、起股、中股、后股、束股八段作文格式，而且在后面四股中每股都要求对仗，故称"八股"。这种为文的格式，未尝不可以作为一种格式在为文中应用。而且字数限制在三、五百字之间，有的范文还是短小精悍颇有文采的。

　　如：

志士仁人，无求生以害仁，有杀身以成仁

〔明〕王守仁

　　圣人于心之有主者，而决其心德之能全焉。

　　夫志士仁人皆有心定主而不惑于私者也。以是人而当死生之际，吾惟见其求无惭于心焉耳，而于吾身何恤乎？此夫子为天下之无志而不仁者慨也，故言此以示之。

----

　　①《辞海（中）》，第1987页。

若曰：天下之事变无常，而生死之所系甚大。固有临难苟免，而求生以害仁者焉；亦有见危授命，而杀身以成仁者焉。此正是非之所由决，而恒情之所易惑者也。吾其有取于志士仁人乎？夫所谓志士者，以身负纲常之重，而志虑之高洁，每思有以植天下之大闲；所谓仁人者，以身会天德之全，而心体之光明，必欲有以贞天下之大节。是二人者，固皆事变之所不能惊，而利害之所不能夺，其死与生有不足累者也。

是以其祸患之方殷，固有可以避难而求全者矣，然临难自免，则能安其身而不能安其心，是偷生者之为，而彼有所不屑也；变故之偶值，固有可以侥幸而图存者矣，然存非顺事，则吾生以全而吾仁以丧，是悖德之事，而彼有所不为也。

彼之所为者，惟以理欲无并立之机，而致命遂志以安天下之贞者，虽至死而靡憾。心迹无两全之势，而捐躯赴难以善天下之道者，虽灭身而无悔。

当国家倾覆之余，则致身以驯过涉之患者，其仁也！而彼即趋之而不避，甘之而不辞焉。盖苟可以存吾心之公，将效死以为之，而存亡由之不计矣。值颠沛流离之余，则舍身以贻没宁之休者，其仁也！而彼即当之而不慑，视之而如归焉。盖苟可以全吾心之仁，将委身以从之，而死生由之勿恤矣。

是其以吾心为重，而以吾身为轻。其慷慨激烈以为成仁之计者，固志士之勇为而亦仁人之优为也。视诸逡巡畏缩而苟全于一时者，诚何如哉？以存心为生，而以存身为累，其从容就义以明分义之公者，固仁人之所安而亦志士之所决也。视诸回护隐伏而觊觎于不死者，又何如哉？

是知观志士之所为，而天下之无志者可以愧矣；观仁人之所为，而天下之不仁者可以思矣。

从上面所引的这篇八股文中，可以看到八股文严格的格式。全文共分八段，包括了从"破题"到"束股"。其中前四段的第一段是"破题"，用两句讲出题目的意义。"承题"，是承接"破题"进一步阐明题义。接下去的"起讲""入手"即开始议论。后面四段，每段两股，从"起股"——

"理欲无并立之机""心迹无两全之势"便两股相对，用排比对偶为文。直至最后一段"束股"，虽仅四句，也是两句相对。合称"八股"。"中股"是全文的重心，文字也较长。

就我在当时私塾的学习中，曾读过几篇八股文，所残留的一点记忆，如"天命之谓性"（《中庸》），谈一谈八股文的破题："夫性之所由来，盖命之自天者也。"科举赋诗，用五律，除平仄、押韵、对仗等有严格的要求外，一般前两句也要求"破题"，如《赋得冬日可爱》的前两句："一样南檐日，缘何爱在冬？"即是一例。由此使我联想到苏轼在《喜雨亭记》一文中，开首两句"亭以雨名，志喜也。"如果把它应用到八股文中，就是最好的"破题"。当然，苏轼所作的是散文，而不是八股文。

从上述可见，八股文的问题在于，不论是什么题目和什么内容，都需要根据这种格式来做，出题必须来自《四书》《五经》，而且要以朱注（即朱熹的集注）为准，有的题目还属于偏题怪题，这样便大大束缚了学子的思想发挥和文采表现，使科举制度从有利于选拔人才走向束缚人才的发展和限制人才的选拔，从积极走向消极。而且在儒家重道、轻艺的思想指导下，专攻"八股文"，极大地影响了科技的发展，成为阻碍社会发展的绊脚石。在近代列强入侵之后，它与社会发展的不相适应性，日益突出和严重，于是清廷在"兴学校"的要求下，"废科举"就成为不可避免的措施。光绪三十一年（1905年），实行了一千多年，历经隋、唐至明、清七八个朝代（包括金在内）的科举制度被废除，"八股文"也成为批判形式主义文风的代名词。

八、"五四"时期和新文化运动

关于文化和教育革新，在晚清一些具有先进思想的知识分子中已有所萌发，如龚自珍的"不拘一格降人才"，赵翼的"江山代有才人出，各领风骚数百年"，都是这种思想的反映。到鸦片战争失败后，林则徐、魏源等人更进一步要求面向世界，引进先进的科技，以达成救亡图存的目的。直到戊戌维新，初步的民主与科学的思想在继续发展与前进。但这种思想的发展，基本上局限在"中体西用"的范围之内。

辛亥革命，是对封建制度和传统思想的一次大冲击，但在以后北洋政府的统治下，在军阀混战的战乱中，"尊孔读经"仍然是他们的遮羞布和愚昧群众的紧箍咒，也是一些守旧的知识分子晋身的敲门砖。甚至某些外国传教牧师，也打起"尊孔读经"的"旗帜"来兜售其奸。于是在一些先进知识分子的倡导下，一次高唱"科学""民主"的新文化运动便勃然兴起。陈独秀、李大钊、鲁迅、胡适等先进哲人和国学大师，他们竭力宣传新文化，反对旧道德，掀起了思想和文学上的革命。在文字上，将文言文改为白话文，进行了文字的改革；在内容上，介绍和吸取西方的先进文化，加大了中西文化交流。因为这些问题不属于中国古典诗文选读之列，只好从略。

在新文化运动中，为了破旧立新，向维护中国封建统治数千年的旧文化宣战，在高扬"科学""民主"、反对"尊孔读经"的斗争中，提出了"打倒孔家店"的过激口号，这在当时来说是可以理解的。但如何从中吸取经验教训，克服形而上学的思维方法，处理好古与今、中与外的关系，一直是一个悬而未决的大问题，直至今日仍在忽左忽右的摇摆中，这是我们应当以科学态度进行研讨的重大课题。

在当今大倡国学学习的进程中，在弘扬中国优秀文化遗产的工作中，首先遇到的是如何对影响中国数千年的儒学进行科学评价的问题。我们要吸取新文化运动中的经验教训，更要防止过去"批孔"的过左行动，用历史唯物主义的观点和方法来对待"国学"问题，使国学热得以正常的发展，不要走到"发高烧"的地步，要去粗取精，使其古为今用，为创建中国特色社会主义新文化服务。

第二讲　蒙养教育与蒙养教材

一、蒙养教育

中国在蒙养教育和蒙养教材方面，有着丰富的历史遗产。从胎教到童蒙家庭教育和童蒙学校教育，都有丰富的记载和论述。

（一）胎教

中国古代是比较重视胎教的。有关胎教的记载，写成专文或散见于有关文献中的不少，最早可追溯到有关周文王之母的故事。

《大戴礼记·保傅》一篇中提出："古者胎教，王后腹之七月，而就宴室。"并要求将胎教之道，"书之玉版，藏之金匮，置之宗庙，以为后世戒"，足见其对胎教之重视。

西汉贾谊在《新书》中，专有一篇讲"胎教"问题，除去引述《大戴礼记》中所记述的"王后有身七月，而就蒌室（应为宴室）"外，还增加了"太师持铜而御户左，太宰持斗而御户右，太卜持蓍龟而御堂下，诸官皆以其职御于门内。比三月者，王后所求声音非礼乐，则太师抚乐而称不习；所求滋味者非正味，则太宰荷斗而不敢煎调，而曰不敢以侍王太子"。从这些具体规定中，可见对于孕妇的要求是很严格的，一切视听言动都要合乎礼仪，以期给胎儿良好的影响。书中还以周成王的母亲怀孕时的言行举止为例来加以阐明："周妃后妊成王于身，立而不跛，坐而不差，笑而不喧，独处不倨，虽怒不骂，胎教之谓也。"

西汉韩婴的《韩诗外传》（卷九）中记载了孟母在怀孕时实行胎教的做

法："吾怀妊是子，席不正不坐，割不正不食，胎教之谓也。"

西汉刘向所著《列女传·母仪》中，又记述了周文王之母实行胎教的情况："太妊者文王之母，挚任氏中女也，王季（周文王之父，周太王少子）娶为妃。太妊之性端一诚庄，惟德之行，及其有娠，目不视恶色，耳不听淫声，口不出傲言，能以胎教。"因而周文王生而圣明，才德过人。

东汉王充在《论衡·命义》篇中，也谈到胎教的问题。在引述"礼有胎教之法：子在身时，席不正不坐，割不正不食，非正色目不视，非正声耳不听"之后，又从反面说明："受气时，母不谨慎，心妄虑邪，则子长大，狂悖不善，形体丑恶。"刘向在《列女传·母仪》中也说明在"妊子之时，必慎所感，感于善则善，感于恶则恶"，都是同一道理。

北齐颜之推在《颜氏家训·教子》篇中，也引述了"古者圣王有胎教之法，怀子三月，出居别宫，目不邪视，耳不妄听，音声滋味，以礼节之。书之玉版，藏诸金匮"。

还需要特别提出的是，隋末唐初的著名医学家孙思邈，在他所著的《千金要方·养胎论》中，进一步从医学的角度论述了胎教对于胎儿成长发育的影响问题，指出："儿在胎，日月未满，阴阳未备，腑脏骨节皆未成足，故自初讫于将产，饮食居处，皆有禁忌。"还指出孕妇"弹琴瑟，调心神，和情性，节嗜欲，庶事清静，生子皆良"等等。毫无疑问，孕妇的心情，对于胎儿的发育是会产生影响的。

从上述可见：

1. 在中国古代教育中，对于胎教是相当重视的，其中许多具有科学的因素，在今天还是值得批判吸取的。孕妇的情绪是会对其生理变化产生影响的，这些影响也自然会影响到胎儿的发育。这种科学道理，不但已为古人所发觉（如孙思邈的《养胎论》中所说的那样），更为我们今天的科学所证实。至于在妊娠期间，由于服药不当而导致胎儿畸形发展的，更是举不胜举。以上的事实都可以说明孕妇的心理变化和生理变化会影响胎儿的发育。

2．我们也不能不指出，在中国古代有关胎教的记述中，除了为先圣先贤树碑立传外，还有对妇女实行约束等不平等的要求在内。另外，在胎教的论述中，还夹杂有一些迷信的思想在内，如有的书说某夫人身怀六甲，夜梦仙人指点，便生贵子；"妊妇食兔，子生缺唇"[①]等，都是毫无根据的。

（二）童蒙家庭教育

在中国长期的封建社会中，在家国同构的教育中，家教不仅是对子女的关爱，而且体现着对社会的责任感，是修、齐、治、平政治理想的具体体现。因而在中国古代的教育遗产中，家庭教育的经验十分丰富，从童蒙开始，以至于成人。如主张"教儿婴孩""养正于蒙"，都是从家庭教育开始的，《易经·蒙卦》中就有"蒙以养正，圣功也"的记载，成为童蒙家庭教育以至学校教育的重要指针。

在古籍中，有关家庭教育的著述甚多，属于专著方面的主要有：北齐颜之推的《颜氏家训》、宋袁采的《袁氏世范》、宋司马光的《家范》、明吴麟征的《家诫要言》、清朱柏庐的《治家格言》等等，都陈述了不少有关童蒙教育问题。其他如诸葛亮的《诫子书》《世说新语·贤媛》篇的陶母责子、包拯的家训、郑板桥以及曾国藩等人的家书等，虽不是讲的童蒙教育，但也有许多精华可取。在《大戴礼记·保傅》中就有这样的论述："古之王者，太子乃生……自为赤子时，教固已行矣。"说明统治者对于他们继承人的教育是很重视的。该书还记述了为周成王置保傅的具体实施：成王还在襁褓之中，便为其设有"三公"（太师、太傅、太保）和"三少"（少师、少傅、少保），从事具体辅导。"三公"的职责是："师，导之教训；

---

① 王充《论衡·命义》。

傅，傅之德义；保，保其身体。"也就是说，有关德、智、体的教育，都有专人负责。这是对太子进行教育的具体规定。国君以下的大夫，则是以庶母为慈母而兼子师、保之事；士阶层的人，则是由其"妻自养其子"。

至于家教的故事，流传下来的也有很多，如孟母三迁和断机教子，曾子杀彘以示信义，都是大家所熟知的故事。除此之外，还有不少记述父教与母教的文章，如欧阳修的《泷冈阡表》、归有光的《先妣事略》等都是。

概括中国古代童蒙家庭教育的经验，大致有以下几点：

1. 从小培养，使其习与成性。如在《颜氏家训·勉学》中即明确提出"教儿婴孩"的思想，并论述了早期教育的好处是："人生小幼，精神专利，长成已后，思虑散逸，固须早教，勿失机也。"在《颜氏家训·教子》篇中又指出："当及婴稚，识人颜色，知人喜怒，便加教诲"，以达到孔子所说"少成若天性，习惯如自然"的目的。因为抓紧儿童"心未滥而先谕教，则化易成也"[1]。

反之，如果不是从小培养，而是放任自流，等到恶习已形成之后，再强行改造，不但会事倍功半，而且还可能是毫无效果的。正如《颜氏家训·教子》中所指出的："骄慢已习，方复制之，捶挞至死而无威，忿怒日隆而增怨，逮于成长，终为败德。"到了不可救药的地步，教育也将失去其效果。为此，要做到"绝恶于萌芽，起教于微妙"。

2. 注意从小事、琐事做起，由小见大。朱熹在《小学》中提出，要从小教育孩子学习"洒扫、应对、进退之节，爱亲、敬长、隆师、亲友之道"。朱柏庐在《治家格言》中，开头就提出"黎明即起，洒扫庭除"，使孩子们知道"一粥一饭，当思来之不易；半丝半缕，恒念物力维艰"，从小养成勤俭节约的习惯。为了做到这点，做父母的首先要做到"居身务期俭朴，教子要有义方"。

---

① 贾谊《新书》卷五《保傅》。

3．父母要以身作则，为孩子们树立榜样。这在家庭教育中是一个非常重要的教育因素。父母爱子女，是人所共同的，但不能溺爱，否则就会"溺于小慈，养成其恶"（《司马温公书仪》卷四），更不能放任不管，纵其为恶，如《颜氏家训·教子》中所指责的那种"宜诫翻奖，应诃反笑"的事例。当孩子"侮詈父母，殴击兄姊，父母不加诃禁，反笑面奖之"，其结果必使孩子"未辨好恶，谓礼当然"。等到他"习已成性，乃怒而禁之，不可复制"，于是"父疾其子，子怨其父，残忍悖逆，无所不至"。（以上均见《司马温公书仪》）这种现象，在当今独生子女的家庭中，也是常有的事，很值得警惕。颜之推还批评了"人之爱子，罕亦能均"（《颜氏家训·教子》）的偏爱现象，这种现象所造成的后果也是严重的。

另外，为了使"幼子常视毋诳"（《礼记·曲礼上》），做父母的不但不能在孩子面前说诳话，而且答应孩子的事，凡是正当的，应该力求其实现。"曾子杀彘"的故事，就是属于这一类的范例。

同时要重视环境对孩子的影响，尽力为孩子创造一个良好的教育环境，使其在潜移默化之中健康地成长。"孟母三迁"的故事，就是一个很好的范例。正如《颜氏家训·慕贤》中所说的："人在年少，神情未定，所与款狎，熏渍陶染，言笑举对，无心于学，潜移暗化，自然似之。"也就是说，在儿童时期，尚未定型，有很大的可塑性，耳濡目染，潜移默化，"染于苍则苍，染于黄则黄"，成人的榜样，环境和教育的影响，是非常巨大的。

4．此外，还有一些有关家教和政教结合的故事，不仅相传为家教和政教的佳话，而且在今天还有非常重要的现实意义。因而虽非童蒙教育，也有提出的必要。如刘义庆《世说新语》中陶母责子的故事："陶公少时作鱼梁吏，尝以坩鲝饷母。母封鲝付使，反书责侃曰：'汝为吏，以官物见饷，非唯不益，乃增吾忧也。'"（《贤媛》）在我们的现实中，希望能多有这样的家教。郑板桥在《雍正十年杭州韬光庵中寄舍弟墨》中，痛斥那些"借祖宗以欺人，述先代而自大"的"落魄贵胄"，要他的家人绝不能效法他们。还需要提到唐太宗在《贞观政要·君臣鉴戒第六》中同房玄龄的一段对话，唐太宗指出"功臣子弟，多无才行，借祖父资荫，遂处大官，德义不修，奢纵是好"的不良行径，要大臣们"戒勖子弟，使无愆过"，以免重蹈历史上因此亡国亡家的覆辙。以上这些家教和政教的话，对于执政者来说，是值得引以为戒的。

总之，在中国古代有丰富的家教理论和经验，其中有不少优秀遗产，对于今天进行家庭教育仍有现实意义。但也不能不看到，这些经验大都来自社会的上层，具有时代的乃至阶级的局限，其中有的反映出剥削阶级的意识和轻视妇女的思想，如宣扬封建伦理道德，把孩子的不良表现归咎于母亲的溺爱与无知，还有主张施行体罚的教育方法，都应当摈弃。

（三）童蒙学校教育

在中国古代，除了重视家庭教育之外，在学校中对儿童进行教育，还是教育的主要方面。

1. 初步形成了一套系统的学校教育制度。

在学校的类型和层次上，虽然古书的记载多有出入，但大致如《礼记·学记》中所说的："古之教者，家有塾，党有庠，术有序，国有学。"形成了上古不同层次和不同类型的学校。

对不同年龄和不同学级的要求上，也有具体的规定。如《礼记·内则》所记："子能食食，教以右手。能言，男唯女俞。……六年，教之数与方名。七年，男女不同席，不共食。八年，出入门户及即席饮食，必后长者，始教之让。九年，教之数日。十年，出就外傅，居宿于外，学书记，衣不帛襦裤，礼帅初，朝夕学幼仪，请肄简谅。十有三年，学《乐》，诵《诗》，舞《勺》。成童舞《象》，学射御。二十而冠，始学礼，可以衣裘帛，舞《大夏》，惇行孝弟，博学不教，内而不出。三十而有室，始理男事，博学无方，孙友视志。"这些规定，大都属于社会上层的教育要求，其中有的属于家教，有的则属于学校教育，还有的属于成人的自我修养。但从中可以看出，在不同年龄和不同的学级中，有不同的要求。

《礼记·学记》中，对学习的进程和要求，具体规定如下："比年入学，中年考校。一年视离经辨志，三年视敬业乐群，五年视博习亲师，七年视论学取友，谓之小成。九年知类通达，强立而不反，谓之大成。"在这里，不但规定了不同年级的学习内容，还规定了考查制度。从"小成"和"大成"的要求来看，已经不属于蒙养教育了，似乎是大学的范围了。

总之，中国古代的学校教育，在汉代以前早已有了雏形，为以后学校教育制度的形成，提供了经验，而且其中所规定的内容，除了知识教育之外，大都属于道德教育的范围。

以上所讲的，大都属于国学的规定。在民间主要是私学，以私塾为主，也有的是家塾或义塾。在私塾中，由一位教师教几个学童，用个别教育的方法进行授受。学习的内容，一般从"三、百、千"学起，同时读些浅近的诗文。随着年龄的增长和知识水平的提高，开始读《四书》，最后选读诸经，为科举做准备。宋以后的私塾，一般如此，书院也参与其中。

2. 编写出比较系统的教材。

中国古代的蒙养教材是很多的，现择其大者，略陈一二。如最早的《史籀篇》，相传为周宣王时太史籀所撰，用大篆写成，书已佚失。《仓颉篇》由秦朝李斯、赵高、胡毋敬等分别用小篆写成《仓颉》《爰历》《博学》等篇，书已佚。《急就篇》是西汉史游撰写的蒙学识字课本，因句首有"急就"二字，故以此名书。全书将当时常用字按事物性质分类，用三言、四言、七言韵语写成，便于记诵。汉魏时广为流传，唐以后渐衰。《太公家教》，为唐人所著，从唐中叶到北宋，在中原地区广为流传，后又为北方少数民族所采用，元、清两代有女真文本和满文本。《蒙求》，取名于《易经·蒙卦》"匪我求童蒙，童蒙求我"句，以表示此书是适合儿童要求的学习教本，据考证为唐代李瀚所作。全书以神话、寓言和历史人物故事为内容，以对偶句写成，是用来对儿童进行历史掌故知识教育的教本。以后还出现许多以"蒙求"为书名的蒙养教材，如介绍名物常识的《名物蒙求》、进行道德教育的《纯正蒙求》、进行识字教育的《文字蒙求》等。此外，还有《幼学琼林》《龙文鞭影》《弟子职》《弟子规》《千家诗》等等。其中应当突出介绍的，是在宋代以后通行的"三、百、千"（指《三字经》《百家姓》《千字文》）蒙学教本和与道德教育关系较密切的《童蒙须知》与《弟子规》等。关于"三、百、千"与《弟子规》，后面还要作专题评说，这里仅将《童蒙须知》作些说明。

《童蒙须知》，是中国古代蒙学教育中的经典教材，为宋代朱熹所编。朱熹认为小学的任务是要儿童"学其事"，从"洒扫、应对、进退"等具体的"事"做起，进而形成良好的生活习惯，树立优良的道德观念和道德规范。本书的内容分"衣服冠履""语言步趋""洒扫涓洁""读书写字""杂细事宜"等五个部分，对学生的衣着、言行、读书、作文、清洁卫生以及待人接物等行为规范，都作了具体而详细的规定，是中国封建社会后期有较大影响的儿童教育教材。

3. 积累了一套丰富的教育经验。

（1）注意从儿童的实际出发，做到文道结合，把知识教育与道德教育密切结合起来。从具体事物讲起，向儿童灌输伦理纲常，实现思想渗透，是中国古代道德教育的一大特点。如在《三字经》中，就把"香九龄，能温席""融四岁，能让梨"，作为"孝"与"悌"的典范，向孩子们灌输。既是儿童中的具体事例，又是伦理纲常中的大问题，把握住了"孝弟也者，其为仁之本与"（《论语·学而》）这个根本问题。从儿童实际出发，从具体事物讲起，渗透道德教育中的重大问题。这一经验值得重视。

（2）注意教育者以身作则，重视言传身教，而且把身教放在突出地位上，这是符合道德教育的原则和儿童心理特点的。在中国的传统教育中，一贯强调要正人必先正己，特别是作为教师来说，更应当成为做人的模范、学生学习的榜样。孔子就为怎样做一位教师树立了典范，他对学生的进德修业以至生活起居，都做到了关怀体贴备至，因而赢得了学生的爱戴和尊敬，成为"万世师表"。汉代扬雄提出"师者，人之模范也"（《法言·学行》），是对教师最恰当的表述。中国古代所流传的"以身教者从，以言教者讼"的谚语，也说明了身教重于言教的道理。教师的榜样是一种无言之教，能起到熏陶感染的效果。因而"求贤师""择良友"（荀况语），就是绝对必要的教育措施。

（3）潜移默化，自然形成，也是中国古代道德教育中一条重要的原则和方法。潜移默化，也称"潜移暗化"，《颜氏家训·慕贤》篇中指出："潜移暗化，自然似之。"颜之推认为儿童的道德行为和习惯，多半是在周围的环境和人的影响下自然形成的。因此，必须为儿童创造一个良好的教育环境，使其思想和行为在不知不觉中受到感染和熏陶而发生变化。他举例说与善人交"如入芝兰之室，久而自芳也"；相反的，与恶人交"如入鲍鱼之肆，久而自臭也"。儿童的行为和习惯，就是在这样的环境影响下自然形成起来的。

（4）长善救失，防微杜渐。《礼记·学记》中指出："学者有四失，教者必知之。人之学也，或失则多，或失则寡，或失则易，或失则止。此四者，心之莫同也。知其心，然后能救其失也。"这里是着重对学生学习知识而言的，但对道德教育来说，尤其需要了解学生，掌握学生的思想脉搏，对症下药，有的放矢，才能达到长善救失的目的。这就要求教师要全面了解学生，帮助学生扬长避短，增强信心，发扬优点，克服缺点。虽然这些不是专指童蒙教育，但对其仍有一定的参考价值。

为了做到这点，教师必须有敏锐的观察力，有预见的本领，善于体察学生细微的变化，做到防微杜渐。《抱朴子·明本》指出："昔之达人，杜渐防微。"这里指的是成人的修养问题，对于儿童的教育更应该是这样。教师对学生的教育，要做到一个"预"字。《礼记·学记》指出："禁于未发之谓预。""发然后禁，则扞格而不胜。"作为一位教师，要善于观察，发觉学生有一点好的萌芽，就加以培植；有一点不良的隐患，就加以杜绝；做到预为之防范，把不良的思想和行为，消灭于萌芽之中。王夫之更进一步要求教师做到"必知其人德性之长而利导之，尤必知其人气质之偏而变化之"[①]。王夫之在《张子正蒙注》中指出："顺其所易，矫其所难，成其美，变其恶。"[②] 所有这些言论，都说明了在教育工作中要做到因材施教，以达到长善救失的教育目的。

对于中国古代的蒙养教育方法，还应当努力去挖掘，贯以新的内容，使之为当今的儿童教育服务。[③]

二、蒙养教材

在蒙养教育方面，不仅有丰富的教育经验可供继承，还有丰富的蒙养教材可供使用。这在前面已经作了简介，现仅就《三字经》《百家姓》《千字文》和《弟子规》作些概括说明及评析。

宋以后逐步形成了以《三字经》《百家姓》《千字文》（简称"三、百、千"）为主的蒙学教材。《千字文》成书最早，为南朝梁周兴嗣所撰，在隋时即开始流行；《三字经》为宋代王应麟所著；《百家姓》的第一个字是"赵"字，应是宋人所作，但已佚名。对于这三本书的评价，明代著名理学家吕坤曾说："初入社学八岁以下者，先读《三字经》以习见闻，读《百家姓》以便日用，读《千字文》以明义理。"其言虽简，但基本上勾画出了这三本读物的不同特点和作用。到清代，又有李毓秀所编的《弟子规》问世，清朝政府也将它定为初学者必读之书。下面对《三字经》《百家姓》

---

① 《四书训义》卷十五。
② 《张子正蒙注》卷四《中正篇》。
③ 以上"蒙养教育"部分，曾在香港中文大学香港教育研究所刘国强、李瑞全主编的《道德与公民教育》一书中刊登，1996年10月第1版，第113-122页。其中有修改。

《千字文》和《弟子规》分别进行分析，以供读者参考。

（一）《三字经》

《三字经》是蒙养教材"三、百、千"
中的主要一本，宋代王应麟著。全书共一千余
字，是旧时学校开蒙所必读和首读的一本教
材。它用三言韵语写成，朗朗上口，易读易
记。其中包括了各类知识和典故，渗透着深刻
的伦理道德教育，如对人性修养、伦理纲常、
名物常识、经史子集、历史掌故、人物故事等
的阐述，无不具备，阐发了为学和为人多方面
的要求。最后以鼓励儿童勤勉好学作总结，是

《中华传统文化经典教师
读本：三字经》

一本儿童小百科全书，其中除了所宣扬的伦理纲常需要检点以外，不仅其
知识性值得肯定，其编纂技巧也值得借鉴。

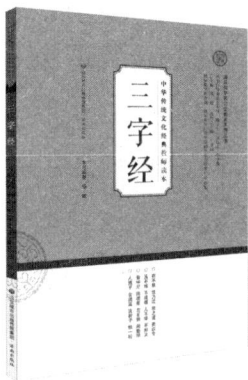

我们将《三字经》全书分为五个部分，下面将依次作些简释：

第一部分，从"人之初，性本善"到"弟于长，宜先知"，对儿童的教
育和学习中的一些重大问题作了具体的论述。

开首四句："人之初，性本善。性相近，习相远。"将孔、孟有关人性论
的基本思想和"性"与"习"的关系作了概述。接着就提出教育问题，并
以孟母教子、燕山义方为具体事例来作说明，调强"养不教，父之过①。
教不严，师之惰"，不但对为父和为师提出了具体要求，而且列举了黄香温
席、孔融让梨两个孝与悌的典型范例。将孝悌问题列为首位，是儒家以仁

---

① 有人主张将"父之过"改为"父母过"。究其实，这里用"父之过"是有其时代
特点的。在长期的封建社会中，在"夫权"的纲常下，在"父严母慈"的传统观念中，
教育子女的任务，主要是由为父的来承担的。因而"养不教"便是"父之过"，没有必要
改为"父母过"。

为本思想的主要体现。

第二部分，从"首孝弟，次见闻"到"此十义，人所同"，介绍了生活中的一些名物及生活常识。从识数开始，对"一而十，十而百，百而千，千而万"几个基数一一作了交代，并把从三到十这几个数中所涉及的一些基本知识，如从"三才""三光""三纲"，"四时""四方"，"五行""五常"，"六谷""六畜"，"七情"，"八音"，"九族"到"十义"作表述，既识数，又认字，既有知识，又有道义，充分体现出"文以载道"的重要教育原则，渗透着封建的伦理纲常。

第三部分，从"凡训蒙，须讲究"到"文中子，及老庄"，介绍了学者的学程及其所学的有关典籍的基本内涵。

学习是有阶段性的，《三字经》对儿童的教学内容做了由浅入深的学习安排：先从朱熹所编的《小学》一书开始，学习"洒扫、应对、进退之节，礼、乐、射、御、书、数之文"，以及"事亲、敬长之理"等等，给为学和为人打好基础。尔后，才开始读"四书""六经"以及诸子和史学等书，包含了经、史、子、集的多方面内容。有的需要精读，如对"四书"和"六经"的学习，就要做到熟读和明理；有的只需要略读，如对诸子的学习，能达到"撮其要，记其事"就可以了。

在《三字经》中，对经典的介绍与评析，既简要，又适中，是《三字经》中较为精辟之笔，也是较为深奥之处。现举几例来作说明。如：

关于"四书"的介绍，现以对《大学》《中庸》的阐释为例来作说明。对《大学》的阐述是："作《大学》，乃曾子，自修、齐，至平、治。"简短的四句，把《大学》的作者及其中所包容的儒家关于修身、齐家、治国、平天下的伦理道德和政治理想讲得清清楚楚。对《中庸》的阐述是："作《中庸》，子思笔，中不偏，庸不易。"对《中庸》的作者及其不偏（执中）不易（不变）的所谓"中庸至德"，也作了最简要的阐明。

对《六经》的阐释是："《诗》《书》《易》，《礼》《春秋》，号'六经'，当讲求。"这里所说的只是"五经"，如何成了"六经"呢？因为在《礼》中，包含了《周礼》和《礼记》两部书，所以称为"六经"。在《礼记》中，又有《乐记》一篇，也可以弥补"六经"中《乐经》的缺佚。

下面再以对《书经》和《春秋》的阐释为例，作些说明。《三字经》对《书经》的阐释是："有典、谟，有训、诰，有誓、命，《书》之奥。"典有《尧典》《舜典》，谟有《大禹谟》《皋陶谟》，训有《伊训》，诰有《汤诰》，誓有《汤誓》《泰誓》，命有《说命》《微子之命》等篇章。虽非全部（全书共58篇），但由此也可以略见《书经》的精华和深奥。《三字经》对《春秋》的阐述是："《诗》既亡，《春秋》作，寓褒贬，别善恶。"说明《诗经》的采风制度和兴、观、群、怨的社会作用已经逝去，于是孔子乃作《春秋》，对当时的战乱篡夺以及礼崩乐坏的局面进行了批驳和评说，为后世写史书的人立下了"春秋笔法"。现举鲁隐公元年（前722）"夏五月，郑伯克段于鄢"的命题为例来作说明，根据《左传》对这个命题的解释是："段不弟，故不言弟；如二君，故曰克；称郑伯，讥失教也。"孔子在这里仅仅用了六个字，对郑庄公及其弟共叔段作了深刻的批判，维护了当时的伦理纲常。所以孟子说，"孔子成《春秋》，而乱臣贼子惧"。他为后世立下了敢于秉公直言的"春秋笔法"。

在"四书""六经"读完之后，还应读一些诸子的书。对此，《三字经》是这样讲的："经既明，方读子，撮其要，记其事。"认为读"子"书能达到这种程度就够了，可见其对读"子"书的要求是次于读"经"书的。对诸子的选学，提出了"五子者，有荀、扬，文中子，及老庄"。这样讲，既不全面，又把时间拉得过长，因而《三字经》对诸子的阐释，就有商榷和补充的必要。用"五子"不能概括诸子，对诸子的安排顺序，如把老、庄放在最后，是否也反映了重儒轻道的思想？在讲春秋战国诸子时，墨子与韩非子是不能不讲的，如有可能多讲几句，将名家、兵家等等也包含在内，那就更为全面一些了。有关这类问题，都可以放到讲读和注释中去解决。

第四部分，从"经子通，读诸史"到"通古今，若亲目"，讲述了从"三皇""二帝"到宋代（宋以后的部分应是后人加的）中国几千年历史的世系和基本事实。

下面再举例讲讲《三字经》有关读史的阐述。在这一部分中，仅三百字，写了中国几千年的历史，而且是纲举目张，不但做到了"考世系，知终始"，而且有的还将其间的要人、要事，也作了简明的论述，可以说是一部具体而微的小"纲鉴"。现举几例来作说明：

1．"夏传子，家天下。"这里称"夏传子"，而不是禹传子，禹本拟将帝位传于伯益，后伯益为禹子启所杀，夺取了帝位，才成为"家天下"。（另一说是伯益让位于启）只一"夏"字，说明《三字经》在遣词组句方面都极为讲究，力求符合历史的真实。

2．"周辙东，王纲坠，逞干戈，尚游说。始春秋，终战国，五霸强，七雄出。"简短八句，共二十四字，把东周列国的纷争，周室东迁，王室衰微，诸侯争霸称雄，大兴游说之风，从"五霸"到"七雄"直至秦始皇的统一，五百余年的历史，尽囊括在这八句话之中。

3．"北元魏，分东西，宇文周，与高齐。"只此四句，又将南北朝时期的北魏，如何兴起与汉化，从姓拓跋改姓元，所以称为"元魏"；尔后又分裂为东魏与西魏，宇文觉灭西魏建立北周，高洋灭东魏建立北齐，最后统一于隋，寥寥四句，脉络极为清晰。

像这样的表述，还可以列举一些，限于篇幅，恕不多赘。在对《三字经》进行导读和作注释时，还可适当增加一些内容，供学习者参考。

第五部分，从"口而诵，心而惟"到"戒之哉，宜勉力"，讲的是幼年要勤奋学习，长大才能有所作为。

《三字经》的最后一部分，用了不少典型的人和事，描述了勤奋好学、功成业就的诸多故事。还用了一些鸡犬和鸟虫的事例，如"犬守夜，鸡司晨""蚕吐丝，蜂酿蜜"，来催人奋进。《三字经》就是用这些事例来激励幼学者奋发有为，去追求"扬名声，显父母"的人生境地，虽体现着"学而优则仕"的传统观念，但对于激励后进仍有积极的意义。

总之，一部《三字经》，产生于中国的封建时代，在启蒙教育中，曾经起过极为重要的作用，成为一本应用最广的蒙养教材。但它同其他的蒙养教材一样，也无法不带有时代的局限性，以至阶级的局限性。如在全书中，渗透着封建的伦理纲常和"学而优则仕"的思想。甚至在介绍几位女杰如"蔡文姬，能辨琴；谢道韫，能咏吟"之后，还要加上两句"彼女子，且聪敏；尔男子，当自警"的话，反映出某些男尊女卑的潜意识和传统观念。当然，这些问题，都是时代使然，不可以苛责于古人的。从总体来看，一本《三字经》仍是"瑕不掩瑜"，不失为一本传世的优良蒙学教科书，值得认真一读。它从内容到形式，都为我们编写蒙养教材提供了许多宝贵的经验，值得借鉴。

最后还要附带讲一个有关"人遗子，金满籯；我教子，惟一经"的注释问题。当前有不少对《三字经》的注释本，包括人民教育出版社新出版的《三字经》修订版也作了这样的注释："别人留给子孙后代的是满箱的金银财宝，而我教育后代留给他们的，只有一本《三字经》。"在这里既错解了"一"字，更错解了"经"字。"一"字除作为计数的"一个"以外，还有大、全、唯一、专一、统一等不同的用法。这里所讲的"一经"应是全部的、唯一的经典。这段话可能出自《汉书·韦贤传》谚语中所说的"遗子黄金满籯，不如一经"。这里所说的"一经"，当然不是指的如同《三字经》那样一本童蒙读物，而是主要经典。再如文天祥在《过零丁洋》诗中首句所说的"辛苦遭逢起一经"，也是指的主要经典，是他所养成的"浩然正气"和所实践的"孔曰成仁，孟曰取义"的古训。为此，把"惟一经"解释成"只有一本《三字经》"，显然欠妥。

《中华传统文化经典教师
读本：百家姓》

（二）《百家姓》

《百家姓》以百家命名，盖言其多也。书中所列姓氏，现行本共560字，其中包含有复姓近60个，这样就去掉30姓；最后一句"百家姓终"，多非姓氏，又占去数字，因此只剩有500余姓，也并非百姓。另外，还有的姓氏未包含在内。所以"百家姓"之称，只能理解为姓氏之多。

《百家姓》在旧时学校中，也是儿童的通行读物。用四言韵语写成，并加平仄，便于背诵和记忆，增长了儿童的生活知识，也便于应用。

《百家姓》作者不详，但以"赵"氏居首，是为了"尊国君姓"，可以说明为宋人所作。

后世又有各种百家姓问世，如明代有《皇明千家姓》，以"朱"姓为首。清康熙时又有《御制百家姓》，以"孔"姓为首。但流行者仍是宋人所撰的《百家姓》，即今日的通用本。

现今有的《百家姓》读本，在每一个姓氏之后，附有"姓氏寻根"。现以"赵、钱、孙、李、周、吴、郑、王"八姓的寻根作些说明。另外，有的复姓是来自汉族之外的其他民族，我们也选出了几姓，进行了寻根，以体现出我们是一个包容了五十六个民族的大家庭。

赵：据《通志·氏族略》《姓氏考略》所记，伯益的后代造父为周穆王驾车有功，周穆王把赵城封给他，其子孙遂以"赵"为姓。

钱：据《百家姓考略》所记，"彭祖姓篯，名铿，支子去竹而为钱氏"。即将原来的"篯"字去竹字头而改为"钱"字。

孙：据《元和姓纂》所记，卫武公的儿子名惠孙，其后世子孙便以

"孙"字为姓。

李：据《百家姓考略》所记，尧帝时代的大理（官名）皋陶，其后代以"理"为姓。其后世裔孙理利贞逃避纣王迫害，避居李树下，食李子维持生活，遂改为"李"姓。

周：据《百家姓考略》记载，"周平王少子姬烈之后，以国名周为氏"。另据《姓源》所记，周平王少子姬烈受封于汝州，称其家为周家，其后遂以"周"为姓。

吴：据《通志·氏族略》所记，周太王古公亶父的长子泰伯、次子仲雍因自幼让贤，远去江南建国。后来周朝建立，周武王封泰伯三世孙周章为侯，改国号为吴，其后代遂以国号"吴"为姓。

郑：据《元和姓纂》所记，周厉王少子友受封于郑，其后人遂以"郑"为姓。

王：据《通志·民族略》所记，周灵王儿子姬晋因敢于直谏，被废为庶民，迁居琅琊。因其本为王族，世人称其家为王家，其后世子孙便以"王"为姓。[①]

从以上所引，可见姓氏之来源，或因祖名，因官爵，因封地，因建国，以至因音同等等，乃以为姓。

在复姓中，还有的是来自少数民族。说明中华民族的姓氏，包容了各个民族，是民族大家庭的结晶，而且民族的融合是在不断地进行中的。现举几例如下：

拓跋（tuò bá）：据《魏书·官氏志》所记，复姓拓跋氏出自古代鲜卑族。其后人拓跋珪于386年建立北魏政权，到北魏孝文帝拓跋宏，改复姓拓跋为单姓元，他自己改姓名为元宏。但拓跋作为复姓仍流传下来。

---

① 录自远方出版社出版的《百家姓》"姓氏寻根"。

万俟（mò qí）：据《百家姓考略》《元和姓纂》等书记载，鲜卑族的万俟部落随鲜卑族的王族拓跋氏进入中原，拓跋珪创立北魏朝，北魏孝文帝赐其弟弟的后人姓万俟，是为万俟姓之始。

赫连（hè lián）：据《通志·氏族略》记载，复姓赫连出自南匈奴部族。东晋时，南匈奴右贤王的后人勃勃称大夏天王，始改姓赫连。

尉迟（yù chí）：据《通志·氏族略》记载，公元四世纪初，鲜卑族的拓跋部建立代国，后被前秦所灭。后来，拓跋珪于386年建立北魏。此时与北魏同时兴起的有尉迟族。北魏孝文帝时，赐尉迟族人以尉迟为姓。

单于（chán yú）：据《后汉书·匈奴传》《姓氏寻源》等书记载，早期匈奴的最高首领称"撑犁孤涂单于"，后匈奴部族消失，融入其他民族的子孙，便以祖上的王位名称单于为姓。①

因而进行姓氏寻根，不仅可以增长知识，更可以提高对自己姓氏认知的自豪感，还有利于加强民族团结，扩而言之，还有助于全球华人的归宗。

（三）《千字文》

前面谈到明代学者吕坤曾对千字文作过这样的评述："读《千字文》以明义理。"一本《千字文》包括了天文、地理、社会、历史、伦理、教育等多方面的知识。

《千字文》不仅包含了大量的知识和典故，而且在写作技巧上也颇有讲究。全书大部分是两句相对，对遣词、组句、对仗、押韵都极为讲求，这不只是便于幼学者诵读，更对将来读经典和学作辞赋也大有裨益。

《千字文》在"三、百、千"三本书中，是较深的一本。根据我的学习经验和了解，在过去的蒙学中，开始只读《三字经》《百家姓》，对《千

---

① 录自远方出版社出版的《百家姓》"姓氏寻根"。

字文》不读，或只背不讲，或多背少讲，只
讲其对幼学者浅显易懂的，如"知过必改，
得能莫忘""尺璧非宝，寸阴是竞""祸因恶
积，福缘善庆"等等。下面我们就《千字文》
的成书、分段和释义三个问题分别作些说明。

《中华传统文化经典教师
读本：千字文》

1. 成书

关于《千字文》的成书及版本问题，尚
有争议：在成书方面，一般认为是南朝梁周
兴嗣所撰。据启功先生在《说千字文》中所
考证，在梁、陈不到一百年间（502—589），就产生过至少四个版本，包
括萧子范本、周兴嗣本、佚名人撰萧子云注本、佚名人撰胡肃注本。在
写本方面，有怀素的草书千字文、智永的真草千字文，因而以后又有写
本、刻本和临本传世。这样便又产生了《千字文》中的某些异文问题，
如"闰余成岁，律吕调阳"，就有"律吕调阳"和"律召调阳"的不同主
张（见后有关"律吕调阳"的注解）。所有这些问题，都值得有关学者去
进行考证和研讨。

《千字文》由于限定在已有的千字之内为文，不许重字，又须押韵，
在这些严格的限制和规定之下，要做到十全十美是很难的。因此，其中有
的词句就难免有牵强和不通顺的弊病，如"升阶纳陛，弁转疑星""欣奏累
遣，戚谢欢招"等，都属难读难懂的句式，在解释上也颇为费力，我们也
试图做了释义以供读者参考（见后）。也有少数句子，如"俊乂密勿"，其
中"密勿"二字，实属难解（见后）。虽限定千字不重，但现在有的版本仍
有重字，如"云腾致雨"与"禅主云亭"，"云"字重，错在哪句？尚待考
证。因而有人主张"云亭"应是"梁亭"，据说泰山下面有小山，名梁甫
山。还有人说"周发殷汤"与"盖此身发"，"发"字重。事实上"周发"
的繁体字是"發"字，"身发"的繁体字是"髮"字，不重。如有人还能找

出其他重字，请考证是如何形成的。

2. 分段

一本《千字文》，教给我们许多有益的知识和写作的技巧，是一本精辟的蒙养教材。下面我们将对其做初步分段，并就其分段内容做简释，以供初学者参考。

香港中文大学杜祖贻教授，在其所编的《中国文学古典精华参考资料》中提出，根据"周本节段"，《千字文》全书共分为九韵、四十三段，包括："天文、气时、物理、文化、古史、治国、祥瑞、立身、立德、因果、惜阴、忠孝、品藻、从政、礼乐、伦常、德行、都邑、宫室、朝宴、图书、世禄、贤臣、诸侯、良将、舆地、农事、处世、圣躬、安居、草木、修养、饮食、家室、谥会、祭祀、简答、奋发、技艺、盛衰、天文、矜式、世情。天文分前后两节，实得四十二类节次。"[①] 我们参考了上述分段，将其内含适当合并，试分为二十五段，打破了现行读本一般四句一段的分段方式，并对每段做了简要的注明。

（1）"天地玄黄，宇宙洪荒"到"云腾致雨，露结为霜"十句，讲的是天文、历法。

（2）"金生丽水，玉出昆冈"到"海咸河淡，鳞潜羽翔"八句，讲的是物类。

（3）"龙师火帝，鸟官人皇"到"吊民伐罪，周发殷汤"八句，讲的是历史。

（4）"坐朝问道，垂拱平章"到"化被草木，赖及万方"十句，讲的是德政。

---

① 杜祖贻主编：《中国文学古典精华参考资料》，香港商务印书馆1999年版，第76页。

（5）"盖此身发，四大五常。恭惟鞠养，岂敢毁伤"四句，讲的是孝道。

（6）"女慕贞洁，男效才良"到"墨悲丝染，诗赞羔羊"十句，讲的是德行和教育。

（7）"景行维贤，克念作圣"到"空谷传声，虚堂习听"六句，讲的是修养及其影响。

（8）"祸因恶积，福缘善庆"两句，讲的是善恶报应。

（9）"尺璧非宝，寸阴是竞"两句，讲的是爱惜光阴。

（10）"资父事君，曰严与敬"到"存以甘棠，去而益咏"二十句，讲的是忠孝和为政。

（11）"乐殊贵贱，礼别尊卑"到"交友投分，切磨箴规"十二句，讲的是礼乐、伦常。

（12）"仁慈隐恻，造次弗离"到"坚持雅操，好爵自縻"十句，讲的是自励与节操。

（13）"都邑华夏，东西二京"到"府罗将相，路侠槐卿"二十二句，讲的是都邑、宫室和设施。

（14）"户封八县，家给千兵"到"策功茂实，勒碑刻铭"八句，讲的是建功立业。

（15）"磻溪伊尹，佐时阿衡"到"九州禹迹，百郡秦并"二十二句，讲的是贤臣和良将。

（16）"岳宗泰岱，禅主云亭"到"旷远绵邈，岩岫杳冥"八句，讲的是古迹名胜。

（17）"治本于农，务兹稼穑"到"税熟贡新，劝赏黜陟"六句，讲的是农事。

（18）"孟轲敦素，史鱼秉直"到"殆辱近耻，林皋幸即"十二句，讲的是谨言慎行。

（19）"两疏见机，解组谁逼"到"欣奏累遣，戚谢欢招"八句，讲的是功成身退，明哲保身。

（20）"渠荷的历，园莽抽条"到"游鹍独运，凌摩绛霄"八句，讲的是景物。

（21）"耽读玩市，寓目囊箱"到"饱饫烹宰，饥厌糟糠"八句，讲的是生活、饮食。

（22）"亲戚故旧，老少异粮"到"诛斩贼盗，捕获叛亡"二十四句，讲的是家事。

（23）"布射僚丸，嵇琴阮啸"到"毛施淑姿，工颦妍笑"八句，讲的是技艺、特长。

（24）"年矢每催，曦晖朗曜"到"孤陋寡闻，愚蒙等诮"十二句，讲的是惜时、自勉。

（25）"谓语助者，焉哉乎也"两句，讲的是语助词，也是全文结束语。

对于上列的分段是否恰当，对其内容的解说是否合乎实际，如何分段和如何表述，还有待讨论和论证。

3. 释义

《千字文》，成书于南朝梁代，为周兴嗣所撰，当时文赋之风还盛行，因而它在遣词、组句、对仗、用韵等方面都很讲究，而且在限定的千字之内成文，于是有的文字就难免有拼凑、艰涩的问题存在，下面仅就有疑义或难懂的句式内容做些释义，供大家讨论和参考。

（1）对文内有疑义或可商榷者举例。

①"天地玄黄，宇宙洪荒"开首两句，一般把"玄黄"解释为颜色是黑中带黄，把"洪荒"解释为远古洪荒时代。我们是否可以作另一种解释："天地玄黄，宇宙洪荒"，是说明天地之大，宇宙之广；再加上"日月盈昃，辰宿列张。寒来暑往，秋收冬藏"，给人以"天行健""自强不息"和

"地势坤""厚德载物"的感受。好大的一部天文地理学。

②"闰余成岁，律吕调阳"，对我国古代的历法（即农历）作了说明。关于"闰余成岁"：我国古代以月圆月缺计月，即月球绕地球一周为一月，每月29.53天，四年一闰，这样便把农历与公历统一了起来。这种历法，在《尚书·尧典》中即有较详细的记载，尧命羲和掌握历法，确定了春夏秋冬四时及有关节气，并明确提出："期三百有六旬有六日（即一年有366天），以闰月定四时，成岁。"在当时就有这样确切的计算，实在是难能可贵。

下面我们对"律吕调阳"的不同理解做些简介。当前一般的注释是"律吕调阳"，也有主张是"律召调阳"的。前者认为，我国古代历律，有阳律和阴律各六，阳律称"律"，阴律称"吕"，合成十二律，以此调节阴阳，故称"律吕调阳"。但启功先生的考据是"律召调阳"，而不是"律吕调阳"。其理由是：根据智永所书《千字文》，写的是"召"字，而不是"吕"字；并以两句的语法作分析，前句的"余"字是虚数，后句的"召"字也是虚数；还引《吕览》中"以阳召阳，以阴召阴"作为旁证，说明此句应是"律召调阳"，而不是"律吕调阳"。① 这两种意见，都可以考虑。

③"金生丽水，玉出昆冈"两句，一般把"丽水"释为今之丽江，也就是金沙江；把"昆冈"解释为昆仑山。但是否可以不受地域的限制，把"丽水"解释为好的水域，即从沙里淘金；把"昆冈"解释为大的山冈，即从大山中采玉？

④"盖此身发，四大五常。恭惟鞠养，岂敢毁伤"四句，是来自《孝经》中的"身体发肤，受之父母，岂敢毁伤"。但在这里增加了"四大、五常"的内容，对于"五常"一般解释为"仁、义、礼、智、信"，没有什么

---

① 《启功草书千字文》，江苏美术出版社2006年版，第35页。

争论。孟子认为仁义礼智都是发端于人之天性，也可以说是受之父母。但对什么是"四大"就有着不同的理解。道家以道、天、地、人为四大，《老子》说"道大、天大、地大、人亦大"（《老子》第25章）的"四大"，似乎很难用于这里。佛家以"地、水、风、火"为四大，认为这四者广大，能够产生一切事物和道理。佛言："当念身中四大，各自有名。"① 因为这"四大"都属于自身所具，因此，我们主张以此"四大"来作解释。由此，"身体发肤"及"四大、五常"都是人所受之于父母的，必须"恭惟鞠养，岂敢毁伤"，方为孝道。这样似乎也可以说得过去。当否？请酌。

⑤"饱饫烹宰，饥厌糟糠"两句，有的学者指出应是"饱厌烹宰，饥饫糟糠"，把前两句的"厌"和"饫"对调一下，语意即通顺了。我们同意这个意见，但也有人提出"厌"与"餍"字同，不主张改动，孰是孰非，尚待商榷。由此可见，其中有的文字还可能有误，值得研讨，如前面所提到"律吕调阳"中的"吕"字，以及后面还要讲到的"俊乂密勿"中的"密勿"两字都是属于这种情况。

（2）对艰涩难懂的句式举例。

前面讲到一本《千字文》，由于用字所限，又要对仗、押韵，这样便造成其中的句子存在拼凑和难懂、难读的问题，现举下面几例来做说明。

①"肆筵设席，鼓瑟吹笙。升阶纳陛，弁转疑星。"在这四句中，前两句好理解，是讲的大摆筵席、鼓乐齐鸣的热闹场面。后两句是讲的宾客如云、同来赴宴的景象。"升阶纳陛"是讲宾客们相互走上台阶时的场面，后面一句"弁转疑星"则较难理解。"弁"是指男人戴的帽子，"转"是移动，"疑星"是指令人怀疑像是满天星斗。此句可能出自《诗经·卫风·淇奥》的"会弁如星"一句，指来宾所戴的镶有珠宝的帽子，在人的行进中像是星星一样闪闪发光。

----

① 《法苑珠林（四）·三界地量》，见《辞海（一）》，第560页。

联系到后面的"府罗将相，路侠槐卿"二句，说明来宾都是达官贵人。"槐卿"来自《周礼》所载，朝廷上三公的位置面对三棵槐树，所以称"三公"为"三槐"，"槐卿"即指具有三公爵位的卿相。由此看来，这里所写的宴会，似是指朝廷或宰相府等所举行的大宴。

②"桓公匡合，济弱扶倾。绮回汉惠，说感武丁。俊乂密勿，多士寔宁。"在这里讲了几个典故，最后归结为"俊乂密勿，多士寔宁"。前面的故事：一是齐桓公称霸，九合诸侯，挟天子以令诸侯，起到了"济弱扶倾"的作用。二是吕后用张良之计，为汉惠帝请来商山四皓，使汉惠帝免于被黜。三是商君武丁感梦而得贤相傅说（yuè）。这些故事，都说明了靠着这些精英们的功勋才使得天下安宁，百姓安居乐业。其中"俊乂密勿"一句，"俊乂"好理解，"密勿"则难懂，有的将"密勿"注为勤勉努力，有的注释则怀疑"密勿"二字或是错别字。都有待考证。

③ 从"省躬讥诫，宠增抗极"到"欣奏累遣，戚谢欢招"，共计十二句，大致都是讲的"树大招风""功成身退"的故事和道理。下面对其中的数句，分别作些简析：

"省躬讥诫，宠增抗极"讲的是听到别人讥讽、告诫，要反躬自省；备受恩宠，要注意物极必反，不要得意忘形。

"殆辱近耻，林皋幸即"讲的是当你感到蒙受耻辱的事情可能发生，即"殆辱近耻"，就要及时退隐山林，从而幸免于祸，即文内所说的"林皋幸即"（皋是水边高地）。

"两疏见机，解组谁逼。索居闲处，沉默寂寥。"前两句讲的是汉代疏广和他侄子疏受的故事，二人身为太子太傅、少傅，功成身退，以年老要求辞职，得到皇帝的奖赏和世人的称赞。这样即可"索居闲处"，悠闲度日，不问世事，宁静淡泊以善终。

"求古寻论，散虑逍遥。欣奏累遣，戚谢欢招。"讲的是在退休之后，多读读古书，寻求人生的道理，这样即可以消除忧虑，活得逍遥自在。就能得到欣悦，免除烦恼；谢绝忧愁，招来欢乐。

从上述的句式中，我们可以看到有的句子不免有拼凑和艰涩的问题存在，如"欣奏累遣，戚谢欢招"，就属于这样的句式。还有的句子，在不同版本上稍有出入，也有待考证。

总之，一本《千字文》，用了限定的一千字，写出了一本内容极为充实的儿童或少年读物，其句约，其意深。如在历史部分，仅用了"吊民伐罪，周发殷汤"八个字，比之《三字经》中的"汤伐夏，国号商。六百载，至纣亡。周武王，始诛纣。八百载，最长久"要深刻得多。其中有些名句，如"天地玄黄，宇宙洪荒""知过必改，得能莫忘""祸因恶积，福缘善庆""尺璧非宝，寸阴是竞"等，已经广为流传并渗透到广大人民的思想中和行为上，其影响是比较深远的。在形式方面，不仅有寓意深邃又极通俗易懂的佳句和警句，还有含蓄较深的诗词佳句，如"海咸河淡，鳞潜羽翔"，将"鳞"喻鱼类，将"羽"喻鸟类，而且用"潜"字和"翔"字来形容其生态和动态，给人以"万类霜天竞自由"的感受。

由于历史和阶级的局限，其中有的内容，离不开"三纲""五常"等封建伦理道德的限制，如"女慕贞洁，男效才良""妾御绩纺，侍巾帷房""嫡后嗣续，祭祀烝尝"等男女有别、妻妾嫡庶有分的思想。这是不能苛求于古人的，在注释和讲解中可以做一些解说和评析。《千字文》，作为一本高水平的蒙养读物，其价值是不能抹杀的。

（四）《弟子规》

《弟子规》一书，为清人李毓秀所撰。原名《训蒙文》，后经贾有仁修订，改名《弟子规》。它以《论语·学而篇》中孔子所讲的"弟子入则孝，出则弟；谨而信；泛爱众，而亲仁；行有余力，则以学文"为纲，编为三字一句、两句一韵的通俗蒙学读物。由于它通俗易懂、易读易记，包含了为人子弟在家、在外、待人、处事应遵循的一切道德规范，被定为当时幼学必读的教材，曾经盛行一时，被誉为"开蒙养正最上乘"的读物。今天在进行道德教育时，这本书又为大家所重视，并广为传教。

《弟子规》共五个部分，其首章将孔子的原话，用三字句改编成为"总叙"，接着便分为："入则孝，出则弟；谨而信；泛爱众，而亲仁；行有余力，则以学文"四章，共五个部分，进行了具体、通俗的阐述。

《中华传统文化经典教师读本：弟子规》

其中对孝悌中的亲亲与尊长的论述最多，要求做到"父母教，须敬听；父母责，须顺承"。对"冬温、夏清""晨省、昏定"等都做了具体的规定。这些对于今天孝敬父母，维系家庭关系，有着重要的参考价值。但对其过分或过时的内容，需要结合实际加以应用。再如其中对"亲有过，谏使更"的要求，在最后提出当谏而弗听之时，要做到"号泣随，挞无怨"，这较之《孝经》中《谏诤章》的有关要求，似嫌逊色，而且不能完全适用于今日。对于孝悌的要求，要做到取其精华，去其糟粕，才能达到"古为今用"。

对"谨而信"的规定，比较实际，而且明确提出"凡出言，信为先；诈与妄，奚可焉""话说多，不如少；惟其是，勿佞巧"和"奸巧语，秽污词；市井气，切戒之"。这些要求，对于医治在当前市场经济条件下出现的某些弊端，大有好处。而且其中所讲的对日常琐事的要求，对改正当前在青少年中出现的一些不良现象和问题，也大有裨益。现仅举出其中四句"斗闹场，绝勿近；邪僻事，绝勿问"来做证明，其余从略。

在"泛爱众，而亲仁"一章中，首先提出"凡是人，皆须爱；天同覆，地同载"，用天覆地载的最高理念，来阐明"博爱之谓仁"的思想，将"泛爱众"提升到了《礼记·孔子闲居》中孔子所说的"天无私覆，地无

私载，日月无私照，奉斯三者，以劳天下，此谓之三无私"的高度，以提高人的思想境界。并且具体论述了"勿谄富，勿骄贫；勿厌故，勿喜新"，以及隐恶、扬善、报恩、忘怨、予多、取少等等待人处事的原则。还提出了要认清"同是人，类不齐；流俗众，仁者稀"的不同情况，使在"泛爱众，而亲仁"的进行中有所选择。

最后，在"行有余力，则以学文"一章中，对于力行与学文的阐述，也是比较全面的。如"不力行，但学文；长浮华，何成人？""但力行，不学文；任己见，昧理真"。对"行有余力，则以学文"的原话做了比较全面的阐释。

其中还讲了一些读书的方法，如"读书法，有三到：心、眼、口，信皆要""心有疑，随札记；就人问，求确义"等等，都是有益的读书方法。最后还以"勿自暴，勿自弃；圣与贤，可驯致"作结，指出只要自强自励，最终必定是学有所成，功有所得。

以上所举，说明《弟子规》是一本可供学习的儿童读物，它较之《三字经》更为通俗易懂，而且在道德教育方面独具特色，这也正是当前为大家所重视，而出现《弟子规》学习热潮的根据。

但是《弟子规》一书，如同其他古典儿童读物一样，有它的历史甚至阶级的局限，而且有的内容过于琐碎，对于儿童的限制过多，发挥儿童学习的主动性嫌少。现在就两个问题作些说明：

1. 学习《弟子规》，要全面理解孔子有关这些问题的论述，也就是要回归到孔子的思想上去。

如《论语·为政》中，孔子对于学生的问孝，总是根据不同的对象给予不同的回答，有的要求持"敬"，有的要求悦"色"。为此，我们今天在学习《弟子规》中的"首孝弟"一章时，也不能胶柱鼓瑟，一成不变，要做到结合实际，活学活用。再如在《孝经》（相传是孔子为曾子所讲的孝道）的《谏诤章》中，有关对父母过失的谏诤，要比《弟子规》中所讲的更为深刻和全面一些。《孝经》在《谏诤章》中提出：当父不义，"则子不可不争于父"，"从父之令，又焉得为孝乎？"可以与《弟子规》中所讲的对比读读看。

再如孔子对"仁者爱人"的主张，不但提出要"泛爱众，而亲仁"，还提出"唯仁者，能好人，能恶人"（《论语·里仁》）。可见孔子是主张爱有原则和爱有差等的。墨子提出"兼爱"，是小生产者平等思想的反映，有它积极的一面。但"兼爱"不仅在当时是行不通的，在今天也只能是一种理想，难以完全付诸实践。而儒家的爱有差等、有原则的思想，倒是符合实际的。

再如关于"文"与"行"的关系，在这里孔子讲的是"行有余力，则以学文"，可能是针对儿童的道德教育而言的。但不如《论语·子罕》中颜渊所称赞的："夫子循循然善诱人，博我以文，约我以礼。"对"文"与"道"的关系，讲得更为全面一些。"文以载道"，寓道于文，是儒家教育中的一条重要原则，在蒙养教育及教材中得到了充分的体现。它对于我们今天处理知识教育与思想教育的关系，仍有一定的指导意义。

2. 学习《弟子规》，要创造性地加以运用，也就是说要与时俱进地发展孔子的思想。

孔子是我国的圣人，也是世界的名人。孔子不仅整理和发展了中国的古代文化，也为世界文明做出了重大贡献。我们要全面地学习孔子，更要与时俱进地应用孔子的思想。后儒对孔子的思想做了各种不同的理解和阐释，因此我们更要创造性地进行学习和应用。

当前在对《弟子规》的学习中，有不少学校和老师在活学活用的创造性工作中，取得了很好的成效，现仅举一例来做说明。有的小学老师在处理学生打架时，引用了《弟子规》中的"身有伤，贻亲忧；德有伤，贻亲羞"四句话，很好地化解了学生的打架问题，取得了良好的效果。这种活学活用的良苦用心，值得充分肯定。但是，这也给我们提出了另一个问题，如果在甲、乙两个打架的学生中，甲生要求教师对这次打架事件评出一个是非曲直，并不以"贻亲忧"和"贻亲羞"和解了事，教师应不应该接受甲生的要求，对打架的起因、动手的先后、伤势的轻重等等作出评判？也就是说，对打架的起因、过程和结果等说个明白，评出个是非曲直来，以满足甲生的要求。对于学生的这种合理要求，这种主体意识，从今天的教育来说是应当肯定的，也是应该加以扶植的。打架是不对的，但在打架中仍有是非曲直可说。这是《弟子规》所不可能提到，也无从认可的问题，但这却是应当认真对待的问题，也是对《弟子规》所应当采取的创造性的学习态度。

在《弟子规》学习的热潮中，希望大家冷静地对待，认真研讨，不但要做到"去粗取精"，而且要结合时代特点去创造性地学习和应用，以发挥其积极的作用。

以上是对四本蒙养教材的简介和评说，希望在国学热中冷静地和创造性地学习这些历史遗产，历史地评价我国的蒙养教材，与时俱进地、创造性地加以应用，使其在儿童教育中科学地发挥作用。对蒙养教材中的某些欠缺之处，可以在注释和讲读中去修改和补充，没有必要兴师动众地去做修订工作，"前车之鉴"，值得注意。

第三讲　解读"四书"

"四书",包括《论语》《孟子》《大学》《中庸》四部儒家经典著作。

从汉代起,《论语》即被列入"七经"(即《诗》《书》《礼》《易》《春秋》"五经",加《论语》《孝经》)。到唐代,《论语》即列为"十二经"(包括"九经",即《诗》《书》《易》《礼》《春秋》《周礼》《仪礼》《公羊传》《穀梁传》,《左传》包括在《春秋》之中;后又加《孝经》《论语》《尔雅》,合称"十二经")之一。到宋代,又将《孟子》列入,成为"十三经"。可见,《论语》被尊为经书的时间是比较早的。

宋代,又将《礼记》中的《大学》和《中庸》两篇提出,与《论语》《孟子》合编在一起,成为"四书"。这样,儒家经典"四书"已全部列入"十三经",并经朱熹作注,称为《四书集注》。儒家的传承关系,一般认为,孔子传曾子,曾子作《大学》;曾子传子思,子思作《中庸》;子思或其弟子传孟子,孟子的弟子万章、公孙丑等记孟子的言行,作《孟子》七篇(每篇分上下两部)。《三字经》对"四书"的解说是:"《论语》者,二十篇,群弟子,记善言。《孟子》者,七篇止,讲道德,说仁义。作《中庸》,子思笔,中不偏,庸不易。作《大学》,乃曾子,自修齐,至平治。"可以作为对"四书"最概括的说明。

在明清之际,"四书"和"五经"成为每个学子必读之书,而且是科举考试的主要内容。朱熹所作的注释,也成为解读"四书"的唯一准则。

从"四书"和"五经"的成书先后来分,是"经"在前,"书"在后。但从学习的顺序来讲,从宋以后,一般是先读"四书",后读"五经",这在《三字经》中讲得非常清楚:"《孝经》通,'四书'熟,如'六经',始可读。"

下面我们先对"四书"逐一做些简释,在简释中适当地穿插一些原著的摘录,以供初学者学习国学之用。

一、《论语》简释

《论语》,是儒家的主要经典,记录了孔子(前551—前479)的言论和事迹,是孔子与其弟子及他人的问答纪实,它是由孔子的弟子或再传弟子整理而成。《汉书·艺文志》说它是"孔子应答弟子、时人,及弟子相与言,而接闻于夫子之语也"。它涉及教育、哲学、伦理、道德和政事等多方面的内容,其中又以教育居多,是研究孔子思想和行为的重要资料,是一本包容多种社会生活知识和准则的"小百科"。宋代赵普称:"臣有《论语》一部,以半部佐太祖定天下,以半部佐陛下致太平。"《三字经》中所说的"赵中令(即赵普,中令是官称),读《鲁论》,彼既仕,学且勤",就是讲的这个故事。

关于《论语》的版本问题:《论语》一书,在西汉时,有今文本《鲁论》和《齐论》及古文本《古论》三种。西汉末安昌侯张禹根据《鲁论》,参考《齐论》进行编订,史称《张侯论》。东汉末年,郑玄以该本为依据,参照《齐论》《古论》作《论语注》,成为今日《论语》的通行本,共20篇,512章。《三字经》中所说的"赵中令,读《鲁论》",就是读的汉以后的通行本《论语》。

由孔子所开创的儒学,在当时已是"世之显学",到汉代"罢黜百家,独尊儒术"之后,便处于一尊的地位,成为以后中国两千多年封建社会中的正统思想。孔子也获得了"大成至圣文宣王"的尊号。孔子的伟大贡献可以概括为两大方面：一是推动文化下移，广招弟子，终生从事教育工作，总结出丰富的教育经验，树立起"万世师表"的高大形象；二是系统整理了古代文化典籍，为后世留下了宝贵财富。

孔子在《论语》一书中，给了我们哪些主要思想呢？现仅就教育和政事两方面来做些举例说明：

（一）孔子在教育上的贡献

孔子除了很少时间在从政以外，几乎全部时间都在从事教育工作，因而他在教育上的贡献是最大的。

孔子的基本哲学和伦理思想是"仁"。据统计，在《论语》中关于"仁"的论述有百余处。"仁"的基本内容是"爱人"（《论语·颜渊》，以下只标篇名），但他同时主张要"泛爱众，而亲仁"（《学而》）、"唯仁者，能好人，能恶人"（《里仁》）。所以在他的仁者"爱人"思想中，爱是有差等和有原则的。

从仁出发，涉及孝、悌、忠、恕、恭、宽、信、敏、惠等伦理道德规范以及"克己复礼"等个人修养。他的教育和政治思想，是同"仁"的基本思想分不开的，表现在教育上就是爱生育人，表现在政治上就是德治惠民。

孔子的一生都在从事教育工作，即使在他周游列国时，还是在从教不辍。他在教育上提出"有教无类"（《卫灵公》）的教育宗旨，广招学生，其学生来自鲁、齐、卫、晋、宋、陈、秦、楚等国，多属平民阶层，推动了文化教育下移，真正做到了"有教无类"。

为了教育学生和保存古代文化典籍，他系统地整理和阐释了《诗》《书》《易》《礼》《春秋》等典籍，并以褒贬笔法，将鲁国《春秋》所记录的近二百五十年的主要事件和有关人物进行了笔削，形成敢于直言的"春秋笔法"，为后世的史官树立了撰写史书的典范。孔子对中国古代文献的整理和阐释，为我国留下了一部系统的文化遗产，是对中国文化的保存和发展的又一伟大历史贡献。

孔子在长达几十年的教育生涯中，积累了丰富的教育经验，在世界教育史中也应是首屈一指的。

他提出了培养"君子""士"和"成人"的教育目标。他认为"君子"道者三，要智、仁、勇三者俱备，即"仁者不忧，智者不惑，勇者不惧"（《宪问》）。对于"士"的要求是"士志于道"（《里仁》），要"宗族称孝""乡党称弟"（《子路》），等等。现仅对"成人"的要求来做些说明。子路问成人，子曰："若臧武仲之知，公绰之不欲，卞庄子之勇，冉求之艺，文之以礼乐，亦可以为成人矣。"（《宪问》）在这里，孔子提出了智、德、体、美的全面要求，与我们今天的教育方针有些巧合。两千多年前的孔子就提出了这样的教育目标，实在是难能可贵。"子以四教：文、行、忠、信。"（《述而》）在这里也包括了知识与道德、理论与实践等多方面的要求在内，值得我们今天参考采用。孔子为蒙养教育提出的"弟子入则孝，出则弟；谨而信；泛爱众，而亲仁；行有余力，则以学文"（《学而》），是青少年教育的重要篇章，成为《弟子规》一书的纲目。《弟子规》成书后，一直作为蒙养教材广为使用，今天又为大家所重视。

孔子以"学而不厌、诲人不倦"的态度来要求自己和教育学生，获得了学生"仁且智"的圣人的称赞（见《论语·述而》和《孟子·公孙丑上》）。他以"德之不修，学之不讲，闻义不能徙，不善不能改，是吾忧也"（《述而》）来要求自己，对学生竭心尽力，无私无悔，积累了丰富的教育经验，得到了学生无限的尊敬和爱戴，树立了爱生尊师的典范。对于这个问题，后面还要作为专题论述。

在教育经验方面，他强调学习与思考结合，指出"学而不思则罔，思而不学则殆"（《为政》）的学习原则，对于我们今天正确处理学习知识与发展智力仍有重要的指导意义。他提出"不愤不启，不悱不发""举一反三"(《述而》)的启发教学法，颜渊称赞他为"夫子循循然善诱人"(《子罕》)，都可以说明他的启发教学。他要求"学而时习之"(《学而》)，"温故而知新"(《为政》)，使学与思、学与习、故与新等都得到全面的应用和发挥。他重视身体力行，要求学生要做到"言忠信，行笃敬"(《卫灵公》)，要做到谨言慎行，特别要躬行，"耻其言而过其行"(《宪问》)。

他重视对学生因材施教，对于学生提出的同一个问题，如问仁、问孝，总是针对不同的对象做不同的回答。如在问孝中，对子游的回答是"持敬"，对子夏的回答是"色难"(《为政》)，就是根据个别对象所采取的不同教育要求。

下面再举一个典型事例来做说明：在子路和冉有共同提出"闻斯行诸（听到后是否马上去做）？"的问题时，孔子对他们两人做了截然不同的回答。对子路，他说："有父兄在，如之何其闻斯行之？"也就是说应当先向父兄请示后再决定是否去做。对冉有则说："闻斯行之。"就是说听到后就要马上去做。为什么一个问题、两种回答？是因为"求也退，故进之；由也兼人，故退之"(《先进》)。也就是说，冉求遇到事常常退缩不前，所以要推他一把，使其勇于进取；子路好勇过人，所以要拉他一下，使其退而深思慎行。这都是根据学生的不同特点而进行的因材施教，诚如朱熹在注释中所说的那样，"夫子教人，各因其材"。

孔子不仅对学生因材施教，对自己的要求也是教学相长。每当学生学有所得时，他不仅大加赞扬，还以自己所受到的启发来鼓励学生，如《八佾》中，当子夏在讲到学《诗》的一些体会时，孔子便立即给予肯定，并说："起予者商也，始可与言《诗》已矣。"这对学生是多大的鼓励啊！孔子是非常虚心好学的，他不但向长者学，如向老子问礼，向师襄问乐；而且向少者学，如"昔仲尼，师项橐"的故事（见《三字经》）；还向自己的学生学，真正做到了"三人行，必有我师"。他要求学生"当仁不让于师"(《卫灵公》)，也就是说，在真理面前人人平等。在当时等级森严的历史背景下，提出这样的观点，实在是难能可贵的。为此，他对最喜爱的弟子颜渊还提出这样的批评："回也，非助我者也，于吾言，无所不说。"（《先进》）他不希望学生对他所讲的问题言听计从，而是希望在相互研讨中进行学习。

在《论语》中有不少有关尊师爱生的记载。孔子对学生的关怀，不仅表现在教育上，也体现在生活上。如对颜渊安贫乐道的称赞，特别是对颜渊死的伤恸，"颜渊死，子哭之恸！"而且大声疾呼"天丧予！天丧予！"伤恸到无以复加的地步。他对子路的好勇，常常是在批评中表现出深切的关怀。下面以《史记·仲尼弟子列传》所记做些补叙。

孔子将颜渊列为"德行"之首，孔子称赞他的安贫乐道，"有颜回者好学"（《先进》），"不迁怒，不贰过"（《雍也》），"其心三月不违仁"（《雍也》），"一箪食，一瓢饮，在陋巷。人不堪其忧，回也不改其乐。贤哉，回也！"（《雍也》）而且赞扬他说："用之则行，舍之则藏，唯我与尔有是夫。"（《述而》）颜渊也称赞孔子是"夫子循循然善诱人，博我以文，约我以礼，欲罢不能"（《子罕》）。

子路是孔门弟子中年岁最大的一人，少孔子九岁。子路也是向孔子提意见最多的人，如"子之迂也"（《子路》），"子见南子，子路不说"（《雍也》）等等。但孔子对子路的了解也是最深的，关怀也是最多的。孔子批评他是"好勇过我，无所取材"（《公冶长》），"若由也，不得其死然"（《先进》）。但孔子却称道他的政治才能是"由也果"（《雍也》），"千乘之国，可使治其赋"（《公冶长》），"片言可以折狱者，其由也与！"（《颜渊》）并对子路的"闻过则喜"大为赞扬，对其"衣敝缊袍与衣狐貉者立，而不耻者"（《子罕》）的行为加以表扬。这些都可以说明孔子对子路的了解和关怀。在孔子周游列国时，子路也是冲在前面、不惜一切为孔子排忧解难，对其生活无微不至的关怀。

子贡是孔门弟子中多才多能的人，善于言辞，所以孔子把他列于"言语"之中。孔子对子贡从事商业活动并不完全赞同，但对他的"而货殖焉，亿则屡中"的才能，也不得不进行肯定，并称赞子贡是"瑚琏"（《公冶长》）之器。子贡对孔子也是倍加赞扬，如他将孔子"学而不厌，诲人不倦"的行为，称为是既仁且智，是圣者的表现（《孟子·公孙丑上》），并称赞孔子是"夫子之墙数仞，不得其门而入，不见宗庙之美，百官之富。得其门者，或寡矣"（《子张》），"夫子之不可及也，犹天之不可阶而升也"（《子张》），认为孔子所行"莫不有文武之道"，使"文武之道未坠于地"（《子张》）。孔子殁，在孔墓旁庐墓六年的也是子贡。

子夏是孔子列于"文学"中的弟子之一。《论语》中曾记载子夏与孔子论《诗》的交谈，如在讨论"巧笑倩兮，美目盼兮，素以为绚兮"的诗意时，子夏提出"绘事后素"的理解，孔子立即肯定"起予者商也，始可与言《诗》已矣"（《八佾》）。孔子认为在同他讨论《诗》的过程中得到了启发，这种教学相长的风尚，是孔门教育中的一项优良传统。孔子也向子夏提出"女为君子儒，无为小人儒"（《雍也》）的更高要求。子夏后居西河授学，为魏文侯师。

从以上所选的几例中，可见在孔子的施教过程中，师生之间的深厚情谊，足为后世树范，称孔子为"万世师表"绝不过分。学生对他也是尊重和关照倍加，在14年的周游列国中，学生对他的生活和安危，表现出无微不至的关照，师生间结下了患难与共的深厚感情，有许多可歌可泣的故事。当然，在其与弟子之关系中，也有的属于因师生政见不同或学生行为不端而进行指责或严厉批评的。如对冉求为季氏聚敛，孔子要学生"鸣鼓而攻之"（《先进》）；再如对宰予昼寝，孔子骂他是"朽木不可雕"（《公冶长》）。这也可以视为从另一方面体现着对学生的关怀和教育。在孔子逝世之后，学生皆相向而哭，为其治丧庐墓。子贡还在庐墓三年之后，又复加三年，至今孔墓之侧还保留有子贡的庐墓遗迹。他们对老师的悲恸，已超过了对父母三年之孝，足见其师生感情之深。孔子作为一位伟大教师，成为后世所尊崇的"万世师表"。在其影响下，历代名师辈出，优良的师生关系代代相传。

（二）孔子的政治思想

孔子曾在鲁国任过中都宰和司空、大司寇，后因政见不同，便去官，周游列国14年，终因道不行而返鲁，退而修《诗》《书》《礼》《乐》，广收弟子，从教而终。但孔子对政事，还是有他自己的一套主张的。

首先，孔子认为从政就是为了行道，"君子之仕也，行其义也"（《微子》），所以孔子对于从政是持积极态度的。在当时礼崩乐坏、僭乱成风的情况下，他不惜一切去寻求行道的机会，在齐、鲁行不通的时候，便周游列国。他不怕别人的讥讽、围攻和迫害，其目的就是要有所作为，行其道义，匡世济民。儒家这种有所作为、积极入世的态度，是应当充分肯定的。

要从政，就要有一套政治理想和策略。在孔子看来，首先是要正名，因为名正才能言顺，言顺才能事成，事成才能礼乐兴，礼乐兴才能刑罚中，人民才会知所适从（《子路》）。孔子企图以此来恢复他所希望的"君君，臣臣，父父，子子"的伦理纲常，使社会由乱返治。

对于从政者的要求来说，要正人必先正己。"政者，正也。子帅以正，孰敢不正？"（《颜渊》）因为"其身正，不令而行；其身不正，虽令不从"（《子路》）。在如何才能使民服的问题上，孔子提出："举直错诸枉，则民服；举枉错诸直，则民不服。"（《为政》）这些要求，不但在当时来说是必要的，即使在今天，仍有其现实意义。

从儒家重视伦理道德的观点来看，德治重于法治，或者说法治要与德治相结合，才能相得益彰。孔子认为："道之以政，齐之以刑，民免而无耻；道之以德，齐之以礼，有耻且格。"（《为政》）因而在足食、足兵和民信三者中应以何者为先的问题上，孔子主张应以民信为先，因为"民无信不立"（《颜渊》），执政党取信于民和使人民信任政府，是执政成功的先决条件。

孔子还提出了庶、富、教的社会发展论，它涉及人力、经济和教育的关系，富有现实意义。他对大同和小康社会所做的设计，成为长期以来我国社会改革家的理想追求。

总之，孔子的政治思想，是他留给我们的一份宝贵财富，所以赵普才称道说：半部《论语》可以定天下。

当然，任何一个历史人物，都是生活在一定时代的历史背景下，即使伟大人物，也不可避免地具有一定的历史局限性。孔子当然也不例外，如在天命观上，孔子对三代以来具有无上权威的主宰——天，已经发生了动摇，如"子罕言利，与命与仁"（《子罕》）、"敬鬼神而远之"（《雍也》）、"子不语怪、力、乱、神"（《述而》）等等，都是当时极为进步的思想。但孔子并未完全抛弃天命的思想，还提出"君子有三畏：畏天命，畏大人，畏圣人之言"（《季氏》）。再如对君子与小人的划分和评价上，也有一定的阶级歧视观点在内：在对君子与小人的划分上，不完全是修养不同的划分，有的则属于阶级的划分。如在"唯女子与小人为难养也，近之则不孙，远之则怨"（《阳货》）的言论中，就包含有对妇女和小人的鄙视成分。当然，把这些问题放在当时的历史条件下，是可以理解的。为此，在继承历史遗产时，我们必须做去粗取精的分析工作。对于受历史和阶级局限的，也需要实事求是地去看待和批判，或与时俱进地予以科学地修改和发展。

二、《孟子》简释

《孟子》一书，也是儒家的重要经典，是孟子（约前372—前289）及其弟子万章、公孙丑等所记，载有孟子与其弟子和他人的问答及孟子的各种活动，包含有政治、哲学、伦理、教育等多方面的内容，共计7篇，每篇又分上下两部；共计260章，各章长短不等。

孟子自称"乃所愿，则学孔子"，"序《诗》《书》，述仲尼之意"（《史记·孟子荀卿列传》）。他是孔子学说的主要继承和发展者，后人尊他为"亚圣"。一般认为，他受业于孔子的孙子子思，但据近人考证，如《史记·孟子荀卿列传》所说"受业于思之门人",比较合乎时限。荀子《非十二子》篇称"子思唱之,孟轲和之",可见他与子思学说有着密切的关系。孟子的心性说与子思的天道观"诚"相结合,形成了思孟学派,为宋明理学的形成和发展奠定了基础。现将孟子的主要思想简释如下:

(一)施仁政

孟子将孔子的"仁"扩展为仁义,将孔子的仁者"爱人"发展为施仁政。《孟子》的首章就针对梁惠王"利于国"的要求,提出"施仁政"的政治纲领,其中对如何抓经济和教育,都做了具体的论述。孟子认为施仁政"必自经界始",给人民以土地,"制民之产,必使仰足以事父母,俯足以畜妻子,乐岁终身饱,凶年免于死亡"(《孟子·梁惠王上》,以下只注篇名)。他还主张要"省刑罚、薄税敛","不违农时",这样就可以使"谷与鱼鳖不可胜食,材木不可胜用,使民养生丧死无憾",进而可以实现"五亩之宅,树之以桑,五十者可以衣帛矣;鸡豚狗彘之畜,无失其时,七十者可以食肉矣;百亩之田,勿夺其时,数口之家,可以无饥矣",然后再加强教育,"谨庠序之教,申之以孝弟之义,颁白者不负戴于道路矣",最终达到"七十者衣帛食肉,黎民不饥不寒,然而不王者,未之有也"(同上)。这就是孟子所设计的一幅"王道"的画图,这在当时以攻伐为贤、战争频仍的社会背景下,是一种无法实现的理想。因而他的建议不为梁惠王所采用。他在周游齐、楚、宋、邹等国都不见用之后,便退而与其弟子万章、公孙丑等序《诗》《书》,述孔子之说,成《孟子》七篇。在上述思想中,提出了恒产与恒心的关系,政治、经济和文化教育的关系,都是很重要的思想,但他所希望恢复的井田制度是落后的,不合时宜的。

但是,孟子在政治思想上提出的"民为贵,社稷次之,君为轻"(《尽心下》)的"保民而王"的思想,"乐民之乐者,民亦乐其乐;忧民之忧者,民亦忧其忧;乐以天下,忧以天下"的"与民同乐"(《梁惠王下》)的思想,"君之视臣如手足,则臣视君如腹心;君之视臣如犬马,则臣视君如国人；君之视臣如土芥，则臣视君如寇仇"（《离娄下》）的君臣关系，以及他对汤伐桀、武王伐纣的称颂和对桀、纣残忍暴行的批判，都是我国古代政治思想上的闪光点，至今仍不失其光辉。

孟子的历史观，不仅是英雄史观，而且是历史循环论。他认为"五百年必有王者兴，其间必有名世者"（《公孙丑下》）。根据他的推算，"由尧舜至于汤，五百有余岁……由汤至于文王，五百有余岁，……由文王至于孔子，五百有余岁"（《尽心下》），并把他自己也放到既是"王者"，也是"名世者"之中，认为"如欲平治天下，当今之世，舍我其谁也？"还一再重申，"予，天民之先觉者也"，"予将以斯道觉斯民也，非予觉之而谁也？"（《万章上》）为此，他才不辞劳瘁，和孔子一样周游列国。最后也是道不行，退而与万章、公孙丑等人著书立说，成《孟子》一书。

孟子以善辩著称，为了实现他的政治和教育思想，维护当时的伦理纲常和儒家的传统，他曾对杨、墨进行过大力的批判。但批判他们是"无父""无君"，则显得有些过激或欠当。孟子的善辩是时代使然，正如他自己所说的："予岂好辩哉？予不得已也。"（《滕文公下》）

（二）性善论

关于人性的问题，孔子讲得不多，子贡曾说过"夫子之言性与天道，不可得而闻也"（《论语·公冶长》）。但孔子也说过："性相近也，习相远也。""唯上智与下愚不移。"（《论语·阳货》）从这段话中，性善论、性恶论、性三品论都可以找到根据。但从孔子所主张的"仁"的思想出发，孔子应属于性善论者。因而"性善论"应是儒家的主要人性观。

在先秦儒家中明确提出性善论的是孟子。他同告子有关人性的争论中，批判了告子的"生之谓性""性无善无不善"（《告子上》）的观点，提出人之性善的论断。他认为人具有恻隐、羞恶、恭敬、是非之心，这四种心是与生俱来的，它们是仁、义、礼、智四种品德的发端："恻隐之心，人皆有之；羞恶之心，人皆有之；恭敬之心，人皆有之；是非之心，人皆有之。恻隐之心，仁也；羞恶之心，义也；恭敬之心，礼也；是非之心，智也。仁义礼智，非由外铄我也，我固有之也，弗思耳矣。"（见《告子上》）故曰："求则得之，舍则失之。或相倍蓰而无算者，未能尽其才者也。"（《告子上》）他提出了人性中的社会内容，如仁、义、礼、智；批判了告子只承认人性的自然属性，如"生之谓性""食色性也"；并且指出，如果只看到这些，人与禽兽就没有什么区别了，在这方面是有可取之处的。但把仁、义、礼、智这些主要是在后天环境与教育影响下所形成的社会本质，统统归结为是从天赋得来的，并认为"人之有是四端也，犹其有四体也"（《公孙丑上》），把社会属性也混同为自然属性，则是不正确的，至少是不完全正确的。

孟子从他的"性善论"理论出发，强调要不失"赤子之心"（《离娄下》），并强调要"尽心""立命"，以达到"知天"的境界。如他所说："尽其心者，知其性也。知其性，则知天矣。存其心，养其性，所以事天也。夭寿不二，修身以俟之，所以立命也。"（《尽心上》）这些观点，都为后世理学以至心学的形成提供了理论依据。

人是否性本善，还是一个可以研讨的问题，如同孟子所说的："恻隐之心，仁之端也；羞恶之心，义之端也；辞让之心，礼之端也；是非之心，智之端也。"（《公孙丑上》）人类在群居和社会交往中，能否把后天形成的一些社会性作为萌芽状态的因素而遗传下来，形成所谓的"社会性遗传"，也是一个可以研讨的问题。但仁、义、礼、智这些社会性品质的形成，还是应当视为后天环境影响与教育的结果。

（三）教育观

孟子的教育观，同他的性善论和天命观是有着密切联系的，创建了教育上的内省派。孟子认为："学问之道无他，求其放心而已矣。"（《告子上》）因为在他看来，"万物皆备于我矣。反身而诚，乐莫大焉。强恕而行，求仁莫近焉"（《尽心上》），教育的任务，就是要使受教育者去发现自己，把丢失的品质找回来，将人的良知良能唤醒，以提高其心性的修养。在这些观点中，虽不免存有先验论的思想，但在发挥人的主体性方面，又有其特殊的作用。所以他强调"尚志"（见《尽心上》）和"寡欲"，认为"养心莫善于寡欲"（《尽心下》）；反对"一暴十寒"，要求"专心致志"（《告子上》）；并致力于"养浩然之气"（《公孙丑上》）。孟子基于性善论而提出内省的教育方法，与荀子基于性恶论而提出外铄的教育方法，都可以应用于今日。

孟子在教育理论和教育实践方面的贡献是多方面的，他认为"教亦多术"，有许多独到的见解和方法，诸如倡导盈科而后进，学不躐等，要一步一个脚印。他认为"流水之为物也，不盈科不行，君子之志于道也，不成章不达"（《尽心上》）。他反对揠苗助长，不按自然规律办事的冒进和盲动，认为这样做"非徒无益，而又害之"（《公孙丑上》）。他要求学习要独立思考，要存疑，要有判断，提出"尽信《书》，则不如无《书》。吾于《武成》，取二三策而已矣"（《尽心下》）。他要求要自觉地进行锻炼，"苦其心志，劳其筋骨，饿其体肤"（《告子下》），要善养"浩然之气"（《公孙丑上》），要达到"富贵不能淫，贫贱不能移，威武不能屈"（《滕文公上》）的境地。如果在生与义不可兼得的情况下，要能做到"舍生取义"（《告子上》）。他把从教育英才，看作"三乐"之一。他的"得天下英才而教育之，三乐也"（《尽心上》）和"君子之所以教者五：有如时雨化之者，有成德者，有达财者，有答问者，有私淑艾者。此五者，君子之所以教也"（同上），一直成为激励教师敬业乐群和无私奉献的格言。他从"教亦多术"出发，认为："不屑之教诲也者，是亦教诲之而已矣。"（《告子下》）作为亚圣的孟子，也是一位伟大的教育家。

（四）《孟子》一书的风格，已从语录体向论文体发展

孟子长于辩论，善于用喻或运用寓言来说明问题。文风气势磅礴，情感奔放，行文说理透辟，刻画入微，对后世散文和小说的发展有较大的影响。因而《孟子》一书，不但在哲学和道义上具有卓越的贡献，而且在文学与史料上有重要的价值，成为儒学在《论语》之后的另一部重要经典。现选几例原文附后，以供初学者阅读：

（1）舍生取义

孟子曰："鱼，我所欲也；熊掌，亦我所欲也。二者不可得兼，舍鱼而取熊掌者也。生，亦我所欲也；义，亦我所欲也。二者不可得兼，舍生而取义者也。"（《孟子·告子上》）

孟子的"舍生取义"与孔子的"杀身成仁"，都成为历代志士仁人坚守气节和忠贞不屈的格言。

（2）揠苗助长

宋人有闵其苗之不长而揠之者，芒芒然归，谓其人曰："今日病矣，予助苗长矣。"其子趋而往视之，苗则槁矣。天下之不助苗长者寡矣。以为无益而舍之者，不耘苗者也；助之长者，揠苗者也。非徒无益，而又害之。（《孟子·公孙丑上》）

"揠苗助长"，一直成为教育工作中不顾实际和急于求成，而最终导致失败的寓言故事。

（3）齐人乞

齐人有一妻一妾而处室者，其良人出，则必餍酒肉而后反。其妻问所与饮食者，则尽富贵也。其妻告其妾曰："良人出，则必餍酒肉而后反。问其与饮食者，尽富贵也，而未尝有显者来。吾将瞯良人之所之也。"蚤起，施从良人之所之，遍国中无与立谈者。

卒之东郭墦间，之祭者，乞其余；不足，又顾而之他，此其为餍足之道也。其妻归，告其妾曰："良人者，所仰望而终身者也，今若此。"与其

妾讪其良人，而相泣于中庭。而良人未之知也，施施从外来，骄其妻妾。

由君子观之，则人之所以求富贵利达者，其妻妾不羞也，而不相泣者，几希矣。(《孟子·离娄下》)

这个故事写得极为详细具体，以此来嘲讽那些为了求取富贵利达之名而不择手段之徒，身为下贱，反而骄其妻妾，恬不知耻之极!

由此可见，《孟子》一书，不仅在义理方面博大精深，而且在行文方面亦铿锵有力。至于其某些缺陷和历史局限性，在前面亦有所涉及，不再赘述。

三、《大学》简释

《大学》原属《礼记》中的一篇，宋代将它与《中庸》两篇提出，与《论语》《孟子》合编为"四书"，成为宋代以后学校的主要读物，也是科举考试的重要内容。

《大学》所讲，是指当时成人教育的任务和内容，同《小学》所讲的儿童的蒙养教育的任务和内容是有区别的。在"小学"中主要是学习洒扫、应对、进退之事，而"大学"则是要完成进德修业的任务，从修身做起，进而要去完成齐家、治国、平天下的任务。也就是《大学》开宗明义中所提出的"在明明德，在亲民，在止于至善"，指明了为学和为政之道。

《大学》，相传为曾子所作。《大学》分为"经""传"两部分。朱熹在《大学》注释中指出：《大学》首章"经"的部分，"盖孔子之言，而曾子述之"。后面根据"经"提出的问题，分别进行了论述，成为"传"十章，"则曾子之意，而门人记之也"。也就是说，《大学》中的"经"，是孔子的话，为曾子所述。《大学》中的"传"，乃是曾子之意，为其门人所

《中华传统文化经典教师读本：大学》

记。因此，说《大学》是出于曾子，是可信的。但其中"传"的第五章，释"格物致知"之文，已亡失，为朱熹按程子之意所补。

《大学》提出"三纲领""八条目"。"三纲领"是指"大学之道，在明明德，在亲民，在止于至善"，"八条目"是指"格物、致知、诚意、正心、修身、齐家、治国、平天下"，简言之，即格、致、诚、正、修、齐、治、平。"修身"是其中的主要方面，如《大学》所言："物格而后知至，知至而后意诚，意诚而后心正，心正而后身修，身修而后家齐，家齐而后国治，国治而后天下平。自天子以至于庶人，一是皆以修身为本。"修身是其中的主要环节，前面的四项，是为它打基础；后面的三项，是它的施展和体现。

《大学》提出的"三纲领""八条目"，构成了一个完整的教育系统和行动指南，历史上许多仁人志士，就是在这一理论系统的指引下成长起来的。它对于我们今天建立社会主义教育体系，还有一定的参考价值。现就"三纲领""八条目"中的有关问题做些解释。

关于"三纲领"的"在亲民"，根据朱熹的注释，应是"在新民"，"亲"字应为"新"字，其主要根据是"传"之第二章"释亲民"。在这里引述了"汤之《盘铭》曰：'苟日新，日日新，又日新'"和"《康诰》曰：'作新民'"，以及"《诗》曰：'周虽旧邦，其命维新'"等来作论证。近代学者，虽有人主张"在亲民"就是"在亲民"，"亲"字无须解释为"新"字，也是说得通的，但就《大学》中第二章"传"的释义来看，还是释为"在新民"比较符合原意。

关于"止于至善"的"止"字释义：在原文中对"止"字做了多方面的阐释，看来"止"字是其中的一个重要用词，如"知止而后有定，定而后能静，静而后能安，安而后能虑，虑而后能得"。"知止"是为学的重要步骤和方法，只有知所止，有明确的目标和方法，而后才能达到"至善"的地步，犹如"缗蛮黄鸟，止于丘隅"，才能有个安乐窝。老百姓要安居，就得使"邦畿千里，惟民所止"。而且要求"为人君，止于仁；为人臣，止于敬；为人子，止于孝；为人父，止于慈；与国人交，止于信"。只有大家都有一个确定的目标去追求，才会达到国治而天下平。因而在"知止"之后，就可以体验到"物有本末，事有终始，知所先后，则近道矣"，以实现"止于至善"的境地。

《大学》列为"四书"后，也由朱熹作注，并做了补遗，成为学校教育的主要教材、科举考试的主要依据。其中的"三纲领""八条目"，系统地整理和发挥了儒家的为学与为政之道，不仅为历代学者所遵循和追求，连孙中山先生也称它为"中国的政治哲学"，可见《大学》一书影响之大。在《大学》的"传"中，也提出了一些理财的思想，反对统治者贪得无厌、不择手段地聚敛财货，如"财聚则民散，财散则民聚""货悖而入者，亦悖而出"等，这些思想也可以供今日理财者参考。

四、《中庸》简释

《中庸》，也是《礼记》中的一篇，"四书"中的一部，同样是旧时学校中的主要读物和科举考试的主要依据。如果说《大学》是"中国的政治哲学"，《中庸》则是一部理性哲学。由于《中庸》在宇宙观上提出了一个"诚"字，以"诚"为宇宙观替代了视宇宙为人格之神，使人格之天向理性之天发展，这是历史的进步，也为宋明理学奠定了理论基础。

《中庸》一般认为出自孔子的孙子子思之手，孟子又是子思门人的弟子，便形成了思孟学派，成为后世理学的祖师。《中庸》共计33章，每章之后有"朱熹提示"。以下是有关《中庸》的几个问题。

首先，关于"中庸"的阐释。在儒学

《中华传统文化经典教师
读本：中庸》

中，最早提出"中庸"问题的是孔子。孔子从道德和方法论提出"中庸"问题，如"中庸之为德，其至矣乎！民鲜久矣"（《论语·雍也》），是从道德方面提出"中庸"问题，而且把"中庸"视为道德之极，是一般人难以做到的。另外，在《中庸》中引述孔子赞扬大舜的话："舜其大知也与！舜好问而好察迩言……执其两端，用其中于民。"这里讲的又是方法论的问题。"中庸"就是要求为人和为事要做到不偏不倚、无过无不及、"允执厥中"。子思将孔子的"中庸"思想进一步发展，而成《中庸》一书。

对"中庸"的解释，后儒对"中"与"庸"分别进行了释义，对"中"的解释分歧不大，对"庸"的解释则略有不同：如东汉郑玄认为"中庸"是"以其记中和之为用也。庸，用也"。三国魏何晏谓："庸，常也，中和可常行之德也。"北宋二程认为"不偏之谓中，不易之谓庸。中者，天下之正道；庸者，天下之定理"，这种解释为后世所通用。

毛泽东在《关于〈孔子的哲学思想〉一文给张闻天的信》中，肯定了孔子的"执其两端""过犹不及"的思想，用"中庸"来解释不左不右的问题。可见"中庸"思想，就其积极意义来说，既有道德观的"中道"与"中和"之意，又有方法论的"执中"和"不偏不倚"之用。但将"中庸"视作消极的"折中"的批判者也有人在。

其次，提出"诚"的宇宙观，赋予宇宙观以"诚"学，就是把宇宙观人格化，把宇宙观与伦理观联系起来。在《中庸》一书中，开宗明义即提出"天命之谓性，率性之谓道，修道之谓教"，将天命和人性以及教育三者有机联系起来，对天道、人道、教道以及政道进行了多方面的论述。

在天道方面，它提出了一个"诚"字，"诚者，天之道也；诚之者，人之道也"。在这里，"诚"不仅是道德的范畴，而且是宇宙的本原。"唯天下至诚，为能经纶天下之大经，立天下之大本，知天地之化育。"将"天命"释为"诚"，使"天道"更加理性化，减少了一些迷信色彩。人是受命于天的，人要体现天命的要求，就要下一番"致中和"的功夫，以达到"天人合一"的境界，即所谓"天命之谓性"。率性而行，即是道，道是不可须臾而离的。这里所说的"天道"，也就是后世宋儒所谓的"天理"，其基本内容是当时的伦理纲常，这样就可以把天道与人道结合起来，以实现"率性之谓道"。人只要遵照天命而行，下一番"致中和"的功夫，则可以达到"天地位焉，万物育焉"，各得其所，各得其长。

最后，《中庸》以"修道之谓教"，提出教育问题，它要求人要"择善而固执之"，不可须臾离道。它将学习过程概括为"博学之，审问之，慎思之，明辨之，笃行之"五步；在道德修养上要做到"慎独"，以达到"无入而不自得"的地步。这些都成为传统教育中至高的原则和方法。《中庸》还指出"好学近乎知，力行近乎仁，知耻近乎勇"，把"知、仁、勇"三者视为"天下之达德"，并具体论述了"知斯三者，则知所以修身；知所以修身，则知所以治人；知所以治人，则知所以治天下国家矣"。这便同《大学》提出的"三纲领""八条目"统一了起来，把天道、人道、政道和教育密切结合起来，以达到完善的"天人合一"的境界。《大学》提出以修身为本的"八条目"，《中庸》更进一步从哲理的高度提出了为天下国家的"九经"："凡为天下国家有九经，曰：修身也，尊贤也，亲亲也，敬大臣也，体群臣也，子庶民也，来百工也，柔远人也，怀诸侯也。修身，则道立；尊贤，则不惑；亲亲，则诸父昆弟不怨；敬大臣，则不眩；体群臣，则士之报礼重；子庶民，则百姓劝；来百工，则财用足；柔远人，则四方归之；怀诸侯，则天下畏之。"使"八条目"中的"治国平天下"更加具体化和向前推进。

总之，《中庸》开宗明义就提出了"天命之谓性，率性之谓道，修道之谓教"的概括命题，把天道、人道和教育密切结合起来，并扩及政治的有关问题，构成了理学比较完整的理论体系。下面再就《中庸》中的"中和"问题再做些补充说明。

对于"中庸",二程曾做过这样的阐释:"不偏之谓中,不易之谓庸。中者,天下之正道;庸者,天下之定理。"长期以来被看作经典。但从历史的发展来看,"中"字作为政治和伦理思想的由来已久。

《论语·尧曰》篇即有记载,"尧曰:'咨!尔舜!天之历数在尔躬。允执其中。四海困穷,天禄永终。'舜亦以命禹。"这段话中,说明了两个问题:尧以"中"命舜,舜又以"中"命禹,"中"字是为政以德的中心思想,是使天下之民归心的重要举措。"执中"是舜的特点,也是尧对舜的赞扬和希望。

清华简《保训》篇中还提到商族先公上甲微与有易部族交往时要"假中于河",以此来处理商族与有易族的关系,使"有易服厥罪",达成归顺。由此可见,"中"的精神,是世代相传的,也就是《保训》中所说的"传贻子孙,至于成汤"。《孟子·离娄下》中也说:"汤执中,立贤无方。"也就是说:汤在治国时,也是实行中正之道,选拔贤人不拘一格。正由于汤能"执中",所以才建成历史上的商朝,商汤也成为"三王"之一。

《保训》篇更详细地讲述了周文王于弥留之际,对周武王的谆谆教诲时,详述了"中"作为传统美德及其执政的重要关系。

由此可见,在我国,"中"作为政治和伦理的哲学思想是历史久远的,可以追溯到远古。无怪乎孔子视"中庸"为至德:"中庸之为德,其至矣乎!"而大加宣扬。至子思即将它编撰成书,成为"四书"的重要组成部分。

讲到"中庸",就不能不讲"中和"。《中庸》对"中和"曾做了这样的阐释:"致中和,天地位焉,万物育焉。"也就是说,实行了中和,天地万物就各得其所、各得其用、各得其养,因而"和为贵"也就成为中华民族的重要传统美德。"中和"用于国内,就是和谐,有利于人民和民族的团结;"中和"用于国外,就是和平,有利于国际间的共处。我国当前所倡导的"和谐",就是"致中和"的具体表现。

"致中和",是有节制有原则的,"不偏之谓中","发而皆中节谓之和"。中不是折中,不是模棱两可;和也要做到和而不流、和而不同。"中"重在持正,"和"要在不苟同,正确地实行"致中和",发扬中华民族的优良传统,就可以做到如张载所说的"为天地立心,为生民立命,为往圣继绝学,为万世开太平",以实现儒家所向往的理想境界。

最后还需进一步说明有关儒学的继承与发展问题:其间不仅有孟荀的不同,即使在孔孟之间,也是在继承中有发展,在同中有不同。孟子虽自己表明"乃所愿,则学孔子","述仲尼之意",但孟子在天命观上,把孔子的人格之天,进而发展为性命之天,提出"尽心、知性、知天"的观点;在政治和道德观上,把孔子的"仁"和"爱人"发展为"仁义"和"仁政";在人性观上,明确地提出了"性善论"等等。这些都是同中的差异和继承中的发展。而且其天道观和人性论,为后儒特别是宋明理学奠定了基础。因而在后儒中,对于其间的继承和发展就有着不同的主张,如在宋儒中,理学的代表人物程颢和程颐就认为思、孟是"传孔子之道者";永嘉学派的叶适则认为思、孟有的思想不合孔子之意,非"得孔子之道而传之"。这些问题,都留待我们在今后的学习中去做进一步研讨。再如汉代儒学的神学化,魏晋玄学对儒学的影响,明清之际的实学与理学之争,都反映出儒家思想在后世的不同发展和影响。所有这些问题,都有待我们在国学特别是儒学的研究中去做具体的、深入的分析和探讨。

新儒学,是现阶段儒学的新发展,企图从儒学的发展,从中西文化比较中寻求儒学中有益于现代社会的因素,使儒学为现实服务。新儒学的代表人物有早期的张君劢和当今的杜维明等,他们都对新儒学的创建和发展做了突出的贡献。但是,对于如何认识儒学和如何发展儒学,都还有待继续做科学的研讨。

第四讲　解读诸经

　　首先要说明，为什么这里称"诸经"，而不称"五经"或"六经"？因为在这部分中，除了解读"五经"之外，还增加了对《孝经》的解读，因而称为诸经。

　　《庄子·天运》篇中论述孔子对老聃说："丘治《诗》《书》《礼》《乐》《易》《春秋》六经。"司马迁在《史记·孔子世家》中也说："孔子不仕，退而修《诗》《书》《礼》《乐》。""孔子以《诗》《书》《礼》《乐》教，弟子盖三千焉，身通'六艺'者，七十有二人。"这里所说的"六艺"，如指"六经"的话，除上述的《诗》《书》《礼》《乐》外，还应包括《易》和《春秋》在内。但到汉代的太学，只设"五经博士"，没有《乐经》，这样"六经"就变为"五经"。《乐经》的有无一直成为一个疑题，是原来就没有《乐经》，"乐教"只存在于"诗教"和"礼教"之中？还是在秦焚书之后，《乐经》被烧掉，即已失传？都成为后世屡经考据而未决的问题。《三字经》中讲到"《诗》《书》《易》，《礼》《春秋》，号'六经'，当讲求。"这里只提出了"五经"，怎么称作"六经"呢？原来是在《礼》中，除了《礼记》之外，还有《周礼》在内，如它所说的："我周公，作《周礼》，著六官，存治体。""大小戴，注《礼记》，述圣言，礼乐备。"这样在《礼》中就包含了《周礼》和《礼记》两部书，构成了《三字经》中所说的"六经"。实际上，具体讲述各种礼仪的应是《仪礼》，这样《礼》就包含了"三礼"在内，《礼记》应该是其中的一部重要的著作。

下面再就"五经"到"十三经"的发展过程做些简介：汉代把《诗》《书》《礼》《易》《春秋》立于学官，名为"五经"，设五经博士。至唐代，合《周礼》《仪礼》《公羊传》《穀梁传》为"九经"（《左传》合于《春秋》之中）。唐文宗开成年间刻石于国子学，又增加《孝经》《论语》《尔雅》，成为"十二经"。到宋代，又增加《孟子》一书，合称为"十三经"。《大学》《中庸》包括在《礼记》一书中，也属于"十三经"的内容。宋代，又将《论语》《孟子》《大学》《中庸》合编为"四书"，这样"四书""五经"就成为宋以后学子必读之书，也是科举必考的内容。以上就是"经""书"的发展历程。

我们这里解读"诸经"，除了《诗》《书》《礼》《易》《春秋》五经外，还根据当前的需要将《孝经》入选。《论语》不再重述。《孟子》已在解读"四书"中做了说明，后面着重对《诗》《书》《礼》《易》《春秋》及《孝经》做些简释。

关于"六经"的评价，孔子曾说："温柔敦厚，《诗》教也；疏通知远，《书》教也；广博易良，《乐》教也；洁静精微，《易》教也；恭俭庄敬，《礼》教也；属辞比事，《春秋》教也。"（《礼记·经解》）《庄子·天下》篇中说："《诗》以道志，《书》以道事，《礼》以道行，《乐》以道和，《易》以道阴阳，《春秋》以道名分。"司马迁在《史记·太史公自序》中说："《礼》以节人，《乐》以发和，《书》以道事，《诗》以达意，《易》以道化，《春秋》以道义。"韩愈在《进学解》中也说过："周诰、殷《盘》，佶屈聱牙；《春秋》谨严，《左氏》浮夸；《易》奇而法，《诗》正而葩。"所有这些论述，大同小异，都可以作为我们了解"六经"理论价值的参考。

关于诸经的排列，也有各种不同的主张，如上所引，不再重复。司马迁曾把《易经》列为群经之首，可能是从其成书的时代及其重要性来定位的。我们还是采用了《三字经》所说的"《诗》《书》《易》，《礼》《春秋》"的顺序，这样的编排，可以把《诗经》不同于其他各经的诗歌体突出出来，又基本上符合一般的论述顺序，最后是《孝经》的解读。下面将根据上述的顺序，一一进行简释。

关于《乐经》的有无问题，我们也讲一点不成熟的意见。《乐经》的有无，一直是一个争议未决的问题：一派主张有，一派主张无。主张有的，如南朝梁沈约就明确提出："《乐经》亡于秦。"（《钦定四库全书总目·乐类》）他认为《乐经》原有其书，是在秦火之后亡佚。但大多数学者不同意这种主张，认为乐教是存在着的，孔子以"诗、书、礼、乐教弟子"，乐教是其主要内容，孔子曾讲过他的教育工作是"兴于诗，立于礼，成于乐"，而且对乐教的作用做过很高的评价（见前）。但《乐》是否有经，尚属阙疑。

我们基本同意乐无经而有章的观点，如果乐有经，不会在汉儒传经之时，连一字一句都未传下来。从出土文物来看也未见《乐经》中的一字。《四库全书》在"经部"中，虽有《乐类》23部，但大都属于乐律、琴谱和歌舞等论述，缺乏《乐经》理论传世。

乐虽无经，但乐章和乐舞确是客观存在的，乐教就是通过乐章和乐舞等来进行的。在"乐章"方面，从黄帝到周武，据《周礼·春官·大司乐》记载，黄帝的《云门》《大卷》，尧的《大咸》，舜的《大韶》，夏禹的《大夏》，商汤的《大濩》，周武王的《大武》，共"六代乐舞"，为周公所保留。因此，才有"子在齐闻《韶》，三月不知肉味"。孔子对《韶》乐与《武》乐的评价：前者是"尽善尽美"，后者是"尽善未尽美"（《论语·八佾》）。由此可见，"乐"有乐章，可以演奏；而且乐章常与礼和诗、舞结合进行演奏，如在各种大礼（特别是祭礼）中都配有乐舞。孔子对《诗》"三百五篇，皆弦歌之"（见《史记·孔子世家》），说明诗与乐的结合。可见"乐"虽无"经",但"乐"却有章、有舞,而且是教育的重要内容。

《乐经》虽缺,但有《荀子》的《乐论》和《礼记》的《乐记》,也可以从中读到儒家有关乐论和乐教的一些主张。

一、《诗经》简释

《诗经》,原称为《诗》,从汉代起被列为儒家经典之一,乃称为《诗经》。因为以后通用的《诗经》为毛苌所传,故又称为"毛诗"。《诗经》是我国最早的诗歌总集,汉代传"诗"的有齐、鲁、韩、毛四家,齐诗为齐人辕固生所传,鲁诗为鲁人申公所传,韩诗为燕人韩婴所传,毛诗为赵人毛苌所传。前三家都属今文诗学,西汉时立有博士,魏晋以后,逐渐衰亡。毛诗为古文诗学,盛行于东汉,流行于魏晋以后,经东汉郑玄作《毛诗笺》,唐孔颖达作《毛诗正义》,均收入《十三经注疏》,所以《毛诗》即成为后世的《诗经》范本。《诗经》大体产生于西周初叶到春秋中叶,为我国诗歌的形成奠定了基础,对我国文学的发展产生了深远的影响。

《诗经》,传说经孔子删定,共有三百零五篇,所以简称"《诗》三百"。在三百零五篇的《诗经》中,按其内容分,可分为风、雅、颂三类:"风"有十五国风;"雅"有"小雅"和"大雅",也称为"二雅";"颂"有"周颂""鲁颂"和"商颂"三种,也简称"三颂"。"国风"共有一百六十篇,主要是采自民间的诗歌,对当时的社会生活和风土人情有广泛的反映,其中还有不少是揭露剥削阶级罪恶行径的作品。由于它是采集于民间,至今仍有"采风"之说。"二雅",多属于统

《中华传统文化经典教师读本:诗经》

治阶级用于不同宴乐和歌功颂德的作品，共一百零五篇。"三颂"，多属于敬神祀祖、赞美帝王业绩的作品，共四十篇。读《诗经》，重点应放在"风"和"雅"两类上，对"颂"也可以选学一点。

《诗经》从体裁来分，可分为赋、比、兴三类："赋"，是指直陈其事，如《氓》诗即属此类；"比"，是以他物作类比，如《硕鼠》诗即属此类；"兴"是先言他物以引起所咏之事，如《关雎》诗即属此类。当然有的诗中常常是二者或者三者兼用，在"赋"中有"比"，"比"中有"兴"，如《伐檀》诗即属此类。"赋、比、兴"的章法，对后世的诗歌创作有重要的影响。现将以上所列举的诗篇，简析如下。

《诗经》的首篇《关雎》，出自国风《周南》。从首章"关关雎鸠，在河之洲，窈窕淑女，君子好逑"到末章"参差荇菜，左右芼之，窈窕淑女，钟鼓乐之"，它用"兴"体抒写了一对青年男女从爱恋到成婚的发展过程，这在当时来说是一种非常理想也很浪漫的婚姻关系。其中一些诗词，极为生动活泼，因而长期为后世的婚联所采用。在《诗经》中，反映男女生活的诗歌较多，仅以《国风·周南》为例，还有《卷耳》的"嗟我怀人，置彼周行"，《桃夭》的"之子于归，宜其室家"，《汉广》的"汉有游女，不可求思"等，都从不同的方面抒写了男女的真挚情谊。

《卫风·氓》诗，以"赋"体描述了一位真情的女子，由被追求到被遗弃的过程，从先前"氓之蚩蚩，抱布贸丝，匪来贸丝，来即我谋"的追求，到后来的"女也不爽，士贰其行，士也罔极，二三其德"的背叛，其"信誓旦旦"的誓言，变成了"士贰其行"的谎言，具体地写出了一位被骗女性的悲惨处境。读后不能不为其发出同情的哀叹。

《魏风·硕鼠》诗，以"比"体阐述了剥削阶级的残酷掠夺和被剥削阶级的挣扎与企望："硕鼠硕鼠，无食我黍！三岁贯女，莫我肯顾。逝将去女，适彼乐土。乐土乐土，爰得我所！"真切地道出了被剥削者的控诉及其逃亡的希望。

《魏风·伐檀》诗，利用"赋"与"兴"的多种体裁，写出了对统治者不劳而食的控告。"坎坎伐檀兮，置之河之干兮，河水清且涟猗。不稼不穑，胡取禾三百廛兮？不狩不猎，胡瞻尔庭有县貆兮？彼君子兮，不素餐兮！"这首诗，不仅在内容上深情地抒发了被剥削者的控诉和反抗，而且在形式上采用了带有楚辞特点的文体形式，将"风""骚"融为一体，更是这首诗的独特之处。

关于"二雅"及"三颂"的诗篇，也可举例说明。如《小雅》中的《鹿鸣》一诗："呦呦鹿鸣，食野之苹。我有嘉宾，鼓瑟吹笙。吹笙鼓簧，承筐是将。人之好我，示我周行。……呦呦鹿鸣，食野之芩。我有嘉宾，鼓瑟鼓琴。鼓瑟鼓琴，和乐且湛。我有旨酒，以燕乐嘉宾之心。"诗中充分反映出那种得到嘉宾之助的欢快心境。曹操把它用于《短歌行》中，来申明他求贤若渴的心情和对于"天下归心"的企望。《三国演义》电视连续剧又把它应用于"横槊赋诗"大宴群臣的环境中，更表现出曹操对此诗的创造应用。《周颂》中的《维天之命》一诗："维天之命，于穆不已。于乎不显，文王之德之纯。假以溢我，我其收之。骏惠我文王，曾孙笃之。"是一首赞美周王的祭祖之诗。诗中陈述了其先祖文王是受命于天的，具有高尚的品德，而且遗惠后人。作为其子孙来说，将永远恭谨遵守而不违。

从以上所引的几首诗的内容来看，可以说明孔子为什么把《诗》教看得那样重要，他称他的教育工作是"兴于《诗》"（《论语·泰伯》）。他认为："《诗》三百，一言以蔽之，曰思无邪。"（《论语·为政》）读《诗》还可以起到"兴、观、群、怨"和"多识于鸟兽草木之名"（《论语·阳货》）的作用。他还经常以"不学诗，无以言"来教育其子弟。在孔子眼中，《诗》是具有多种社会意义和教育功能的教材。

《诗经》在儒家教育中的地位是很重要的。纵观一部"四书"，其中以《诗经》作结的地方是很多的。所以《三字经》中才有"《诗》既亡，

《春秋》作"的陈述。

《诗经》多属四言，但也有的诗篇是由长短句所组成；诗多数用韵，也有少数例外；而且有极少数运用"兮"的形式。所有这些都对后世诗词的发展有重要影响。

二、《书经》简释

《书经》，原称《书》，亦称《尚书》。"尚"即"上"，尚书即中国上古的历史文献。相传是由孔子所编定，实际上其中有些篇章为后儒所补。

《书经》，是一部重要的中国上古历史文献资料汇编，他记载了唐尧、虞舜、夏、商、周各代的一些重大历史事实，保存了中国上古大量的有关政治、哲学、天文、地理、刑法、武功、教育、占卜等多方面的资料，共58篇。《三字经》曾这样叙述过："有典、谟，有训、诰，有誓、命，《书》之奥。"如《尧典》《舜典》《大禹谟》《皋陶谟》《汤诰》《伊训》《说命》《汤誓》《泰誓》等，都是其中的重要篇章，此外，如《禹贡》《洪范》《金滕》等，也应当提及。从这些篇章中，可以看到上古社会的典章制度，以及尧、舜、禹、汤、周武等先贤对社会发展所起的促进作用，如尧舜禅让，尧命羲和制定历法，舜命禹治水，命弃（后稷）兴农，命皋陶执法，命契掌教和命夔典乐，以及汤伐桀、武王伐纣的吊民伐罪的武功等等，都是当时促进社会发展的重大举措，也是古代史学的重要资料。下边仅举几例来作说明：

《书经》首篇即述："曰若稽古帝尧，曰放勋，钦明文思安安，允恭克让，光被四表，格于上下。克明俊德，以亲九族；九族既睦，平章百姓；百姓昭明，协和万邦，黎民于变时雍。"（大意是：根据上古史的考查，帝尧，名放勋，他深思远虑，办事极为恭谨，恩被四方和天地之间。施行仁德于九族，使九族和睦；推及于百姓，使百姓昭明；广被于万邦，使黎民百姓都能做到和善相处。）关于《舜典》中对虞舜的介绍，就不再详说了。其中有关虞舜的政绩记述较多（如上所述），也不再具体阐述了。总之，尧舜之世，是儒家所设想的"大同"社会（这在后面《礼记·礼运》篇中还有说明），成为后儒和改革家所追求的社会理想。

下面再对《禹贡》《汤誓》《泰誓》《洪范》以及《金縢》等篇做些简介。

《禹贡》记载了大禹治水及其以后划分中国为九州的事迹，并对其中的疆域和山川等有详细的记载，是一篇重要的地理志。如把中国疆域划为冀、兖、青、徐、扬、荆、豫、梁、雍九州，并对其中的山川、河流等做了详细的记载，虽然在地域的划分上有的地方与实际不无出入，但仍不失为一本上古的重要行政区划图和地理志。

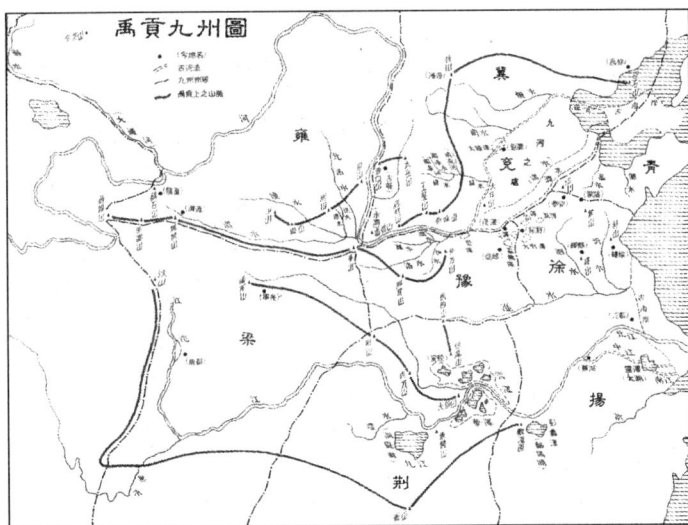

禹贡九州图[①]

《汤誓》和《泰誓》记述了商汤伐夏桀和周武王伐商纣的一些事迹，从中可以看到"吊民伐罪"的武功和义举。他们的这些行动是得到老百姓的衷心拥护的，如《孟子》中所说的"若大旱之望云霓也"，"箪食壶浆，以

---

① 选自《辞海（上）》，第163页。

迎王师"，成为我国历史上义师的典型。

《千字文》中所说的"推位让国，有虞、陶唐"，"吊民伐罪，周发、殷汤"，同儒家所做的"祖述尧舜，宪章文武"，讲的都是上面我们所列举的故事。

《洪范》，也称《洪范九畴》，论述了治理国家必须遵守的各种法纪和一些重要思想，它包括了哲学、政治、道德、文化等多方面的内容。所谓"九畴"：一曰五行，二曰敬用五事，三曰农用八政，四曰协用五纪，五曰建用皇极，六曰乂用三德，七曰明用稽疑，八曰念用庶徵，九曰向用五福、威用六极。其中提出的"五行"，一直成为我国古代多种学科中的重要理论依据。五行所讲的水、火、木、金、土五种物质，中国古代思想家把它视为构成万物的元素，以土为基础，与水、火、木、金发生着联系。到春秋战国时期，更进一步产生了五行相生和相克的理论，以此来阐明事物的变化和发展，使五行理论的作用更为扩大和加深。

《国语·郑语》："先王以土与金、木、水、火杂，以成万物。"《孙子兵法·虚实》说"五行无常胜"，提出了五行之间的相克思想。从其相胜（即相克）来说，水胜火，火胜金，金胜木，木胜土，土胜水；同时它们之间又是相生的，如木生火，火生土，土生金，金生水，水生木。这样，五行既相互排斥，又相互促进，以推定事物的变化和发展。

"五行学说"，成为我国古代天文、历数、医学、占卜等等学说的理论基础，它既有如医学上的科学应用，又有如占卜等术数方面的神秘和迷信思想。现以医学为例做些说明：在医学中肝属木，肾属水，当医治肝病时，除了对症下药以攻肝病外，同时还可通过补肾以养肝。因为肝属木，肾属水，水又生木，因而补肾即间接地有益于养肝。"五行"的相生和相克思想，给医学提供了一个整体的观念。至于把"五行"生克用在算命上，则完全是神秘的迷信思想，不值得提倡。

最后需要说明一点，这里把《金縢》也作为一个选篇加以提出，是为了使学者从中了解一下我国古代所崇尚的占卜活动。它所描述的是周公为周成王治病进行占卜的一段故事，从中可以看到对鬼神的崇拜和进行占卜的仪式。对于初学者来说，了解一下有关我国古代占卜的活动，也有必要。

《书经》所论述的故事，离我们比较久远，有的和今天的生活也有相当的距离，但从中还是可以窥见我国上古的一些事迹，它对于了解我国文化的悠久和源流，仍不失为一部重要的史书。

《书经》的文字古奥，正如韩愈在《进学解》中所说的："周诰、殷《盘》，佶屈聱牙。"岂止周诰、殷《盘》如此，就整部《书经》来说，都是极为难读的，从中也可以了解到我国古代文字的特点。虽系难读，但作为初学者，为了解中国的古代文化，也只好克服困难来啃这块"硬骨头"。

关于《书经》（即《尚书》）的今古文之争和真伪之辨，也是研究我国古代文献中的一大难题。所谓今文《尚书》，系指由西汉伏生所传的、用当时通行的隶书书写的《尚书》，共28篇。古文《尚书》，则是指汉武帝时在孔宅壁中发现的、用古文字（即战国时的篆书）书写的《尚书》，但古文《尚书》后又亡佚。东晋时，豫章内史梅赜又献出一部《古文尚书》（即由孔安国所传的），计有经文58篇，后经孔颖达为之作了"正义"，遂广为流传，列入《十三经注疏》之中。清代阮元校刻《十三经注疏》时又采用了它，一直流传至今。但据学者考证，梅赜所献的《古文尚书》，系伪"古文尚书"。此书除了将伏生所传的28篇今文《尚书》分为32篇外，其余25篇均系伪造。尽管如此，由于它较完整地保存了伏生的28篇今文《尚书》，并增添了其他的一些内容，因而它还是今日学习《尚书》一书的重要依据。

对《尚书》的注释，有唐代孔颖达的《尚书正义》，南宋蔡沈的《书经集解》，清代孙星衍的《尚书今古文注疏》等，其中《尚书今古文注疏》，有注有疏，较为完备。

清华简的发现和初步整理，通过已发表的《保训》^①一篇，11支简，不满250字，记述了周文王在弥留之际，向周武王的训诰。如果这一考据可靠的话，它将使现行《尚书》中的《周书》从武王的《泰誓》提前到文王的《保训》，而且为中庸的传统美德找到了更多的历史依据。我们希望有更多的清华简的诠释及其他出土文物问世。

三、《易经》简释

《易经》，原称为《易》，是我国古代人问吉凶的卜筮之书，其中也反映出先民的一些唯物的观点和辩证的思维方法，因而也是一本既重要又难读的奇书。关于《易》命名的含义，有着各种不同的解释。郑玄在《六艺论》中说："《易》一名而含三义。易简，一也；变易，二也；不易，三也。"从字义来说，大致不外这三种解释。《说文解字》对"易"字的解释提出："《秘书》云，日月为易，象阴阳也。"^②似乎这种解释更符合《易》作为一部古老的经书的特点，可作释《易》参考。在《易经》一书中，包括了"经"和"传"两部分，"经"包括"卦辞"和"爻辞"，是《易经》的主体，"传"为后人所作，是解释"经"义的，共有十种，称为"十翼"（见后）。

相传古有"三易"，即《连山》《归藏》和《周易》。《三字经》就说过："有《连山》，有《归藏》，有《周易》，三易详。"传说《连山》系伏羲氏所作，《归藏》系黄帝所作，但无此二书。传世者只有《周易》一书，即今日的《易经》，相传是文王所作，也有待考证。《周易》应是周初所作的卜筮之书。从其"经"的成书来看，时间较早，其深奥的思想

---

① 见《光明日报》2009年4月13日、20日、27日的"国学版"。

② 许慎：《说文解字》，北京师范大学出版社2000年版，第394页。

内容，曾影响到儒家、道家及阴阳家等。孔子对《易经》是极为推崇的，他曾说过："五十以学《易》，可以无大过矣。"（《论语·述而》）《史记·孔子世家》也说，孔子"读《易》，韦编三绝"，足见其读《易》的勤奋与执着。到汉代，设五经博士，《易经》被列为群经之首。

《易经》分为"经"和"传"两部分："经"以"⚊"和"⚋"组合为八卦，再将八卦重叠演绎为六十四卦，其中包含了排列组合的思维，足证我们古人的智慧和才能。为了便于初学者记忆，我们先把"八卦取象歌"抄在下面："乾三连（☰），坤六断（☷），震仰盂（☳），艮覆碗（☶），离中虚（☲），坎中满（☵），兑上缺（☱），巽下断（☴）。"乾为天，坤为地；震为雷，巽为风；离为火，坎为水；艮为山，兑为泽。八个卦代表着八种物质，都是两两相对或相关，其中体现着最原始的朴素的唯物观点与辩证法思维。

将八卦重叠就组成六十四卦，每一卦代表着一种事物，如"乾卦"（☰），代表天，主阳，主刚，阳刚力量在决定事物发展的矛盾中居于主要地位。"坤卦"（☷）代表地，主阴，主柔，阴阳结合，刚柔相济，就能够产生出万物和处理好各种事务。如在乾卦中对六个爻辞的阐述，就包含有事物发展由盛到衰、由正面向反面转化的思想；如从"初九"的"潜龙无用"，到"九二"的"见龙在田"，"九四"的"或跃在渊"，"九五"的"飞龙在天"，即已上升到了极点，如果再上升到"上九"，就会出现"亢龙有悔"，说明了事物的发展会由盛到衰、由正到反的发展变化。这一思想常常成为一些贤哲不自满、不居功，以至功成身退的指导思想。下面我们再以"泰卦"和"否卦"来做些说明："泰卦"（䷊）的组成是坤在上，乾在下，乾为阳，阳主上升；坤为阴，阴主下降；坤在上，乾在下，就形成了阴阳交接，因而主"吉、亨"（即吉祥、亨通），所以称为"泰"。相反的，"否卦"（䷋）是乾在上，坤在下，一个上升，一个下降，处于分离状态，无法交接，因而造成"匪人"的不祥状态，所以称为"否"。在"泰卦"的"九三"中还提出"无平不陂，无往不复"，为"泰"和"否"的互相转化提供了理论根据。"泰"和"否"在发展中可以转化，如运用得当，就会"否极泰来"。所有这些思想，都包含有朴素的辩证法在内，体现出先哲的深邃思考和智慧。关于事物的对立统一及其发展变化的观点，在另一些卦中也有所体现。

《易经》不但有"经"，而且有"传"，相传孔子为《易》作传，也值得考证。"传"有十种，称为"十翼"，包括《文言》、《彖》上下、《象》上下、《系辞》上下、《序卦》、《说卦》、《杂卦》十种。其中的《文言》《彖》《象》都附在"经"的后面，对"卦"和"爻"作解释。只有乾坤两卦有《文言》，如我们今天经常引用的"天行健，君子以自强不息"，"地势坤，君子以厚德载物"等，就是出自"乾卦"和"坤卦"的《象曰》。《系辞》《说卦》《序卦》《杂卦》，则列在"经"后，单独成章。

《系辞》 是《易经》中的大传，分上下两篇，每篇又分十二章。《系辞上》提出"一阴一阳之谓道"，"生生之谓易"，道提出了《易经》中的根本问题。《系辞下》提出"穷则变，变则通，通则久"，指出事物是在矛盾中不断变化和发展着的。这些都是《易经》中的可贵思想。在《系辞下》第二章中，陈述了伏羲、神农、黄帝、尧、舜、禹等对古文明的贡献，颇有历史价值。但也有"天尊地卑，乾坤定矣；卑高以陈，贵贱位矣"等论证社会等级制度永恒性的论点，表现出历史的局限性。而且内容比较驳杂，前后也略有重复和观点不尽一致的问题。

《说卦》 唐代孔颖达《易·说卦》疏指出："说卦者，陈说八卦之德业变化，及法象所为也。"但其所说的八卦之象，时有琐碎之言。其所释八卦之象，与《左传》《国语》所讲，以及汲冢竹书《卦下易经》所记多有差异，需待进一步研讨。其中所讲"立天之道曰阴与阳，立地之道曰柔与刚，立人之道曰仁与义"，还提出圣人作《易》，旨在"和顺于道德而理于义，穷理尽性以至于命"，成为后来理学家高谈道德性命的理论基础。

　　《序卦》　是解说六十四卦排列顺序的，但其中有的前后卦的联系极为牵强。从马王堆墓出土的帛书《易经》来看，其卦序与今本迥异，可以说明古代《易经》各卦曾有不同的排列顺序，因此《序卦》所述各卦的联系应为一家之言。其中提出"有天地，然后万物生焉，盈天地之间唯万物"，有朴素的唯物主义思想。又指出，"物不可穷也"，也含有发展变化无穷尽的发展观，是可取的。

　　《杂卦》　因其解说各卦卦名之义，不按其顺序，错杂而述之，故名。晋韩康伯《易·杂卦》注指出："杂卦者杂糅众卦，错综其义，或以同相类，或以异相明也。"也就是说，杂卦虽然短而简，但从中了解某些卦相同和相异的关系与作用，还有一定的参考价值。如言"乾刚坤柔……或与或求"，"否、泰，反其类也"，对于了解乾、坤或否、泰两卦之间的不同关系，有一定的意义。①

　　由此可见，在学《易》中，除读"经"外，对"传"也不可不读。《易经》的"传"，思想并非完全一致，有的与"经"的联系也并不密切，可见，并非出于一人之手，所以孔子为《易经》作传之说，不可尽信，即便有也绝非全部。《易经》的"传"，大抵陆续完成于战国和汉初。湖南长沙马王堆汉墓出土的帛书《周易》，对于《周易》的研讨，提供了许多有价值的内容，是一本早期的可供比较研究的资料。《四库全书》中的《易类》即列有158部，加附录8部，共166部之多，居各经之冠，但多为卜筮方面的论述。

　　《易经》本是一部卜筮之书，除了我们上面所讲到的一些具有科学价值的重要思想外，其中还有许多迷信的和神秘不解的东西，如对天命、鬼神的理解即属此类。其发展观也常常同循环论联系在一起，如在"复"卦

---

　　① 以上对四卦的简释所引，多出自冯契主编《哲学大辞典·中国哲学史卷》有关辞条的释义，特此说明。

的经文中强调"反复其道"，在"恒"卦的《象》中强调"终则有始"，都带有某些循环论的思想。《易经》的"经"和"爻"，在文字上有许多实属难懂，因此在理解和诠释上，就难免有见仁见智的问题存在。所以一部《易经》，究竟给了我们多少智慧，仍需我们去研究和探讨。

《易经》虽本是一部古代占筮之书，但与《诗经》《尚书》中的早期作品一道，产生于商末周初，蕴含着商周智慧，具有丰富的历史积淀和深厚的民族文化底蕴。因其中引用了不少殷商时期的典故，而成为后世考察商周文化历史的重要文献。如《泰卦·六五》和《归妹卦·六五》中均提及"帝乙归妹"，大致记载了商纣王帝辛之父帝乙将妹妹嫁给姬历（王季）、将女儿嫁给姬昌（文王）的故事，具有极高的史料价值。

就其文学价值而言，《易经》从创作构思到表现手法乃至语言风格，无不体现出文学因素与艺术色彩。《易经》"观物取象""假象喻意"，代表了中国散文萌芽时期的特征。《易经》文学表现手法与技巧讲究，"推天道明人事"类似《诗经》"以彼物比此物"的"比兴"手法，对中国文学的形成与发展都产生了深远影响。《易经》思想深邃，词汇精美，可供后世寻章摘句，含英咀华，启迪文人学子的创作思维与艺术升华。《系辞》中呈现了伏羲氏"始作八卦"、神农氏"为耜""为耒"以及黄帝、尧、舜"垂衣裳而天下治"的事迹，留下了中华民族早期文明的宝贵史料。

就语言文字学而言，《易经》卦爻辞语句简洁，音韵优美，形成文笔凝练的言语、动听的典故，由字以通词，由词以明理通道，可谓文以载道。"圣人之情见乎辞"，圣人的思想情感、天下的深奥意蕴表现在卦辞和爻辞中，唯有将象与辞相融通，方能尽其言，明吉凶，学达性天，趋利避害，遏恶扬善。

总之，《易经》是一部比较难读却富有价值的书，概而言之，不外是象数和义理两大问题。对于《易经》的解释，自古就有儒、道、阴阳各家的不同观点和阐释。在历史发展过程中，又有两汉的谶纬化，魏晋的玄学化，宋明的理学化，在不同时代人的眼中就有不同的理解和作用。如何以历史的观点和科学的态度来解读这部奇书，是放在我们面前的重大科研课题。

四、《周礼》《仪礼》与《礼记》简释

《礼》，包括《周礼》《仪礼》和《礼记》，统称"三礼"。在孔子时，讲的《礼》是指《周礼》和《仪礼》，而不是《礼记》，因为《礼记》尚未问世。《三字经》在讲到学《礼》时，也把《周礼》放在其中；而且在讲到《礼记》时，同时提出大小戴各自编纂过《礼记》，即《大戴礼记》和《小戴礼记》。如："我周公，作《周礼》，著六官，存治体。大小戴，注《礼记》，述圣言，礼乐备。"我们这里所讲的《礼》，也是先讲《礼》经，即《周礼》和《仪礼》，而后再讲《礼记》，主要是由戴圣最后删定的《小戴礼记》。后经东汉郑玄作《礼记注》，唐代孔颖达作《礼记正义》，将其列入《十三经注疏》，《小戴礼记》便成为后世通用的《礼记》的范本，也成为《礼经》的代表作。

关于《周礼》和《仪礼》：

《周礼》 传说为周公所作，近人从周青铜器铭文所载官制，考证该书中所包含的政治、经济制度和学术思想，认为是战国时代儒家的作品。《汉书·艺文志》著录《周官经》六篇，分为"天官冢宰，地官司徒，春官宗伯，夏官司马，秋官司寇，冬官司空"。各官之中，又详细地记述了其下列所属。冬官司空缺佚，补了《考工记》，也称《周礼·考工记》，记载着春秋时期各种工业技术，是研究我国古代科技的重要文献。分为木工、金工、皮工、设色工、制摩工、抟埴工六部分，分别对车舆、宫室、兵器以及礼乐器具等的制作做了详细记载，有很高的文化科学价值。[①]

---

① 见《辞海（二）》，第3236页。

《周礼》实际是有关政治制度的记载，因而它所提出的六官，成为后世所设的"六部"的根据，天官冢宰是吏部，地官司徒是户部，春官宗伯是礼部，夏官司马是兵部，秋官司寇是刑部，冬官司空是工部，从隋、唐开始一直沿用到明、清。

《仪礼》　真正具体讲礼仪的应是《仪礼》一书。《仪礼》简称《礼》，亦称《礼经》或《士礼》，是春秋战国时期有关礼制的汇编。《史记·儒林列传》称，"《礼》固自孔子时而其经不具，及至秦焚书，书散亡益多，于今独有《士礼》，高堂生能言之"。《汉书·艺文志》也称"汉兴，鲁高堂生传《士礼》十七篇"。据近人考证，《仪礼》应成书于战国时代，为战国时儒家的著述，经汉儒编定，东汉郑玄注释，成《仪礼经》。其十七篇目录为：士冠礼、士昏礼、士相见礼、乡饮酒礼、乡射礼、燕礼、大射、聘礼、公食大夫礼、觐礼、丧服、士丧礼、既夕礼、士虞礼、特牲馈食礼、少牢馈食礼、有司。

在《仪礼》中，概言之，对"吉、凶、军、宾、嘉"各种礼仪都有详细的记载，"吉"是指祭祀的典礼，"凶"是指丧葬之礼，"军"是属于战争的各种礼仪，"宾"是指应对宾客（包括家宾与国宾）的礼仪，"嘉"是冠礼、婚礼和乡饮酒等多方面的礼仪。关于礼仪的形成，就其大者而言，离不开当时伦理纲常的制约，因而它具有明显的历史性和阶级性；但就小的而言，它又是社会生活规范的产物，是约定俗成的东西，是维系社会秩序的重要手段，在不同时代中有异又有同，其差异并不反映出阶级性。在不同的国家、不同的民族、不同的地域都会有不同的礼仪，"入国先问禁，入境先问俗"，也多属这方面的内容。

《礼记》是儒家的主要经典之一，成书于战国到西汉之际，其中对礼仪、礼制以及礼论等都有所论述。《礼记》也称为《记》，有《大戴记》和《小戴记》两种：《大戴记》，为戴德所传，原85篇，今存40篇；《小戴记》为戴圣所传，共49篇，是《礼记》的通行本，列入《十三经注疏》。在《礼记》中，包括了与礼有关的政治、哲学、道德、文艺、教育等多方面的内容，其中不少是记述孔子的言论和活动的。如《礼运》篇中有关"大同"和"小康"的论述，长期以来作为我国一些学者和政治改革家的社会历史观的理论根据，连孙中山先生都把"天下为公""世界大同"作为他社会改革的理想。《檀弓》中的"苛政猛于虎"篇，不仅表现出对人民悲惨遭遇的同情，更为贪官污吏敲响了警钟，一直是后学必读的范文。再如在《经解》中孔子有关"六经"的论述，也是我们解读"六经"的一篇纲领性的导言，大家学习《礼记》时可做参考。

下面再就《礼记》中提出的两个重要篇章——《乐记》和《学记》，做些简介。

《乐记》一篇，比较详细地论述了有关乐理和乐教的一些问题，弥补了《乐经》之缺佚，如提出"乐者，音之所由生也，其本在人心之感于物也"。并具体分析了不同的感受可以发出不同的情与音，"情动于中，故形于声"，而成为"乐"。还具体分析了"乐"与"礼"的关系，"乐者为同，礼者为异"，"乐由中出，礼自外作"，"大乐与天地同和，大礼与天地同节"。最后结论是："乐者，天地之和也；礼者，天地之序也。和，故百物皆化；序，故群物皆别。乐由天作，礼以地制，过制则乱，过作则暴。明于天地，然后能兴礼乐也。"上面的这些论述，有的难免有玄妙不解之处，但也为历代儒家所倡导的礼乐教育，提供了一些有益的资料。对于理解儒家所倡导的"乐以发和"，"礼以节之"，孔子"兴于《诗》，立于《礼》，成于《乐》"的教育观，都有启发。

《学记》一篇，也是《礼记》中系统地论述儒家教育理论和教育经验的专著。它对教育的本质、目的、作用、制度、内容，特别是教育和教学的原则和方法，以及师生关系等都有精辟而扼要的论述。如"建国君民，教学为先"，"化民成俗，其必由学"，"古之教者，家有塾，党有庠，术有序，国有学"，学有"小成"与"大成"，从"入学"到"考校"，都有具体规定，并对"正业"和"居学"，以及"藏焉、修焉、息焉、游焉"等，也做了明确的规定。特别对教育与教学的原则和方法方面，提出许多宝贵的理论和经验。如对学者"心之莫同"的分析和因材施教的要求，"道而弗牵，强而弗抑，开而弗达"等启发"善喻"方法的论述，以及对"教之所由兴"和"教之所由废"的具体分析等等，都是极为精辟的教育经验。在对教师的要求和师生关系上，也提出了"严师为难""教学半"和"教学相长"等重要的师与生的关系和教师自身教与学的关系，都是重要的教育问题。总之，一篇《学记》，虽只一千二百余字，却是一部较早的比较系统完整、内容相当丰富的教育专著，在世界教育史中也占有领先的地位。

关于《大学》和《中庸》两篇，已被选作"四书"的内容，在"解读'四书'"中已论及过，不再赘述。

五、《春秋》"三传"简释

《春秋》是鲁国的一部编年史，起自鲁隐公元年（前722年），终于鲁哀公十四年（前481年），共计二百四十余年。它记载了春秋时期各国的主要事件及其有关的历史人物等。

当时周室衰微，礼崩乐坏，战乱频仍，僭越成风，臣弑其君者有之，子弑其父者亦有之，孔子为了正名分，对《春秋》进行了笔削褒贬，以维系当时的伦理纲常，即所谓的"君君、臣臣、父父、子子"。所以孟子说："孔子成《春秋》，而乱臣贼子惧。"（《孟子·滕文公下》）《三字经》也做过这样的评价："《诗》既亡，《春秋》作，寓褒贬，别善恶。"因而后世的史官，敢于秉公直言者，就被称为"春秋之笔"。现举《春秋左氏传》中两例来作说明：

隐公元年"夏五月，郑伯克段于鄢"。事情的经过是这样的：郑武公去世，长子郑庄公继位，其弟共叔段阴谋夺权，在其母的支持下，屡屡请割地以扩大势力范围。庄公也深知其意图，本来出于正常的兄弟关系，应当进行劝说和加以制止。但他却有意纵容，让其恶性膨胀，以利于最后一举歼灭之，即所谓"多行不义，必自毙"。为此，把本来可以妥善解决的兄弟之间的矛盾，发展成为如同两国之间的战争。所以孔子便以"郑伯克段于鄢"来贬之。短短的六个字，说明了什么问题呢？正如《左传》中所解释的："段不弟，故不言弟；如二君，故曰克；称郑伯，讥失教也。"就是说在"郑伯克段于鄢"六个字中，既用"郑伯"批评了郑庄公的不成兄，又用"段"名批评了其叔段的不成弟，用"克"字说明他们之间的斗争已不是兄弟之间的矛盾，而是如同两国之间的战争，孔子用这些论断来维系当时的伦理纲常，也使"乱臣贼子"知所警戒。

再举鲁隐公三年（前720年）的"周郑交质"。《左传》对这件事的论述是："郑武公、庄公为平王卿士。王贰于虢，郑伯怨王，王曰：'无之。'故周郑交质。王子狐为质于郑，郑公子忽为质于周。"这个故事的梗概是这样的：周平王原以郑武公和郑庄公为卿士，后来又与虢国的国君拉得很紧，引起郑国国君的不满。周平王又不承认有其事，于是双方便各以其子互为人质，以示信用，实为控制。这里只用了"周郑交质"四个字，以表明周与郑这样做，已不是君臣关系，而是地位平等的两国关系，以此来批判君不君、臣不臣的僭越乱伦的行径。这同孔子所主张的"君君、臣臣"的伦理纲常是相悖的，故以"周郑交质"来贬之。

从以上两个例子中，可以看出，孔子对当时的君不君、臣不臣、父不父、子不子、兄不兄、弟不弟等现象，毫不留情地进行了口诛笔伐，以维系当时的伦理纲常，使乱臣贼子无所逃匿，以实现其《春秋》的褒贬功能。其用心良苦！

《春秋》是"经"，由于言简意赅，对其所包容的事实难以理解，于是便有"三传"之作。"三传"，包含鲁人左丘明的《春秋左氏传》（简称《左传》）、齐人公羊高的《春秋公羊传》（简称《公羊传》）、鲁人穀梁赤的《春秋榖梁传》（简称《榖梁传》）。在"三传"中，以《左传》成就最高，记事较多和较详，因而读《春秋》，主要是读《左传》，所以《春秋》列为"经"书之后，也将《左传》包含在内。《左传》以《春秋》为纲，用编年体的形式记述了东周春秋时期鲁隐公元年（前722年）至鲁哀公二十七年（前468年）的历史，为后世留下了一部重要的历史资料。《左传》不仅具有较高的史学价值，而且在文学史上对散文体的发展也起着重要的推进和示范作用。

关于《左传》一书，一般认为是左丘明所作。其主要注解有西晋杜预的《春秋左氏经传集解》，唐代孔颖达的《春秋左传正义》，以上两书均收入《十三经注疏》。

《公羊传》和《榖梁传》，虽在史料方面不如《左传》，但在阐发义理方面也有其自身的特点，可以说"三传"在阐释"经"文方面，各有所长。如《公羊传》对"元年，春，王正月"曾做过这样的阐释："'元年'者何？君（鲁隐公）之始年也。'春'者何？岁之始也。'王'者孰谓？谓文王也。曷为先言'王'而后言'正月'？王正月也。何言乎'王正月'？大一统也。"在这里解释了一个很重要的问题，"春，王正月"，"春"是指季节，所以放在前面，但在"正月"前面，又特地加一个"王"字，指明用的是"周历"，而不是"夏历"，表示当时已是周朝的一统天下，所有国家都应以"周历"为准。就这一个"王"字，即深含着孔子的尊"周"思想，也反映出《公羊传》重视"微言大义"的特点。《公羊传》提出的"大一统"与"三世说"等，也为后儒所传承，因之《公羊传》可以较《榖梁传》为重。现选其中的两个问题加以简介和评析。

关于"大一统"：

《公羊传·隐公元年》提出："何言乎'王正月'？大一统也。"根据"疏"的解释："王者受命，制正月以统天下，令万物无不一一皆奉之以为始，故言大一统也。"由此可见，之所以称"王正月"，是有其重要的含义在内的。西汉董仲舒在《贤良对策》中对"大一统"做了进一步的阐释，引《公羊传》的话说："春秋大一统者，天地之常经，古今之通谊（义）也。"董仲舒在这里讲"大一统"是为汉建立一统天下立论。[①]

关于"三世说"：

公羊学派解释"春秋"，分为"三世"，即"所见世""所闻世"和"所传闻世"（见《公羊传·隐公元年》注）。盖指当代（即"所见世"），夏、商、周三代（即"所闻世"）和尧舜时代（即"所传闻世"）。《公羊传》的"三世说"，与《礼记·礼运》中所说"大同"和"小康"基本一致。

康有为根据《公羊传》的"三世说"推演出"据乱世""升平世"和"太平世"，作为他实行变法的理论根据。康有为认为自"据乱世"进入"升平世"（"小康"），更进入"太平世"（"大同"），是社会进化的共同规律。他认为当时的中国还是"据乱世"，西方各国则已进入到"升平世"，所以中国必须变法维新，学习西方，将来实现"太平世"，便进入大同世界。

从"公羊派"到康有为，他们看到社会是在进化和发展中，这是难能可贵的。但他们对社会进化的设想和实现的道路，多属臆测或愿望，缺乏科学历史观的根据和论断，因而他们的理想也就成为难以实现的空想。但康有为的"三世说"认为社会是向前发展的，而《公羊传》的"三世说"，其社会发展观则是倒退的。

由于《公羊传》提出"大一统"与"三世说"，因而为后儒所尊崇。如何评价《穀梁传》呢？《穀梁传》在体裁上与《公羊传》基本相同，以阐释《春秋》义理为主。在记事方面，虽不及《左传》翔实，但持论有的较《公羊传》为详。可参考"元年，春，王正月"所记鲁隐公让位于鲁桓

---

① 冯契主编：《哲学大辞典·中国哲学史卷》，上海辞书出版社1985年版，第25页。

公之事，《公羊传》对隐公所为纯属是誉美，而《穀梁传》对隐公的评价则是美恶互见，比较全面具体，而且更体现出"微言大义"的特点，见下文，可对比阅读，余不多赘。

《公羊传》

元年，春，王正月

元年者何？君之始年也。春者何？岁之始也。王者孰谓？谓文王也。曷为先言王而后言正月？王正月也。何言乎王正月？大一统也。公何以不言即位？成公意也。何成乎公之意？公将平国而反之桓。曷为反之桓？桓幼而贵，隐长而卑，其为尊卑也微，国人莫知。隐长又贤，诸大夫扳隐而立之。隐于是焉而辞立，则未知桓之将必得立也。且如桓立，则恐诸大夫之不能相幼君也，故凡隐之立，为桓立也。隐长又贤，何以不宜立？立適以长不以贤，立子以贵不以长。桓何以贵？母贵也。母贵则子何以贵？子以母贵，母以子贵。

《穀梁传》

元年，春，王正月

虽无事，必举正月，谨始也。公何以不言即位？成公志也。焉成之？言君之不取为公也。君之不取为公，何也？将以让桓也。让桓正乎？曰：不正。《春秋》成人之美，不成人之恶。隐不正而成之，何也？将以恶桓也。其恶桓，何也？隐将让而桓弑之，则桓恶矣；桓弑而隐让，则隐善矣。善则其不正焉，何也？《春秋》贵义而不贵惠，信道而不信邪。孝子扬父之美，不扬父之恶。先君之欲与桓，非正也，邪也；虽然，既胜其邪心以与隐矣。已探先君之邪志，而遂以与桓，则是成父之恶也。兄弟，天伦也。为子受之父，为诸侯受之君。已废天伦，而忘君父，以行小惠，曰小道也。若隐者，可谓轻千乘之国。蹈道，则未也。

六、《孝经》简释

《孝经》在《三字经》中曾有这样的表述："《孝经》通，'四书'熟，如'六经'，始可读。"看来《孝经》作为蒙养教材，一直为旧时教育所重视。《论语·学而》篇中也讲过："孝弟也者，其为仁之本与！"把"孝"视为"仁之本"，也可见"孝"在儒家教育中的地位。《孝经》数千年来，被视为金科玉律，作为伦理道德教育的一本重要教材，在今天继承和发扬道德教

《中华传统文化经典教师
读本：孝经》

育遗产时，又被人们重新提了出来。为此，我们在选读"诸经"时，也将它选作"诸经"之一，进行解读。

《孝经》是儒家经典之一。相传为孔子向曾子陈述孝道之作，其中论述了孝道、孝治和宗法等多方面的思想。《汉书·艺文志·六艺略》篇谓："《孝经》者，孔子为曾子陈孝道也。夫孝，天之经、地之义、民之行也。举大者言，故曰《孝经》。"《孝经》成书，一般认为是曾子所记，但对作者的说法不一，有人认为是孔门后学所著。曾有今文和古文两种版本。今文本18章，郑玄作注。古文本22章，除《闺门章》的内容为新增外，其余《孝平章》《父母生绩章》和《孝优劣章》，都是从今文本分化出来的，只在文字上稍有改动。唐玄宗在开元七年（719年）召开学者鉴定会，鉴定了今古文两种版本，并为之注解、作序、刻石，即"石台孝经"，也就是今之《十三经注疏》本，共18章。

《孝经》在《开宗明义章第一》记述了孔子所说的："夫孝，德之本也，教之所由生也。……夫孝，始于事亲，中于事君，终于立身。"在这段话里，还提出了"身体发肤，受之父母，不敢毁伤，孝之始也；立身行道，扬名于后世，以显父母，孝之终也"。总之，为人子者，小至对身体

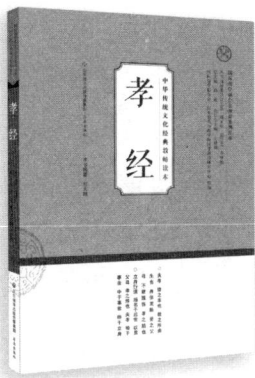

发肤的保护，大至立身行道、扬名后世，都与孝道有关，"孝"已渗透到"修身、齐家、治国、平天下"的全部修己与治人之中。

为此，《孝经》的第二章到第六章，具体论述了从天子、诸侯、卿大夫、士以至庶人在孝道方面的具体要求，使孝道在"孝治"至"孝行"等方面发挥其重要作用（见第七到第十章）。其中特别值得提出的是第十五章《谏诤章》的内容，以古者自天子至大夫都各有"争臣"和士有"争友"为例，来说明以此实现"修、齐、治、平"的要求。并明确地指出：当父、君有不义的时候，"子不可以不争于父，臣不可以不争于君，故当不义则争之"。还以反证指出："从父之令，又焉得为孝乎？"这些思想是很宝贵的，它同后世某些人所倡导和所表现的愚忠愚孝是完全不同的两回事，值得我们很好地去领会和发扬。

今天的社会和过去的封建时代不同了，在批判继承古代有关孝道的时候，必须取其精华，去其糟粕，为我所用，并结合时代的要求加以发展。我们在进行道德教育时，对《孝经》一书进行研讨、取其所用是可以的，但必须持分析、批判的态度，才能真正做到"古为今用"。

现将唐玄宗李隆基的《孝经序》附后，以供学者参考。

《孝经》序

［唐］李隆基

朕闻上古，其风朴略，虽因心之孝已萌，而资敬之礼犹简。及乎仁义既有，亲誉愈著。圣人知孝之可以教人也，故因严以教敬，因亲以教爱。于是以顺移忠之道昭矣，立身扬名之义彰矣。子曰："吾志在《春秋》，行在《孝经》。"是知孝者德之本欤！

经曰："昔者明王之以孝理天下也，不敢遗小国之臣，而况于公、侯、伯、子、男乎？"朕尝三复斯言，景行先哲。虽无德教加于百姓，庶几广爱刑于四海。

嗟乎！夫子没而微言绝，异端起而大义乖。况泯绝于秦，得之者皆煨烬之末；滥觞于汉，传之者皆糟粕之余。故鲁史《春秋》，学开五传；《国风》《雅》《颂》，分为四诗。去圣逾远，源流益别。

近观《孝经》旧注，踳驳尤甚。至于迹相祖述，殆且百家；业擅专门，犹将十室。希升堂者，必自开户牖；攀逸驾者，必骋殊轨辙。是以道隐小成，言隐浮伪。且传以通经为义，义以必当为主。至当归一，精义无二。安得不剪其繁芜，而撮其枢要也？

韦昭、王肃，先儒之领袖；虞翻、刘劭，抑有次焉。刘炫明安国之本，陆澄讥康成之注。在理或当，何必求人？今故特举六家之异同，会五经之旨趣。约文敷畅，义则昭然；分注错经，理亦条贯。写之琬琰，庶有补于将来。且夫子谈经，志取垂训。虽五孝之用则别，而百行之源不殊。是以一章之中，凡有数句；一句之内，意有兼明。具载则文繁，略之又义阙。今存于疏，用广发挥。

以上是关于诸经的简释，就"十三经"而言，除《尔雅》外，其余各经，或长或短，都有所论述（《论语》《孟子》见"解读'四书'"）。但其中尚有许多问题，仍值得研讨。现举几例说明：如《诗经》的"逸诗"问题，如果《诗经》确系为孔子所删编，其中有的被删掉的称为"逸诗"，如孔子与子夏论诗中所说的"巧笑倩兮，美目盼兮，素以为绚兮"，即属"逸诗"。对这首诗歌，为什么不选，就值得商讨。再如在《书经》方面，不仅存在着今古文之争，而且有的内容是否失实，也值得研讨。如孟子对《武成》一章所说的"血流漂杵"，即提出疑义，认为既是以仁伐不仁，奈何会发生血流漂杵的事实？因而便提出"尽信《书》，则不如无《书》，吾于《武成》取二三策而已矣"的问题。所以《书经》中所记，是否都会合乎事实，也有待考据。再如《孝经》虽经唐玄宗（李隆基）召集学者做了鉴定，重注颁行，但今古文之争，并未停止。《四库全书简明目录》所列《孝经刊误》一卷，就做了如下说明：《孝经刊误》一卷系"宋朱子撰，取古文孝经，分为经一章，传十四章。又删削经文二百二十字。自此以后，讲学家务黜郑而尊朱，不得不黜今文《孝经》而尊古文，酿为水火之争者，遂垂百年"①。看来《孝经》中的今古文之争，还是一个没有完全解决的问题。另外，在其他各"经"中，也存有这样或那样的问题，其中不仅大部分存有今古文之争，还有真伪问题和后人的删改与补充的问题存在，如此等等，都有待做进一步考证和研讨。

对于"诸经"来说，不仅在内容上存在着争议，对于注疏而言，更是见仁见智，各有不同。即以《十三经注疏》而言，据统计共有四百一十六卷（见附表），还未将朱熹的《四书集注》包括在内，尔后增补的注解还多。因而读"经"难，读注疏也不易。作为初学者，只能识其大意，容后作为专门研究而继续求深。

十三经注疏表 ②

次序	书名	卷数	注	疏
1	周易正义	10	［魏］王弼、韩康伯注	［唐］孔颖达等正义
2	尚书正义	20	［汉］孔安国传	［唐］孔颖达等正义
3	毛诗正义	70	［汉］毛公传，郑玄笺	［唐］孔颖达等正义
4	周礼注疏	42	［汉］郑玄注	［唐］贾公彦疏
5	仪礼注疏	50	［汉］郑玄注	［唐］贾公彦疏
6	礼记正义	63	［汉］郑玄注	［唐］孔颖达等正义
7	春秋左传正义	60	［晋］杜预注	［唐］孔颖达等正义
8	春秋公羊传注疏	28	［汉］何休注	［唐］徐彦疏
9	春秋谷梁传注疏	20	［晋］范宁注	［唐］杨士勋疏
10	论语注疏	20	［魏］何晏等注	［宋］邢昺疏
11	孝经注疏	9	［唐］李隆基注	［宋］邢昺疏
12	尔雅注疏	10	［晋］郭璞注	［宋］邢昺疏
13	孟子注疏	14	［汉］赵岐注	［宋］孙奭疏

---

① 《四库全书简明目录》，古典文学出版社1956年版，第123页。

② 宋绍熙年间黄唐合刊，共416卷。转抄自李宗邺：《中国历史要籍介绍》，上海古籍出版社1984年版，第35页。

第五讲　解读诸子

《三字经》提出："经既明，方读子，撮其要，记其事。"概括地说明了在中国古代教育中"经"与"子"的地位和关系。汉设"五经博士"，也是重在整理和研读诸经，对于诸子的学习和研究视实际的需要而定，这样"子"对"经"来说，则略低一筹，但就古代文化而言，其思想火花，大多还是闪烁在诸子（包括儒家）之中。

诸子，以春秋战国时期为限，即先秦诸子，当时已有"百家"之说。荀子在《解蔽》篇中说："诸侯异政，百家异说。"庄子在《天下》篇中说："百家之学，时或称而道之。"这里所说"百家"，盖言其多也。到西汉，司马谈《论六家要指》提出阴阳家、儒家、墨家、名家、法家、道德家六家。刘歆在《七略·诸子略》中辑录凡诸子百八十九家，四千三百二十四篇，并将诸子百家总括为儒、道、墨、名、法、阴阳、农、纵横、杂及小说十家，他认为"诸子十家，其可观者九家而已"。即除小说家外，其余九家又被称为"九流"，这就是以后为大家所通称的"九流、十家"称谓的来源。未将兵家列入，是其缺点。就其分支而言，家中有派，如儒分为八，墨分为三，名家中有"离坚白"与"合同异"的不同派别，法家中有法、术、势的不同主张，如此等等。其中儒墨两家，在当时即被视为"世之显学"。到汉代，"罢黜百家，独尊儒术"之后，儒家经典即列入"经"内，儒家思想成为我国两千多年来的正统思想，今日又大有复兴之趋势。另外，对其他各家的研讨，也都一一提上了日程。

春秋战国时期，由于社会的急剧变化，在"逞干戈，尚游说"的历史背景下，是中华文化走向高度繁荣的第一次高峰。就其主要方面而言，在教育和伦理道德方面有儒家，在哲学与养生方面有道家，在倡导兼爱和重视科技方面有墨家，在逻辑学方面有名家和后期的墨家，在提倡耕战、以法治国方面有法家，在军事学术研究和实施方面有兵家，在包容各家思想方面又有杂家，等等，可以说是各种思想纷呈于世。就其组织而言，墨家最为严密，而且有严格的纪律，这是其他各家所未有的。恩格斯在《自然辩证法》一书中，高度评价了古代希腊在哲学思想方面的伟大贡献，指出在希腊哲学多种多样的形式中，差不多可以找到以后各种观点的胚胎和萌芽。以此来评价中国春秋战国时期各家的哲学思想和对文化繁荣的贡献，以及对后世学术发展的影响，是有过之而无不及的。这是我们中华民族的伟大贡献和骄傲。

关于诸子的版本，流传至今的也属多种，其中有的内容也有某些差别。我们这里选用的是1945年中华书局重印世界书局所编的《诸子集成》本。它收集了从孔、孟的《论语》《孟子》到刘义庆的《世说新语》和颜之推的《颜氏家训》，共计26家、28集（老、庄各2集）。我们又从中选出《管子》、《老子》和《庄子》（道家）、《墨子》（墨家）、《荀子》（儒家）、《韩非子》（法家）、《孙子》（兵家）作为代表，进行简介，对所选各家中的有关篇章做了摘录，另增加介绍名家之邓析子、惠子和公孙龙子，以供初学者学习和研讨。

在诸子的版本中，除《诸子集成》外，还有《二十二子》（清光绪年间，浙江书局辑印），也可作为学习"诸子"的参考。1973年长沙马王堆汉墓出土的帛书《老子》手抄本，与世传《老子》版本略有出入，也可用作对比学习的资料。余不多赘。

一、管子

管子，一是指其人，二是指其书。以后各家的简介同此。

管仲（约前723—前645），周穆王之后，姬姓，管氏，名夷吾，字仲，谥敬，故称管子、管夷吾、管敬仲，颍上（今安徽颍上）人，春秋初期著名思想家、政治家、军事家，素有"法家先驱""圣人之师"之称谓。

管仲出身贫寒，早年从商从军，历经坎坷，而后从政。齐僖公三十三年（前698年），管仲开始辅佐公子纠。公元前685年，齐桓公继位，经鲍叔牙极力推荐，桓公不计前嫌而拜管仲为国相，并尊称"仲父"。管子任相期间，对内既强调以君主为核心的政治体制，又大兴革新，修旧法，礼法并用，敬百姓，顺民心，选贤论材，"通货积财，富国强兵"（《史记·管晏列传》），有效地维护了社会稳定；对外既有雄奇的霸道之策，又坚持正义的王道理想，尊王攘夷，"九合诸侯"，"一匡天下"（《论语·宪问》），辅佐齐桓公成就霸业，被誉为"华夏第一相"。

《管子》内容宏富，非一人一时之作，大致成书于战国至秦汉时期。《汉书·艺文志》将《管子》列入道家，《隋书·经籍志》则将其列入法家，《四库全书》沿袭之。《汉书·艺文志》收集《管子》86篇，今本实存76篇，其余10篇仅存篇目。综观《管子》各篇，集中体现了管仲及其学派的主要思想，体现了稷下之学的学术成就。其中多有法家以法治国之论，也有儒家礼治教化观念；既有本于道家的黄老之学，又有阴阳家的阴阳五行；既有重农务本的农家理论，又包含攻城野战的兵家谋略。可见，《管子》蕴含着先秦时期政治家治国理政的大经大法。

《管子》提出"以人为本"的民本思想，注重"民本"进而"国固"，强调"民富"而"知荣辱"，"夫霸王之所始也，以人为本。本理则国固，本乱则国危"（《管子·霸言》）。这是中国古代典籍中"以人为本"术语的最早表述。在管子看来，坚持"以人为本"，就会打牢国家根基，否则就会带来危机。《管子·入国》提出的"老老、慈幼、恤孤、养疾、合独、问病、通穷、振困、接绝"的"九惠之教",就是"以人为本"的生动体现,也是中华民族历来所崇尚的尊老爱幼、悯人助人美德的体现。要实现民本之政与惠民之策,就要致力于发展经济,强国富民,进而感化民众,人人知礼节、知荣辱。此即所谓:"国多财则远者来,地辟举则民留处,仓廪实而知礼节,衣食足而知荣辱。"(《管子·牧民》)由此可见,经济生活是道德生活的基础,并制约着道德生活。"善为国者,必先富民,然后治之。"(《管子·国治》)这是管仲学派基于民本思想对治国之道的精辟总结。

《管子》既强调"以法治国",又重视道德教化的基础作用。治国使众莫如法,禁淫止暴莫如刑。"威不两错,政不二门,以法治国,则举错而已。"(《管子·明法》)这是中国古代典籍中"以法治国"一语的最早表述。立法要顺应天道,"宪律制度必法道"(《管子·法法》)。立法要合乎自然和社会发展规律方能平治天下:"法天地之位,象四时之行,以治天下。"(《管子·版法解》)立法尚需顺乎人性合乎人情,以顺应民心:"政之所兴,在顺民心"(《管子·牧民》)。立法要宽严适度:"威罚之制,无逾于民。"(《管子·君臣上》)法律面前人人平等:"法者,天下之仪也"(《管子·禁藏》),"君臣上下贵贱皆从法"(《管子·任法》)。以身作则,则令行禁止:"禁胜于身,则令行于民矣。"(《管子·法法》)礼法并重,德刑相辅:将礼、义、廉、耻比作维系国泰民安的强大支柱,四者缺一不可。"四维不张,国乃灭亡。"(《管子·牧民》)将道德教化视为国家兴盛的必要条件。与此同时,贵在德法兼容,兴德务法,将"德、义、礼、法、权"(参见《管子·五辅》)视为辅弼国政的要道,并将道德教化与法治效果联系起来,使德法相辅相成,达到"百姓皆说为善"(《管子·权修》)的效果和"法立而不用,刑设而不行"(《管子·禁藏》)的理想状态。

《管子》主张"禄贤能"，致力于建立行之有效的选拔人才制度。管仲为相，即是不拘一格荐举人才的结果，故能注重人才选拔。其用人原则是："德义未明于朝者，则不可加于尊位；功力未见于国者，则不可授以重禄；临事不信于民者，则不可使任大官。"（《管子·立政》）倡导选贤论才，"使民各为其所长"（《管子·牧民》）。国中"慈孝""聪慧""拳勇"出众者得以荐用，任用称职的可以晋升，士经再三审选，可为"上卿之赞"。为避免地方官员压制或埋没人才，规定对那些"蔽明""蔽贤"者论罪严惩，反之则予以奖励。这继承和发展了姜太公"尊贤尚功"（《吕氏春秋·长见》）的用人之道，在一定程度上突破了世卿世禄制，扩大了人才来源，满足了安国图霸的政治需要。

二、老子

关于老子其人，历来存在有不同意见的争论，我们采用《史记·老子韩非列传》所记：老子，姓李，名耳，字聃，楚国苦县厉乡曲仁里人（今河南鹿邑东）。曾任周朝守藏室之史，即管理藏书的官吏。老子年龄比孔子稍长，传说孔子曾问礼于老聃。据说老子看到周室衰微，便退隐，西出函谷关，至秦，莫知所终。在他路过函谷关时，关令尹喜强留他著书，他便写出了五千余言的《道德经》（即《老子》）一书，而后去。（共八十一章，以下所列只标章次）

在《老子》一书中，老子陈述了宇宙观、辩证法、人生哲学和政治理想等多方面的问题，现分别简介于下。

老子对"道"的阐释，涉及对宇宙本体的探讨。他认为："有物混成，先天地生。寂兮寥兮，独立不改，周行而不殆。可以为天地

《中华传统文化经典教师
读本：老子》

母。吾不知其名,字之曰'道'。"(第二十五章)他论述了"人法地,地法天,天法道,道法自然"的人、地、天、道的关系(同上),提出"道法自然"的重要观点。他还论述了"道生一,一生二,二生三,三生万物"(第四十二章)的事物发展过程和演化。所有这些论述,不论它是唯物的或唯心的,也不管其文字如何深奥难解,但从中可以看到它是在对宇宙本体进行探索,突破了殷周以来无上权威人格之天的天命观,走向对宇宙自然本体论的探讨,在这方面《老子》还是起到了首创的作用。

《老子》一书,充满了辩证思维方法,这是大家所共认的。下面只引几段来做出说明:"有无相生,难易相成,长短相较,高下相倾,音声相和,前后相随"(第二章),"祸兮福之所倚,福兮祸之所伏"(第五十八章),都具体说明了事物对立面的相互依存和转化的道理,即所谓"反者道之动"(第四十章)。

把老子上述的理论,应用在人生哲学上,即是崇弱和贵柔。他认为"天下之至柔",可以"驰骋天下之至坚"(第四十三章);"反者道之动,弱者道之用,天下万物生于有,有生于无"(第四十章);论述了弱能胜强,柔能克刚的道理。通过去私、解蔽,以达到"致虚极,守静笃"(第十六章)的境界,返璞归真,"复归于婴儿"(第二十八章),以保持赤子之心。这些思想,为后人提出"淡泊明志,宁静致远"的修养境界,提供了理论基础。

最后,还应当讲到老子在政治理论方面的贡献。一提到老子的政治思想,自然就会想到"小国寡民"(第八十章)和"无为而治"(多处可见),当然这是老子的很重要的政治观,特别是"无为而治",对后世产生着重大影响。其实老子治国安邦的言论还是很多的,在《道德经》的下篇中尤为突出。如"治大国,若烹小鲜"(第六十章);"生而不有,为而不恃,长而不宰,是为玄德"(第五十一章);"民之饥,以其上食税之多"(第七十五章);"民不畏死,奈何以死惧之"(第七十四章);"以道佐人主者，不以兵强天下"（第三十章）；"我有三宝，持而保之：一曰慈，二曰俭，三曰不敢为天下先"（第六十七章）；以至"故圣人云：我无为而民自化，我好静而民自正，我无事而民自富，我无欲而民自朴"（第五十七章）等等，都是治国安邦的重要理论，也是统治者自律的一些良方。因此，司马迁将老子和韩非等放在一起书为《老子韩非列传》，把黄老之术和刑名之学联系起来，是有一定道理的。

2005年10月，中外学者一百三十余人，在老子故里河南鹿邑举行了"弘扬老子文化国际研讨会"，以"自然、科学、发展"为题，对老子的思想进行了多方面的研讨，发表了"鹿邑宣言"，尊老子为"哲学之父"。我们希望对《老子》的研究能有新的突破，并解决一些歧义。

现举例如下：

1．《老子》第四十二章提出："道生一，一生二，二生三，三生万物。"应作何理解？"道生一，一生二"，似乎容易解释，一即指元始的、混沌的宇宙（即道），由此生出天地、阴阳，即周敦颐所说的"一太极，生两仪"。但"二生三"又作何题解？一般的把三解释为"天地人"，即《三字经》所说的"三才者，天地人"，是否如此，尚待研讨。我们是否可以这样认为：由阴（－－）阳（—）组合为"三"而生成万物，即八卦之所由来。

"三"在八卦中，得到了广泛的应用，八卦先提出阴阳的符号（－－、—），然后进行三的排列组合，形成八卦，再将八卦三画加以重叠为六画，组成六十四卦，以此来表明各种事物。这种组合，其中都含有对"三"的应用，这对于先民来说，是一种很高智慧的体现。以此来说明"三生万物"的含义，能否解释得通？请考虑。

2．《老子》第四十八章中提出："为学日益，为道日损，损之又损，以至于无为，无为而无不为。"对"为学日益，为道日损"，过去一般认为二者是对立关系，即知识的增多有损于道的集约，这同老子的"绝圣弃智"（第十九章），"不出户，知天下；不窥牖，见天道"（第四十七章）和"致虚极，守静笃"（第十六章）等思想是一致的。但最近有的学者提出不同的解释，认为"为学日益，为道日损"两者不是因果的对立关系，而是并立的平列关系，为学是越学越多，为道则越守越约，"损"，不是伤害，而是简约，所以最终才能达到"无为"。以上两种意见，都可以考虑，我们则比较倾向于前者。

3.《老子》第五章提出："天地不仁，以万物为刍狗；圣人不仁，以百姓为刍狗。"根据王弼和魏源等人的注解，就是天地不把仁加之于万物，圣人不以仁加于百姓，让其自然发展和消亡，使民、物各随其性，各适其所。这与《老子》第十六章所说的"绝仁弃义"和"绝圣弃智"的思想是一致的。但《光明日报》2009年3月16日刊登的王继如的文章，对"天地不仁，以万物为刍狗"，却做了另一种解释：把刍狗解释为用茅草扎的像狗的祭品，以此解释"天地不仁，以万物为刍狗"的含义。《光明日报》又在2009年6月22日刊登了董京泉的文章《圣人不仁，以百姓为刍狗》，肯定了河上公和王弼的注释，将"刍狗"解释为刍草和狗畜，"天地不仁，以万物为刍狗"，即天地不加仁于物，任万物自化。圣人法天地之意，也视百姓如万物一样，任其自由生长和发展。我们同意董君的诠释。由此看来，一部《老子》，如何得其旨趣，有的问题还须下大功夫。

4.《老子》一直存在不同的版本，当前除了通行的王弼所注的《老子》版本外，又有汉墓出土的帛书《老子》手抄本。在这两种版本之间，不仅有章次上的不同，有的在内容上也有差异，如在《老子》第五十七章中，通行本是"法令滋彰，盗贼多有"；在帛书上则是"法物滋彰，盗贼多有"，一字之差，其意义大不相同，这也增加了对《老子》研究的困难，也提醒我们对问题阐述要慎重。究竟两种版本孰对孰错，留待学者去做结论。

道教将老子的《道德经》尊为主要经典，称为《道德真经》，使道教成为我国特有的宗教，与佛教相互影响，共同发展。因而《老子》不仅是一部哲学著作，而且被奉为宗教经典。宗教家如何诠释《道德经》，又是另一个问题。

《老子》一书，有不同的版本，通行本为三国魏王弼注本，分为八十一章，前三十七章为"道经"，后四十四章为"德经"。1973年长沙马王堆汉墓出土的帛书《老子》，是现在最古老的《老子》手抄本。其中"德经"在"道经"之前，在文字和章次上与原通行本也稍有出入（见前），而且虚字较多，但其主要内容基本相同，由此也可以证明《老子》一书出自老子之手是可信的。

近人高亨《老子正诂》、马叙伦《老子校诂》、朱谦之《老子校释》等，都可以作为学习和研究《老子》一书的参考文献。

三、庄子

庄子，名周（约前369—前286），战国时蒙（今河南商丘东北）人。曾做过管理蒙漆园的小官，所以史称"漆园吏"。他是道家老子的主要继承者与发展者，因而统称为"老庄"。《庄子》一书，成为道家的主要经典，由于庄子在唐天宝元年（724年）被封为"南华真人"，《庄子》一书，即被称为《南华经》，或《南华真经》。

庄子发展了老子的无为思想和辩证方法，进而将老子无为而后有为发展为绝对的无为，将辩证法发展为相对主义。

《庄子》一书，包括内篇7篇，外篇15篇，杂篇11篇，我们选取了内篇中的《逍遥游》《齐物论》《养生主》，外篇中的《马蹄》《秋水》，杂篇中的《天下篇》，下面对这些篇章做些简介和评述，从中了解庄子的基本思想。

《逍遥游》，通过大鹏和小鸠、大椿和朝菌的比喻，说明任何事物的差别都是相对的，没有什么大小、寿夭的区分。一个人如果能够做到"无己""无功"与"无名"，就可以达到"至人""圣人"的超越现实的境界。通过尧让天下于许由的故事，说明只要摆脱功名利禄的干扰，就可以优游自在，保存全真，以实现精神的绝对自由。

《齐物论》，从"道未始有封"的命题出发，论述了道无界限差别，说明任何事物的差异和认识上的是非都是相对的。所谓"彼亦一是非，此亦一是非"，一切争辩都是没有意义的。要求达到齐是非、齐彼此、齐物我、齐寿夭的要求，认为一切美丑、善恶都是相对的。《齐物论》虽然最终走向相对主义，但却以此去掉是非、荣辱的计较，使思想得到彻底解放。

《养生主》，是一篇关于人生哲学的重要论文，通过庖丁解牛，阐明处世和处事的方法，要按照事物的自然法则办事，才能游刃有余。不要以有涯的生命，去追求无涯的奢望，以达到葆天养生的目的。否则将自寻绝路，"以有涯随无涯，殆已"。

《秋水》《马蹄》，也是经常为人们所提到的《庄子》中的两篇巨著。在《秋水》中提出了"无以人灭天，无以故灭命，无以得殉名，谨守而勿失，是谓反其真"的重要思想。在《马蹄》篇中，批判了伯乐相马，使马失其本性而致死的悲剧，来比喻和批判那些所谓善治天下者，其结果却使民失去常性，以此来阐发其返璞归真和永葆天年的主张。

《天下篇》，有人认为非庄子所作，因为其中有对庄周的评论，但就其基本观点来看，还应是庄子学派的思想。本篇从"道术将为天下裂"的争鸣局面出发，评述了先秦各学派代表人物的基本思想和观点，保存了许多重要的思想资料，为研究先秦各家提供了很有价值的资料和论点。为此我们也把它作为选学的篇章。

庄子在《盗跖》和《渔父》两篇中，讲述了两个故事：前者借盗跖之口来辱骂孔子，后者则通过渔父来批判孔子不在其位而谋其政的多事，都反映出儒道两家的不同主张。

总之，庄子将老子的"无为而无不为"的思想，发展为绝对的无为，主张清静、淡泊，以养生延年。他将老子在盈虚、祸福等方面的朴素的辩证法，发展成为对大小、寿夭、是非、得失等相对主义的解释。他发展了老子的"道法自然"的思想，认为道是先天地的客观真实存在；但又认为道"有情有信，无为无形，可传而不可受，可得而不可见"，是世界最高的主宰（见《大宗师》）；还认为道能"神鬼、神帝、生天、生地"，表现出某些泛神论的思想。它将"无为而无不为"发展为绝对的"无为"，除了使思想得到解放以外，也会导致某些消极的影响。庄子的哲学思想（主要是人生哲学），对后世的影响是很大的，无论其积极方面，还是消极方面，都在中国哲学史上起着巨大的影响作用。下面举两个例子，来对他的《齐物论》和《逍遥游》做些具体说明。①"庄子妻死，惠子吊之，庄子箕踞鼓盆而歌。"（《至乐》）在庄子看来，生死乃是自然的变化，虽死犹生，无须为之悲恸；② 庄子在梦化为蝴蝶醒后，提出："不知庄周之梦为蝴蝶与？蝴蝶之梦为庄周与？"他称此为"物化"，其浪漫之思想若是。庄子梦蝶和鼓盆而歌，不仅是文学上浪漫主义的典范，而且在人生哲学上更有着深远的影响。

老子的无为而后有为，庄子的外化而内不化，要做到这些，需要下一番"守虚静"（老子）和"心斋"（庄子）的修养功夫。

《庄子》在美学方面的贡献也是巨大的，他认为自然界本身是最美的，"天地有大美而不言"，在自然美的思想影响下，使中国古代文艺有了自然主义新的发展方向。他豪放的文风，奔放的思想，为文纵横捭阖，旁征博引，更为文学上的浪漫主义开创了新天地。如果说在文学和美学方面，儒家的影响偏重于现实主义，而道家的影响（主要体现在《庄子》书内）则偏重于浪漫主义。儒道结合，就可以把现实主义与浪漫主义结合起来，创造出具有中国特色的文艺理论。

总之，《庄子》一书，对于中国传统文化的影响是深刻和复杂的，在哲学、美学、文艺、宗教等方面，都可以看到它的痕迹。关于哲学、美学、文艺方面的影响，前面已有所涉及，现就其在宗教方面的影响略做陈述。在宗教方面，《庄子》一书又成为道教的重要经典《南华经》，或《南华真经》。由于它对无为和养生思想的发展，使得《南华经》在道教中的地位显得异常重要。因此《庄子》一书，影响巨大，因而《庄子》的传本和注释也是多种多样的，现今的通行本为郭象注本，包括内篇、外篇、杂篇共33篇，一般认为内篇系庄子所著，外篇和杂篇可能杂有门人和后来道家的作品，但基本上也反映了庄子的思想。现今通行本主要有清代郭庆藩的《庄子集释》、王先谦的《庄子集解》等。近人马叙伦的《庄子义证》、王叔岷的《庄子校释》、陈鼓应的《庄子今注今译》等，都颇有新见，值得初学者参考阅读。

四、墨子

墨子，姓墨，名翟，鲁国人，一说宋国人。大约生在孔子死后、孟子生前，约前468—前376年。墨子首创墨家，是春秋战国之际的主要流派，是九流十家中的大家。韩非子在《显学》篇中称："世之显学，儒、墨也。"孟子也说过："杨朱、墨翟之言盈天下，天下之言，不归杨，则归墨。"（《孟子·滕文公下》）足见墨家在当时影响之大。

墨子早年曾师从儒家，《淮南子·要略》中指出："学儒家之业，受孔子之术。"但到后来，由于不满儒家的繁文缛节，又从儒家中分离出来，自成一家。"背周道而用夏政"（同上书），崇尚大禹不怕艰苦、无私奉献的精神，成为儒家的反对派。墨子自称他是"上无君上之事，下无耕农之难"（《墨子·贵义》），是比较接近"农与工肆之人"的"士"阶层，其组织中的墨家成员，也多属社会下层的人员或游侠。墨家成员据说有数百人之多，其领袖称为巨（钜）子，有严格的组织纪律，为了实现其主张，赴汤蹈火，在所不辞。孟子也称其为"摩顶放踵，利天下为之"（《孟子·尽心上》）。

墨子主张兼爱、非攻、尚贤、尚同、天志、明鬼、非乐、天命、节用、节葬等，同儒家展开了一系列政治观点与学术思想的斗争，几乎有压倒儒家的趋势，所以孟子对他的学说进行了严厉的批判。但在墨子的思想中，确有不少是要求"民主""平等"的闪光点，反映出社会下层不满现状的思想，是反映小生产者绝对平均主义的思想倾向。在《鲁问》一篇中陈述了他有关政治和伦理的十大主张："国家昏乱，则语之尚贤、尚同；国家贫，则语之节用、节葬；国家憙音湛湎，则语之非乐、非命；国家淫僻无礼，则语之尊天、事鬼；国家务夺侵凌，则语之兼爱、非攻。"十大主张的核心是"兼爱"。现将其主要思想"兼爱""尚贤""节用"等简略说明如下。

关于"兼爱"，墨子在《兼爱》诸篇中详细地论述了此观点，主张"兼相爱，交相利"，反对"别相恶，交相贼"。为了"兴利除害"，他提出"兼以易别"的主张，并由此提出"利人乎即为，不利人乎即止"的行为准则。认为如果人人都能做到"兼相爱"，即可以达到"夫爱人者，人必从而爱之；利人者，人必从而利之"。这样就可以协调个人利益与他人利益的关系，以实现人我共同受益。墨子的兼爱思想，虽然包含有利人和利己的共同利益，但在当时的社会中是一种难以实现的理想；相反的，儒家的爱有差等的主张，倒能为社会所接受。

在政治思想上，墨子提出"尚贤"的问题，所谓"尚贤"，即崇尚贤才，墨子把"尚贤"视为"为政之本"。并认为"国有贤良之士众，则国家之治厚；贤良之士寡，则国家之治薄"，对贤良之士，要做到"以德就列，以官服事，以劳殿赏，量功而分禄"，充分发挥他们在政权中的作用。他还提出"官无常贵，而民无终贱，有能则举之，无能则下之"（以上所引见《尚贤》诸篇）等等，这些思想，在今天仍不失其光辉。

在《节用》和《节葬》诸篇中，他以古圣王为例，详细地论述了圣王所制定的节用之法，包括衣食住行、生死丧葬等多方面的规定和实施，指出凡是"诸加费，不加民利者，圣王弗为"，以此来反对当时统治者的繁文缛节和骄奢淫逸。

由于墨家提倡"兼爱"与"非攻"，为了反对战争，在军事技术方面有很大的发展，现以《公输》一篇为例来做说明。墨子为了止楚攻宋，"起于齐，行十日十夜而至郢，见公输盘"，通过论辩和攻防的模拟对演，战胜了公输盘，说服了楚王，最终化解了楚攻宋的一场战争。这篇论文，不仅具体说明了墨子的非攻思想，也是了解墨家有关科技成就的重要文献。

墨家从其经验论出发，在认识论方面提出"取实予名""察类明故"的观点，以及"言必有三表"的"三表法"。三表法，即"有本之者，有原之者，有用之者"，也就是"上本之于古者圣王之事"，即以历史经验为依据；"下原察百姓耳目之实"，即以众人的感受为依据；"废（发）以为刑政，观其中国家百姓人民之利"，即看它实行的效果如何（见《墨子·非命上》）。墨子的"三表法"，包含有许多值得批判继承的内容。后期墨家克服了狭隘的经验论，也杜绝了墨子用"三表法"证明鬼神存在的错误思想，使认识论有了进一步的发展。后期墨家不但在认识论方面有所发展，而且在逻辑学方面有很大的贡献。《墨辩》将"故"（事物的原因和条件）分为"小故"和"大故"。"小故"即"有之不必然，无之必不然"；"大故"即"有之必然，无之必不然"。所以，凡事要"明其故"（《非攻》），追溯事物之"所以然"，弄清事物之客观依据，才能正确行事。在《墨经》中还保留了许多古代科技资料，也是墨家的重要贡献。到汉代"罢黜百家，独尊儒术"之后，墨家便销声匿迹。直到近代，才有人提出对墨学的研究，墨家又作为一派走进科学殿堂。解释《墨子》的通行本有清代孙诒让的《墨子闲诂》，郭沫若在《青铜时代》中有《墨子的思想》专章、在《十批判书》中有《孔墨的批判》，都可作为学习和研究的参考。

五、荀子

在春秋战国诸子百家中，主要的是儒、道、墨、法四家。儒家的主要代表人物及其著述，即孔子、孟子及《论语》《孟子》，已在"四书"中做了解读，现再将儒家中另一派别，荀子及其著作《荀子》，做些简介。

荀子，名况，时人称为荀卿，汉代因避宣帝讳，改称孙卿。战国末期赵国人，生卒年月不详，他生活在前298年至前238年，是我国古代著名的思想家、政治家和教育家。他是先秦诸子中的一位大师，集百家之大成，创建了荀学。孔子讲仁，孟子讲义，荀子讲礼。荀子讲的礼已倾向于法纪，使儒家向法家发展。其弟子甚多，法家的韩非、李斯，都曾受教于他。他曾活动于齐、楚、赵、秦等国，在齐国讲学于稷下学宫，三为祭酒（主持人）。最后返楚，春申君任他为兰陵令，终于此。

荀子在哲学上发展了古代的朴素唯物论，在天道观上提出了唯物主义的天道观思想："天行有常，不为尧存，不为桀亡"，说明天是按照自然规律在运行，打破了当时把天命看作是至高无上的"天人合一"的观念。他还提出了"天人相分"的观点，天、地、人各有其所能和所不能，如"天有其时，地有其财，人有其治"，但"天能生物，不能辨物；地能载物，不能治人"（《荀子·礼论》）。人能"制天命而用之"（《荀子·天论》），如果"错人而思天，则失万物之情"（《荀子·天论》），要求人发挥能动的作用。人在天的面前，不是无所作为的，"制天命而用之"的人定胜天的思想，这在当时来说，是一种极为难能可贵的思想，是巨大的历史进步。

荀子在人性问题上，提出与孟子性善论不同的"性恶论"，他认为"人之性恶，其善者伪也"，就是说人的本性是恶的。在荀子看来，"目好色，耳好声，口好味，心好利，骨体肤理好愉佚"，都是人的天性，说明人的本性是恶的。人性如何从恶变为善，则是后天环境的影响和教育的结果。为此，他特别重视环境的影响和教育的作用，指出只要通过学习，做到"积"与"渐"，人就能改恶向善，"涂之人可以为禹"。（以上所引见《荀子·性恶》篇）孟子讲性善，更多的是讲的人的社会属性；荀子讲性恶，更多的是指人的自然属性，两者都有一定的缺陷。但从中引申出"内省"与"外铄"两条不同的教育路线，如果使二者结合，对我们今天的教育工作仍有借鉴意义。荀子的性恶论，为以后法家的形成提供了一定的理论依据。

荀子基于他的天道观和人性论，提出了"明分"的主张，从天人之分到人群之分，这样，"明分"就成为荀子的社会观和政治观。通过"明分"，对人的社会地位进行确定，然后按其所处的位置、职业、能力等的差别，来决定其待遇和财物的分配，使其贪欲的本性得到正当的满足，权势得到量力的安排，财务得到合理的处置，以求得社会的安定。如他在《荀子·富国》篇中所说的"兼足天下之道在明分"，"救患除祸，则莫若明分使群矣"。有了"明分"，就会使"德必称位，位必称禄，禄必称用"（《荀子·富国》），就会"隆礼尊贤而王，重法爱民而霸"（《荀子·天论》），进而达到社会安定。这是荀子针对当时社会混乱而提出的治安之策，在今天仍不失其参考价值。

荀子在教育上的贡献也是巨大的，以《劝学》篇为例来做些说明。在此篇中，开宗明义即指出"学不可以已"的学无止境的问题，以"青，取之于蓝，而青于蓝"，来激励学者向更高的目标前进，也成为奖掖后进的一句名言。书中还提出，在学习中要做到"入乎耳，著乎心，布乎四体，形乎动静"，使闻、见、知、行有机地结合起来；要加强环境和教育的影响和作用，以"蓬生麻中，不扶自直"为例做了形象的说明；强调"学莫便乎近其人"，要重视尊师交友；特重"德操"的培养，最后要达到"君子贵其全也"的完人目的。

荀子在教育中，对于礼、乐是极为重视的，他专写了《礼论》和《乐论》两篇。荀子的"礼"已接近于法纪，前面已经提到，不再赘述，仅对《乐论》做些说明。其《乐论》，与《礼记》中的《乐记》相配合，可以弥补《乐经》的缺佚。在《乐论》中提出了有关乐理和乐教等多方面的问题，如说"乐者，乐也，人情之所必不免也"，它"发于声音，形于动静；而人之道，声音动静，性术之变尽是矣"。在乐的作用方面，提出了"声乐之入人也深，其化人也速"，通过乐的实施可以达到"乐行而志清，礼修而行成，耳目聪明，血气和平，天下皆宁"的"美善相乐"的境地。《乐论》在全面地论述了乐在"移风易俗"方面的巨大作用的同时，还批判了"姚冶之容""郑卫之声"，捍卫了音乐的纯洁性。

《荀子》一书，在文风上也有它的特色。不但说理清晰、论辩透辟，而且善于用喻，具体深邃地说明问题；更为其所特有的是善用骈体，有的还用韵语，并著有《赋》篇，为后世赋体的形成作了先导。荀子对美学的贡献，也是极为突出的，如对山林川谷的自然美，对文学、诗、乐的艺术美都有精辟的论述，在《乐论》中提出了"美善相乐"的重要思想。

荀子虽做出了上述的重大贡献，但由于他在天道观和人性论等方面与孔、孟的思想相左，因而在长期以理学为主导的儒家正统思想的统治下，荀子的思想只是在后儒少数人中传播，成为儒家的别派，没有得到应用和发展。直到晚近，《荀子》的研究才被提上日程。清代王先谦的《荀子集解》，近人梁启雄的《荀子简释》，郭沫若在《十批判书》中《荀子的批判》，都可以作为学习和研究《荀子》的参考。

六、韩非子

韩非子（约前280—前233），是韩国的贵族，法家的集大成者。

讲到法家，不能不提到法家思想的先驱，可以追溯到春秋时期的管仲（齐）、子产（郑）和战国时期的李悝（魏）、吴起（卫）等。但真正使法治理论走向完善和以法治国最终走向统一的是秦国的商鞅、韩非、李斯等，因而法家中有"管商之法""商韩学派"之称。

韩非，口讷，不善言谈，却善于为文。在他之前，商鞅重法，即重视法制条款的厘定，主张以严刑杜绝犯罪；申不害重术，强调君王要有驾驭臣民的手段和策略；慎到重势，强调提高君王的权力和地位是执法必不可少的手段。韩非吸取了上述三人的成果并检讨了三人的偏颇，将法、术、势统一起来，建立起以法为核心的制法、处势和行术统一的完整法学理论，成为法家的集大成者。后来秦国以此维系和巩固帝王的权威和统治，建立起中央集权的国家制度。

韩非本是韩国贵族，曾多次上书韩王，要求变法，但不见用。他对韩王不务修明，造成"儒者以文乱法，而侠者以武犯禁"，"所养非所用，所用非所养"的局面极为不满，"故作《孤愤》《五蠹》《说难》等十余万言"（《史记·老子韩非列传》）。其所著为秦王政（即后来的秦始皇）所见，大加赏识。韩王安五年（前234年），韩非为韩王出使至秦，即为秦所重用。韩非和李斯都师从过荀子，李斯自以为不如韩非，便与姚贾向秦王屡进谗言，乃使其下狱，韩非后被迫服毒自杀。司马迁在《史记·老子韩非列传》中叹曰："余独悲韩子为《说难》，而不能自脱耳！"也就是说，他能写出《说难》，却不能用其解脱自身的危难。

韩非所处之世，已是周室衰微，礼崩乐坏，战乱频仍，僭越成风，臣弑其君者有之，子弑其父者亦有之。儒家的仁义礼乐、墨家的兼爱非攻、道家的归真返朴，都不可能挽救时弊，为世所用，只有以法为教，以吏为师，厉行赏罚，奖励耕战，才能富国强兵，实行统一，这就是法家盛行时的社会背景。

韩非在哲学思想上，继承了荀子的唯物论，并把人性恶作为实行法治的理论根据，完成了他的法、术、势统一的法学论著，为秦国统一六国，建立君王具有无上权威的中央集权制提供了理论根据。他强调"缘道理以从事"，反对"无缘而妄意度"，并提出"循名实而定是非，因参验而审言辞"（《奸劫弑臣》）等科学的处事方法。

韩非在社会观上也是比较进步的，他将社会发展分为上古、中古、近古和当今几个阶段，认为历史是在不断变化和前进的，主张"世异则事异""事异则备变"（《五蠹》）的社会历史发展观和社会变革论，这些思想都为后世的社会改革家所采用。法家的思想，虽在秦亡之后，几乎处于被遗弃的境遇，但在后世的改革家中，又常是以外儒内法或儒法并用的形式出现。看来，法家思想利于改革，而儒家思想则利于守成。王安石在变法中，就以"三不足"（"天命不足畏，祖宗不足法，人言不足恤"）来替代儒家的"君子有三畏"（"畏天命，畏大人，畏圣人之言"），就是证明。

《韩非子》一书，不仅集法家思想之大成，还有不朽的文学价值。韩非子学识渊博，文风犀利，辩论透辟，而且善于运用比喻，其书中所包含的历史故事和寓言故事，在先秦文学中堪称首位，如大家所熟悉的"自相矛盾""郑人买履""买椟还珠""守株待兔""老马识途""滥竽充数"等等寓言故事，都出自《韩非子》一书。我们可以这样说，寓言故事以先秦为最多，而《韩非子》尤居第一。因而要学习中国古典文化，《韩非子》是一本不可不读的典籍。下面仅就其中三个寓言故事，做些原文摘录及评析。

自相矛盾　"楚人有鬻楯与矛者，誉之曰：'吾楯之坚，莫能陷也。'又誉其矛曰：'吾矛之利，于物无不陷也。'或曰：'以子之矛，陷子之楯，何如？'其人弗能应也。"（《难一》）这个故事，说明一个鬻楯和矛的人，既夸耀其楯之坚，又吹嘘其矛之利，结果陷于无法自圆其说的矛盾。这个故事，言简意明，文风尖锐泼辣，其所用的矛与楯是现在"矛盾"一词和"自相矛盾"这一成语的渊源。

郑人买履　"郑人有欲买履者，先自度其足，而置之其坐。至之市而忘操之。已得履，乃曰：'吾忘持度！'返归取之。及返，市罢，遂不得履。人曰：'何不试之以足？'曰：'宁信度，无自信也。'"（《外储说左上》）这个买鞋的人，宁可相信他所量的尺寸，也不相信自己的脚，以此嘲笑和讥讽那些只相信法度、而不相信实际的泥古不化的保守派，这个故事是一篇极好的讽刺寓言。

滥竽充数 "齐宣王使人吹竽，必三百人。南郭处士请为王吹竽。宣王悦之，廪食以数百人。宣王死，湣王立，好一一听之，处士逃。"（《内储说上》）这篇短文，寥寥数语，把那些没有真才实学、全凭吹牛拍马骗取高官厚禄的所谓"学者"或官员形象刻画得淋漓尽致，是一篇极具讽刺意义的寓言。今天，"滥竽充数"是一句为群众广泛使用的成语，除用来讽刺那些不称职的所谓"学者"和官员外，有时也用作自谦之词。

从以上三篇寓言中，韩非的思想和文风可见一斑。

《韩非子》一书，共55篇，为后人所编辑，其中少数篇章疑为后人所作，但大多数是出自韩非之手，而且是先秦文献中窜乱较少的典籍。注释有清代王先慎的《韩非子集解》，近人梁启雄的《韩非子浅解》、陈奇猷的《韩非子集释》，郭沫若在《十批判书》中的《韩非子的批判》，都可作学习和研究参考。

七、孙子

孙子，包括了孙武和孙膑，主要是指孙武，因而《孙子兵法》也是指孙武所著的兵法。对这个问题，也曾有过不同意见的争论。司马迁在《史记》的《孙子吴起列传》中，也是讲了孙武和孙膑两个人。1972年山东临沂银雀山汉墓出土汉简兵书，也证实了这个问题。根据出土的竹简记载，《孙子兵法》和《孙膑兵法》是两个时期的两部兵书：一部是出自春秋末期吴国孙武所著的《孙子兵法》，另一部是战国时期齐国孙膑所著的《孙膑兵法》。孙膑与孙武相距100多年，孙膑是孙武的后代。现简介如下。

孙武 春秋末期兵家，生于齐国安乐（今山东惠民）。后入吴，被吴王阖闾任为大将，所以也称"吴孙子"。孙武初入吴，以女兵作训练示范，吴王两爱姬任队长，因玩忽职守，违纪被诛。吴王乃深知其善用兵，封为大将。（见《史记·孙子吴起列传》）

《中华传统文化经典教师
读本：孙子兵法》

孙武为吴国"西破强楚""北威齐、晋"，对吴国称霸起了重要作用。他所著的兵书，即《孙子兵法》，共13篇。在首篇《始计篇》中，开宗明义就提出："兵者，国之大事，死生之地，存亡之道，不可不察也。"并指出决定战争胜败的基本因素为"五事"和"诡道十二法"。

五事　"一曰道，二曰天，三曰地，四曰将，五曰法。道者，令民于上同意也，故可以与之死，可以与之生，而不畏危；天者，阴阳、寒暑、时制也；地者，远近、险易、广狭、死生也；将者，智、信、仁、勇、严也；法者，曲制、官道、主用也。凡此五者，将莫不闻，知之者胜，不知者不胜。"（《计篇》）所谓道，就是最高的法则，也就是政治的功能，让民众认同、拥护，能做到与君国同生死，而不怕危险。所谓天者，就是指"天时"，包括昼夜、阴晴、冷热、四季节候的变化。所谓地者，就是指"地利"，包括路途远近、地势的险要和平坦、宽广和狭窄、地形对于作战的利弊。所谓将者，指将帅的足智多谋，赏罚有信，关爱部属，勇敢坚毅，树立威严。所谓法者，包括各种法制，各级组织的建设，各级将兵的管理，军需物资的供给等等，都要全部就绪。这五个方面，作为将帅都应全部掌握，能充分了解的，就能打胜仗，反是即反之。

诡道　兵不厌诈，所以说"兵者，诡道也。故能而示之不能，用而示之不用，近而示之远，远而示之近。利而诱之，乱而取之，实而备之，强而避之，怒而挠之，卑而骄之，佚而劳之，亲而离之。攻其无备，出其不意。此兵家之胜，不可先传也"（《计篇》）。在这里提出了十二条诡道，即：能打，却装作不能打；能用兵，装作不能用兵；要向近处进攻，却佯装要打远处；要进攻远处，却佯做要进攻近处；敌人贪利，就用利来引诱他；敌人混乱，就乘机攻取他；敌人力量雄厚，就要备而不战；敌人势强，就要暂时避其锋芒；敌人怒暴，就要折损他的锐气；敌人卑怯，就要设法使他骄横；敌人休整得好，就设法使他疲劳；敌人内部团结，就要设法进行离间。以上所指出的十二条"诡道"，有的在我们的游击战争中已经创造性地加以运用，如"敌进我退，敌驻我扰，敌退我追，敌疲我打"。能够做到"攻其无备，出其不意"，则是兵家制胜之道。

在《谋攻篇》中提出"知彼知己者，百战不殆"和"不战而屈人之兵，善之善者也"等重要的战略思想。在其他各篇中具体分析了克敌制胜的关键，在于全面地分析敌我、众寡、强弱、攻守、进退、劳逸、虚实等矛盾及其巧妙运用和促其转化的战略战术，指出"兵无常势，水无常形，能因敌变化而取胜者，谓之神"（《虚实篇》）。总之，一部兵书，充满了辩证思维和方法。

《孙子兵法》，在后世不仅应用于军事，而且广泛应用于生活的多个领域。在科举中，《孙子兵法》也被列为武科的考试科目，它是中国古典文化遗产中一颗璀璨的明珠。它不仅在中国，而且在世界上久负盛名。在8世纪，《孙子兵法》通过日本留学生传入日本；18世纪，又传入欧洲。现有日、英、法、俄、德、捷、越等多种语言的译本。

孙膑　战国时期的兵家，生于齐国阿、鄄之间（今山东阳谷）。齐威王任其为军师，为了区别于孙武，也称"齐孙子"。司马迁在《史记·孙子吴起列传》中说："孙武既死，后百余岁有孙膑。膑生于齐阿、鄄之间，膑亦孙武之后世子孙也。"并记叙了孙膑与庞涓曾一起学兵法，庞涓自以为其能不及孙膑。庞涓任魏国将军后，乃阴使人召孙膑至魏，以法刑断其两足。后孙膑转到齐国，齐将田忌推荐孙膑于齐威王，齐威王向其问兵法，遂任为军师。后魏伐赵，赵求救于齐，在孙膑的主导下，打败魏军，名显天下。庞涓因兵败自刎。

孙膑用兵，善于因敌、因地、因阵法而制宜，以奇制胜。他强调作战要具体分析敌我双方的条件，做到"内得其民之心，外知敌之情"（《八阵》），即能够做到寡可以敌众，弱可以胜强。

《孙子兵法》，有杜佑等十家注，曹操不满意十家之注，又为之作"序"（附后）和注解。

孙子序

[三国] 曹　操

操闻上古有弧矢之利，《论语》曰"足兵"；《尚书》"八政"曰"师"；《易》曰"师贞丈人吉"；《诗》曰"王赫斯怒，爰征其旅"。黄帝、汤、武咸用干戚，以济世也。《司马法》曰："人故杀人，杀之可也。"恃武者灭，恃文者亡。夫差、偃王是也。圣人之用兵，戢而时动，不得已而用之。吾观兵书战策多矣，孙武所著深矣。孙子者，齐人也，名武，为吴王阖闾作《兵法》一十三篇，试之妇人，卒以为将，西破强楚入郢，北威齐、晋。后百岁余有孙膑，是武之后也。审计重举，明画深图，不可相诬。而但世人未之深亮训说，况文烦富，行于世者，失其要旨，故撰为略解焉。

曹操在这篇序文中，说明他注解《孙子兵法》的用意，在"序"中还概述了古人和古籍有关用兵的言论，并指出用兵的目的在于匡世济民，是不得已而用之。他还强调指出"恃武者灭，恃文者亡"，批评了两种极端对立的行径。曹操在"序"中还指出，《孙子兵法》是在所有兵书中持论最深奥的一部，而世之注者多行文烦琐，失其要旨，因而他才为其作序和注解，以行于世。

通过这篇序言，我们不仅可以看到一位伟大的军事家对《孙子兵法》的评价，更可以看到他对战争所持的态度。

今人郭化若作《孙子今译》，还有多种外文译本。

八、名家

名家是先秦时期诸子百家之一，西汉司马谈《论六家要旨》的"六家"（阴阳、儒、墨、名、法、道德）之一。"名家者流，盖出于礼官。古者名位不同，礼亦异数。"（《汉书·艺文志》）这是名家起源的经典表述。其实，先秦诸子著作中并无"名家"称谓，而是称"刑（形）名之家"，见于《战国策·赵策》；或称"讼者"，见于《吕氏春秋·离谓》；或称"辩者"，见于《庄子》等书。名家针对当时社会"名""实"不符的现象展开辩论，诠释"历物诸题""辩者诸事"诸命题，在论辩中丰富了中国的逻辑思想。著名的代表人物有邓析、惠施、公孙龙三子。

邓析子　春秋末期郑国大夫邓析（约前545—前501），尊称邓析子或邓子，是中国古代第一位著名的"讼者"或"讼师"，堪称名家学派之先驱。

邓析为郑国大夫，与子产同时代，但政见不同。"子产治郑，邓析务难之。"（《吕氏春秋·离谓》）邓析不满于子产所铸刑书，私造刑法，书之于竹简，故称"竹刑"。邓析聚众讲学，传授刑法常识及诉讼之术，且助人诉讼，以至于"学讼者，不可胜数"。《吕氏春秋·离谓》言邓析"以非为是，以是为非，是非无度，而可与不可日变。所欲胜因胜，所欲罪因罪。郑国大乱……"刘向称邓析"好刑（形）名，操两可之说，设无穷之辞"（刘向《邓析子校叙》）。《荀子·非十二子》评邓析："不法先王，不是礼义；而好治怪说，玩绮辞。甚察而不惠，辩而无用，多事而寡功，不可以为治纲纪。然而其持之有故，其言之成理，足以欺惑愚众。是惠施、邓析也。"鉴于此，邓析最终为郑国大夫驷歂所诛，不足为奇。

《汉书·艺文志》名家类著录《邓析》二篇，可惜已散佚。《邓析子》今存《无厚篇》《转辞篇》二篇。《无厚篇》提出"天于人""君于臣""父于子""兄于弟"皆"无厚"的平等观念，论及"循名责实，察法立威"的明王之道，劝勉君王应以平等之心善待臣民，与臣民共谋"治世"，实现共生共荣，其"民本"思想显而易见。《转辞篇》以婉转之言辞，阐明君主"任臣之法"，强调"循名责实"，"按实定名"，"参以相平，转而相成，故得之形名"；强调"缘身而责名，缘名而责形，缘形而责实"的治世之道。《邓析子》或谓"虽真而残"，或谓后人托名所作，但其思想价值不可小视，其中蕴含邓析及后学思想，对后世"辩者"及名家产生了深刻影响。

惠子　惠子即惠施（约前370—约前310），相传为战国时期宋国人，曾任魏相，与庄子为友，《汉书·艺文志》著录《惠子》一篇已佚，《庄子》书中有大量惠施的言谈与学说，《荀子》《韩非子》《吕氏春秋》等书也有对其思想的记载。与邓析子"无厚"论相应，惠子提出"去尊"（《吕氏春秋·爱类篇》）的平等观。尽管荀子评价惠施"弊于辞而不知实"（《荀子·解蔽篇》），但提出"泛爱万物"（《庄子·天下篇》）及"惠民""非约思想"，反对用暴力统一天下，实为难能可贵。　庄子多称其"善辩"，为"晓辩者"，如《庄子·天下篇》，"惠施卒以善辩为名"，"惠施以此为大观于天下，而晓辩者。天下之辩者相与乐之"。

惠施是名家"合同异"派的主要代表人物。《庄子·天下篇》保存了惠施的"历物十事"，即分析物理的十个命题，其中贯穿着"合同异"思想。在惠施看来，万物各有"自相"，所以"万物毕异"；与此同时，万物又都有一些"共相"，所以"万物毕同"。"大同而与小同异，此之谓小同异；万物毕同毕异，此之谓大同异。"即是说，事物之间有"大同"与"小同"的差别，这就叫"小同异"；从本质上说，可以认为万物是"毕异"的，也可以认为万物是"毕同"的，万物都相同又都有不同，这就叫"大同异"。归根结底，事物的相同和差别是相对的，都处于统一体之中，部分物我，部分彼此，进而得出"泛爱万物，天地一体"之论。此与庄子"天地与我并生，而万物与我为一"（《庄子·齐物论》）之论，有异曲同工之妙。

公孙龙子 公孙龙（前320—前250），字子秉，战国时期赵国人。著有《公孙龙子》十四篇，今只残留六篇，是研究公孙龙哲学观点和逻辑思想的重要史料。《公孙龙子·迹府篇》记载："公孙龙，六国时辩士也。疾名实之散乱，因资材之所长，为守白之论。假物取譬，以守白辩，谓白马为非马也。……欲推是辩以正名实，而化天下焉。"显然，公孙龙乃一"辩士"，实为名家，以"守白之论"而著称，以"正名实而化天下"为己任。做过赵国平原君的门客，曾游说燕昭王、赵惠王"偃兵"："偃兵之意，兼爱天下之心也。"（《吕氏春秋·审应篇》）

《公孙龙子》中《白马论》与《坚白论》两篇，分别提出了"白马非马"和"离坚白"等论点，公孙龙因而成为"离坚白"派主要代表人物。在公孙龙看来，"坚"和"白"是两个分离的共相，万物各自独立而互不相同，即使一物之中的各种属性也互不相关。例如，眼不见石之坚，而只见石之白，故曰"无坚"；手摸不着石之白，而只能触及石之坚，故曰"无白"。可见，"坚"与"白"是互相分离、各自独立存在的。由此断言，"离也者，天下故独而正。"相较而言，惠施主张"合同异"，虽然也讲"离"，但最终还是讲求"合"，更加强调统一性；相对而言，公孙龙主张"离坚白"，虽然也讲"合"，但最终还是讲求"离"，更加强调差异性。两者尽管各有侧重，看似各执一端，但都不是绝对的，有"离"就有"兼"，有"分"就有"合"，有"异"就有"同"。后期墨家认为石之"坚"性和"白"性互相包含，明确主张"坚白相盈"，由此推进了逻辑学的进步。

《公孙龙子·名实论》主张"实其所实"，"位其所位"，"正其所不正"，"正其所实者，正其名也"。《公孙龙子·通变论》反对"名实无当"，认为名实混乱则"君臣争"；君臣交争则"道丧"；治道沦丧则"无有以正"；邪恶充斥，号令不一，必然带来是非淆乱，政治昏暗。归根结底，名实正当方能治道清明，治道清明方能平治天下。

以上是关于诸子的简介。其他各家，除了农家许行和小说家宋钘（《汉书·艺文志》著录《宋子》十八篇，列入"小说家"，已佚，其主张只在《孟子》《荀子》和《庄子》中可见）无专著外，阴阳家、纵横家、杂家等尚有著述可选介，只有留待以后来补遗了。在先秦诸子中，只选了儒、道、墨、法四大家，外加孙子和名家。对各家的简介与评析，也很肤浅，其中难免有错漏之处，渴望方家指正。

第六讲　史书解说

史，原指史官，在西周时期，王室即设有史官，掌管祭祀和记事等事。后来将其所记之事也称为史，即史书。史书，是社会发展、国家兴衰的实录，"以史为鉴，可以知兴替"。

从有文字开始，就有了史的记载。最早出现的甲骨文和金文，虽系卜筮之辞，也可以算作最早的历史记录。在甲骨文的卜辞上，已经记有年、月、日、地点、事件和人物等，可视为史书的萌芽作品。

《尚书》（虽多为后人所作）可视为上古的历史文献汇集。在《尚书·多士》篇中就提出"惟殷先人，有册有典"，说明在当代已有史书存在。《尚书》中的《金縢》《顾命》两篇，所记事实，已相当完整，表明历史记载又前进了一大步。

《诗经》中的《玄鸟》《生民》等篇，用诗的形式记述了商、周两代祖先的来源和活动，如"天命玄鸟，降而生商""厥初生民，时维姜嫄"……都是有关历史的记载，是史诗的启蒙作品。

春秋战国时期，我国文化已有了很大的发展，不仅专设史官，同时出现了编年体的历史记载，如鲁之《春秋》、晋之《乘》、楚之《梼杌》等，也有了一些记人和论事的历史记载，如《国语》《战国策》等，都可算作后来纪传体与编年体史书的雏形。《春秋》"三传"，特别是《左传》，以鲁之《春秋》为纲，提供了大量春秋时期的历史资料，为史书的创作奠定了基础。

孔子改作《春秋》，增加了史书中"寓褒贬，别善恶"的内涵，文字虽短，少者只有几个字，却使史书在史事、史文之外，又增添了史义。《孟子·离娄下》中记录了孟子的评说："其事则齐桓、晋文，其文则史。孔子曰：'其义则丘窃取之矣。'"这样，就形成了史学的三要素：即史实、史文和史义。所谓史义，也就是后世所称道的寓褒贬于行文之中的"春秋笔法"。孟子曾说过："孔子成《春秋》，而乱臣贼子惧。"（《孟子·滕文公下》）这样在修史方面，就有了史德、史实和史文等多方面的要求。有的书又把它概括为"史家的四长"：刘知几在《史通》中提出史才、史学和史识三方面的要求；章学诚在《文史通义》中又加上了史德；梁启超认为史德最重要，次史学，又次史识，而史才居末，都可以作为读史的参考。①

我国的史书，浩如烟海。除正史外，还有稗史和野史，其他如传状、碑志、宗谱等等，更是不计其数，这些都为修史提供了必要而丰富的历史资料，诸如历史事实、人物传记、风土人情等等，都是取之不尽、用之不竭的史学资料。

我国的史书，就正史来说，有从《史记》到《明史》的二十四史，还有如《资治通鉴》和各种纪事本末等各种不同体裁的史书。现仅就三个主要体例的代表作：纪传体的《史记》、编年体的《资治通鉴》和纪事本末体的《通鉴纪事本末》，做些简介与评述；并对与此有密切关系的《汉书》和《续资治通鉴》，做些简略说明。最后还附带谈谈具有某些特点的《魏书》和《新五代史》。

一、《史记》

《史记》，由司马迁（前145—前86）撰写，是中国最早的一部纪传体通史，上起轩辕，下讫汉武，历时数千年，包容了数百个历史人物。本书在司马迁逝世后才传世，初名《太史公书》《太史公记》等，到魏晋时

---

① 邱燮友等编著：《国学课》，三联书店2007年版，第70页。

期，才定名为《史记》，实现了他
"藏之名山，传之其人"的夙愿。

《史记》首创我国纪传体的史书
体例，建立起本纪、世家、列传、
表、书五体结构。班固撰《汉书》，
对其体例略加改动，形成了"纪、
传、志、表"四体结构的断代史史学
体例，为尔后的史书所沿用。

《中华传统文化经典教师读本：史记》

《史记》共一百三十篇："本纪"
十二，记帝王之事，并为各代之纲；"表"十，以列表提要汇总各个时期的
大事；"书"八，系统记述政治、经济、文化等方面的典章制度；"世家"
三十，记诸侯、重臣等的事迹；"列传"七十，记述各种代表人物及其他民
族风情等。一部《史记》，不仅位列"二十四史"之首，而且为后史垂范。

司马迁秉承他父亲司马谈的遗志，继任太史令。为了撰写这部从轩
辕（黄帝）到汉武的通史，他不但广泛阅览了藏书室（金匮石室）的图书
资料，而且周游全国，广泛收集有关资料，体察各地的风俗民情。正如他
在《太史公自序》中所说的："二十而南游江、淮，上会稽，探禹穴，窥
九疑，浮于沅、湘，北涉汶、泗，讲业齐、鲁之都，观孔子之遗风，乡
射邹、峄，厄困鄱、薛、彭城，过梁、楚以归。"回到京都之后，"仕为郎
中"，又"奉使西征巴、蜀以南，南略邛、笮、昆明，还报命"。以后又随
从汉武帝巡狩、封禅，游历了很多地方。这些社会实践活动，丰富了他的
历史和社会生活知识，扩大了他的胸怀和眼界，接触了社会下层群众，增
强了他与人民的联系和感情，使《史记》具有了较强的社会性和人民性的
特点。如他在《报任安书》中所讲："网罗天下放失旧闻，考其行事，稽
其成败兴坏之理。"丰富了他的写作内容。在不幸因李陵事下狱后，他忍辱
负重，把全部精力投入到《史记》的写作中去，终于完成了这部史无前例
的伟大巨著，实现了他的"究天人之际，通古今之变，成一家之言"的宏

愿，完成了一桩千秋功业。

《史记》作为一部史书，不论是体例，还是内容，都是开创性的杰作，而且这样一项巨大的工程，竟完成于他一人之手，这不只是空前的，也是绝后的。《史记》不仅在国内，而且在国外，都有着广泛的影响，是中国人民对世界文化的卓越贡献！这是中国人民的骄傲。

现将其特点简述如下。

（一）首创纪传体的史学体例，为后来的史学树范

以人写史，以史论人，是纪传体的基本特点。通过纪传体，把历史编年和论事结合起来，使记事和论人更为完整，避免一事一人的分割和支离，给读者以完整的概念和系统。《史记》中所写的人物，包括了社会各个阶层的人物，反映出社会各个方面的情况和问题。正如梁启超在《要籍解题及其读法》一书中对《史记》所作的评述："后世诸史的列传，多借史以传人；《史记》的列传，惟借人以明史。故与社会无大关系之人，滥竽者少。换一方面看，立传之人，并不限于政治方面，凡与社会各部分有关系之事业，皆有传为之代表。以行文而论，每叙一人，能将其面目活现，又极复杂之事项，例如《货殖列传》《匈奴列传》《西南夷列传》等所叙，皆能剖析条理，缜密而清晰，其才力固自夐（xiòng）绝。"日本史学家斋藤正谦在《史记会注考证》中也说过这样的话："子长（司马迁字子长）同叙智者，子房有子房风姿，陈平有陈平风姿；同叙勇者，廉颇有廉颇面目，樊哙有樊哙面目；同叙刺客，豫让之与专诸，聂政之与荆轲，才一出语，乃觉口气各不同。……读一部《史记》，如直接当时人，亲睹其事，亲闻其语，使人乍喜乍愕，乍惧乍泣，不能自止，是子长叙事入神处。"[①] 这些评论是比较全面和中肯的。《史记》通过不同人物的描述和评说，勾画出了一部波澜壮阔的史卷，再加以"表""书"的整编和补充，

---

① 转引自《西汉文学史参考资料》，中华书局1962年版，第434页。

使世系和典章制度更加系统化和概括化，建构起纪传体完整的史学体系。

《史记》除了通过以人写史，充分表现出对政治和文化的重视外，还专写了经济和技术等方面的问题，如《货殖列传》《河渠书》《平准书》等，这在当时来说，也是难能可贵的。

班固在《汉书·司马迁传》中，除了赞扬他所作《史记》的"详"和"勤"而外，还赞扬说："自刘向、扬雄博极群书，皆称迁有良史之才，服其善序事理，辩而不华，质而不俚，其文直，其事核，不虚美，不隐恶，故谓之实录。"在赞扬他的突出特点和优点之外，也批评他是"是非颇谬于圣人，论大道则先黄老而后六经，序游侠则退处士而进奸雄，述货殖则崇势利而羞贫贱，此其所蔽也"。班固的这些非议，正从反面反映出《史记》反传统的观点和独树一帜的风格。

（二）尊重事实，不为流俗的尊卑所限

在这个问题上，《史记》的表现是极为突出的。如"本纪"一般是写帝王的传记，但《史记》也给项羽写了《项羽本纪》，与《高祖本纪》并列，而且无论是记事和行文都不亚于《高祖本纪》。如说项羽少时，弃书与剑，而要"学万人敌"；直至写到最后兵败乌江，认为无颜见江东父老，自刎而终，其英雄本色跃然纸上。为什么要将项羽的传记列入"本纪"呢？因为从公元前209年起义反秦，到入关灭秦、封王，以及以后的楚汉战争，直到公元前202年战败自刎，项羽在其中都扮演着主要角色，因而对项羽也应写"本纪"，以补秦汉之际的空间，这是历史事实。这个问题，如果于司马迁在世之时揭出，是要杀头的，但为尊重事实，他却置生死于不顾。

再如《史记》为陈胜、吴广写了《陈涉世家》，这也是一种超俗之作。"世家"原是为春秋战国时的诸侯和萧何、张良等重宰以及如至圣孔子等人而作的。像陈胜（字涉）、吴广这样的庶民和隶卒在当时是难以入史的，但司马迁却把他们写入"世家"之列，因为揭竿而起、首先发难反秦的是他们，还不是项、刘。如司马迁在《秦楚之际月表》中所云："初作难，发于陈涉；虐戾灭秦，自项氏；拨乱诛暴，平定海内，卒践帝祚，成于汉家。五年之间，号令三嬗，自生民以来，未始有受命若斯之亟也。"正是因为这样，才为陈涉写"世家"，为项羽写"本纪"，这是司马迁的"春秋笔法"与高尚史德的具体表现。

他为社会下层人物写列传和作评说的还有：在《游侠列传》中，称朱家的"振人不赡，先从贫贱始"，郭解的"振人之命，不矜其功"，以及游侠的"言必信，行必果""已诺必成，不爱其躯"等的描述，都写得生动、真实、丰满，而且饱含激情，使读者如临其境，如见其人，反映出司马迁对社会下层人员的重视和勇于反对传统观念的高尚品格。

（三）秉春秋笔法，敢于直言评说

整个《史记》，都表现出这种精神，如上所述。现再举几例来作说明：

在《史记》中，不但敢于斥责历史上的暴君，而且敢于对当代帝王评议其所短。如在《留侯世家》中，写了"沛公（即刘邦）入秦宫，宫室、帷帐、狗马、重宝、妇女以千数，意欲居留之"的贪财好色的恶习；借商山四皓之口批评刘邦"轻士善骂"的不良作风。再如在《萧相国世家》中，记述了刘邦如何猜忌功臣。在《淮阴侯列传》中，用韩信之口喊出"狡兔死，走狗烹"，控诉了刘氏对功臣的残害。在《孝景本纪》中，在指出"汉兴，孝文施大德，天下怀安"的同时，又指责汉文帝"赏太轻、罚太重"，并反衬出景帝无能等问题。在《孝武本纪》中，说他是"内多欲而外施仁义"，并通过《封禅书》暗示对汉武帝迷信的讽讥。如此等等，不胜枚举。所有这些，在当时都是会招致灭顶之灾、杀身之祸的。他为了忠于史实，敢讲别人之不敢言，敢做别人之不敢为，表现出一位史学家的铮铮铁骨和高风亮节。

（四）文风朴实犀利，为散文进一步发展奠基

以人写史，是《史记》的伟大创举。在司马迁的笔下，各种人物，无

论是臧是否，是褒是贬，都写得栩栩如生。如"鸿门宴"一节，不论是项羽与刘邦的对话，还是项庄舞剑、樊哙保驾、刘邦匿逃、张良献斗、范增摔斗等，都写得活灵活现。其中如"项庄舞剑，意在沛公"的典故，成为后世常用来说明"醉翁之意不在酒"的谚语。如此等等，不胜枚举。《史记》在散文方面，已达到空前的造诣，为散文的发展奠定了坚实的基础。

《史记》在叙人叙事时，还夹着一些诗歌和谚语，更增强其行文的文学色彩，如荆轲刺秦，在别燕太子丹时的易水歌："风萧萧兮易水寒，壮士一去兮不复还！"其悲壮凄凉，催人泪下。再如用"高山仰止，景行行止"来表达对孔子进行歌颂和景仰；用"桃李不言，下自成蹊"来阐明对李广将军的追念和铭记。这些都成为后世常用的谚语，也为散文的写作开辟了一条诗文结合的道路。司马迁不仅是伟大的史学家，而且是伟大的文学家。"西汉文章两司马"，西汉有两大文体，散文和骈文，如果说司马相如是骈文的代表者，司马迁则是散文的杰出代表者。鲁迅对《史记》的评价是"史家之绝唱，无韵之《离骚》"，是极为中肯的评论。其史德和文风，都为后世树范。

关于《史记》的注释，有南朝宋裴骃的《集解》、唐代司马贞的《索隐》、唐代张守节的《正义》。宋代将此三家的注释分别列入正文之下，以便于读者参阅。清代梁玉绳著《史记志疑》，对书中的事实进行了考证。近人张森楷作《史记新校注》，日本泷川资言作《史记会注考证》，汇集诸书，便于阅读参考。①

二、《汉书》

《汉书》，班固（32—92）撰，为与《后汉书》区分，也可称为《前汉书》。

---

① 参见《辞海（中）》，第1895页。

《汉书》开始了断代史的写作。在体例上基本采用了《史记》的体例，并略有改动，将"本纪"改为"纪"，"书"改为"志"，去"世家"，全部写为"列传"，再加"表"，成为纪、传、表、志的四体结构。这个体例，一直流传后世，成为到《明史》前的一贯体例（其中有的史书略有变动）。

《汉书》共有"纪"十二，"表"八，"志"十，"列传"七十，共计一百篇，记载了西汉二百余年的历史。

《汉书》，虽然在汉武帝之前的部分当中，不少是摘取《史记》的内容，但从汉武起乃全属新著，同时对《史记》也有所增补，如在"纪"中增加了《惠帝纪》，在《贾谊传》中增加了《治安策》等。并在《史记》的基础上，于"志"中增加了刑法、食货、艺文、地理、五行等内容，特别是《艺文志》，是继刘歆《七略》之后，一部系统的图书目录学著作，考证了各学术派别的源流，记录了当时存在的书籍，对后世学术研究和文化发展起到了引路和奠基的作用。

《汉书》为文，严整简明，繁富凝练，较之《史记》并不太逊色，但其不足之处是恪遵儒学之传统，其正统思想极为突出，在这点上不如《史记》开放。在文字上也喜用古字、古词、古典，有的地方较为难读。

班固曾两次入狱，61岁时病死狱中，其所撰的《汉书》，还有"八表"和《天文志》，没有最后完稿，由他的妹妹班昭和马续最后完成。

三、《资治通鉴》

《资治通鉴》是一部大型的编年体史书。讲到编年体，可上溯到《春秋左传》《竹书纪年》《汉纪》《后汉纪》等。但这些史书，多系断代史，《竹书纪年》虽跨度较长，而内容简略，已多亡佚。而跨度大、内容广，体系完整，议论丰硕，应属《资治通鉴》一书。中国史书大家有"两司马"——司马迁和司马光。司马迁（前145—前86）首创纪传体的《史记》，司马光（1019—1086）又在纪传体的基础上将编年体发展为完整的体例。两个人虽然相距一千余年，但两部史书把中国的历史从黄帝到五代联系起来，并建立了两种不同但又密切相关的体例，一直影响至今。这是学习中国历史必须联系起来攻读的两部典籍。

在《资治通鉴》这本史书编纂之前，司马光已经编撰了从战国到秦二世的《通志》八卷，于1066年进呈宋英宗，备受赏识，于是皇帝降旨为他特设书局，令其扩大范围，继续进行编撰。司马光后乃转任西京御史台，退居洛阳十五年，专门从事通史的编撰工作。在其助手刘攽、刘恕和范祖禹等的通力协助下，于英宗治平三年（1066年）开始工作。在工作过程中，先由几位助手将司马光提出的"提纲"整理成"长编"，再经司马光修订润色完稿，以日改三卷的速度进行，于神宗元丰七年（1084年）全书告成，历时十九年。书完成后，初名《通志》和《历代君臣事迹》，经神宗阅后，认为"鉴于往事，有资于治道"，乃赐名《资治通鉴》。全书共二百九十四卷，又根据剩余的资料，撰成《通鉴考异》三十卷和《通鉴目录》三十卷，以备查对和检索之用。

《资治通鉴》上起周威烈王二十三年（前403年），下至五代后周世宗显德六年（959年）。全书分为《周纪》五卷，《秦纪》三卷，《汉纪》六十卷，《魏纪》十卷，《晋纪》四十卷，《宋纪》十六卷，《齐纪》十卷，《梁纪》二十二卷，《陈纪》十卷，《隋纪》八卷，《唐纪》八十一卷，《后梁纪》六卷，《后唐纪》八卷，《后晋纪》六卷，《后汉纪》四卷，《后周纪》五卷，合计二百九十四卷。取材除十七史之外，还有野史、传状、文集、谱录等多种有关资料。全书以年为经，以事为纬，展示了历史上的重要事件和人物，为后世史学的研究和撰写提供了重要资料和评析意见，并成为一门专门学问，即"通鉴学"。有关本书的独到之处，概述如下：

1．《资治通鉴》在已有十七史的基础上，继承和发扬了编年体的传统，以纪年的方式对史实加以系统整理，并吸取纪传体的长处，使编年体更为完整和系统化，为后世撰写编年体史书树立了新的体裁和范例。

2．以史为鉴，供资治而作，这在司马光的进表中已言之备详。书中选取了有关国家兴衰，生民忧戚，"善可为法，恶可为戒"的政治历史事件，并加以评说，供统治者施行和巩固其统治参考，以达到"以史为鉴，可以知兴替"的目的。

3．史实准确，持论公正，一定程度上体现出"春秋笔法"。在此书的编写过程中，司马光等人参阅了大量的史书、文集，据说所参阅的书籍达三百多种，往往一事据三四种资料写成，并通过《通鉴考异》以订正事实。其中的"臣光曰"，表明司马光对人对事的观点和评述，大多数也是比较客观、公正、准确的。

4．行文生动优美，结构谨严，文笔精辟、简明，对问题写得绘声绘色，脍炙人口，不失为优秀的文学佳作。不记怪异和荒诞、离奇故事，也是本书的一大特点。

但是，《资治通鉴》也存在一些不足之处，如全书贯彻儒家正统思想，这同司马光的保守思想有关；在取材方面，多于政治、军事，略于经济、文化，也是此书之偏。

《资治通鉴》的注释，主要有宋末元初胡三省的《资治通鉴音注》。清初严衍的《资治通鉴补正》也为《资治通鉴》的拾遗补缺和刊正错误做了一些工作。① 南宋袁枢还撰写了《通鉴纪事本末》，对其中的事实，独立成目，做了更为完整的记述，使《资治通鉴》更加殷实，后面将作专题论述。

《史记》和《资治通鉴》，各立体例，堪称史学双璧。这两部史书，为我们留下了取之不尽、用之不竭的历史资料，也为史学工作者树立了撰写史书的范例，是中国人民对世界文化的伟大贡献。

---

① 引自《辞海（中）》，第3766页。

四、《续资治通鉴》

在《资治通鉴》问世之后，又有南宋李焘的《续资治通鉴长编》，南宋袁枢的《通鉴纪事本末》，清代毕沅的《续资治通鉴》等史书问世，现仅以《续资治通鉴》为例，做些说明。

《续资治通鉴》，为清代毕沅（1730—1797）与其门客邵晋涵、孙星衍等利用宋、辽、金、元四史及《续资治通鉴长编》和《通鉴纪事本末》等书的有关资料编撰而成，共二百二十卷。此书编撰了自宋至明初的一段历史，包括了宋、辽、金、元四朝，上起宋太祖建隆元年（960年），下止元顺帝至正二十七年（1367年），共四百余年的历史，与司马光的《资治通鉴》相衔接，也是对史学的一大贡献。

此书在目录上将辽、金、西夏三朝排斥在外，但实际上都写在此书中，并将辽、金二代的大事与宋史并重。从宋史与元史的比较来看，写宋史较多，元史较为简略。在书的本文之下分注考异，供读者参用。其缺点是多录入旧史原文，缺乏熔炼剪裁；有的内容及考异，也有不精详之处。

五、《通鉴纪事本末》

史书的体例，除"纪传体"和"编年体"外，还有以纪事立目的"纪事本末体"，形成了史书具有代表性的三种体例。现以《通鉴纪事本末》为例，做些简介。

《通鉴纪事本末》，为南宋袁枢（1131—1205）所撰。他以《资治通鉴》为蓝本，分事立目，编辑成《通鉴纪事本末》，树立了史学的另一种体例。"纪传体""编年体""纪事本末体"，成为史学三体。

《通鉴纪事本末》是以历史的重要史事立目，独立成篇，以补"纪传体"和"编年体"之不足。

《通鉴纪事本末》，辑《资治通鉴》1362年纪事之原文，以故事的体例进行撰写。全书分为二百三十九目，附六十六目（附是指在某一条目下还附有专论的有关人和事），包括战国与秦三事，西汉四十三事，魏晋六十二事，南北朝四十三事，隋唐六十五事，五代二十三事。全书共二百三十万字左右，约为"通鉴"的二分之一。其中对军事、政治纪事较详，如对历代政权更替、政权争夺、国内外战争、农民起义、民族斗争等记录较详，而对府兵、漕运、土地制度等则未设专题，这可能与《资治通鉴》的影响有关，但仍不失为一部首创纪事的重要史书。①

现将战国及秦、汉的篇目列后，以供参考：

战国与秦共三目：三家分晋，秦并六国，豪杰亡秦。

从高帝灭楚到曹操篡汉共计四十四目：高帝灭楚，诸将之叛，匈奴和亲，诸吕之变，南越称藩，七国之叛，梁孝王骄纵，汉通西南夷，淮南谋反，汉通西域，武帝伐匈奴，武帝平两越，武帝击朝鲜，武帝惑神怪，巫蛊之祸，燕盖谋逆，霍光废立，赵充国破羌，匈奴归汉，恭显用事，成帝淫荒，河决之患，丁傅用事，董贤嬖幸，王莽篡汉，光武中兴，光武平赤眉，光武平渔阳，光武平齐，光武平陇蜀，楚王英之狱，马后抑外家，窦氏专恣，西域归附，两匈奴叛服，诸羌叛服，鲜卑寇边，嬖幸废立，梁氏之变，宦官亡汉，黄巾之乱，韩马之叛，袁绍讨公孙瓒，曹操篡汉。

在"宦官亡汉"的条目中，还附有"党锢之祸"和"董卓之乱"两条目，条目开始即明确提出："汉和帝永元四年，窦宪兄弟专权，帝以朝臣上下莫不附宪，独中常侍钩盾令郑众，不事豪党，遂与定议诛宪。郑众迁大长秋，帝策勋班赏，众每辞多受少，帝由是贤之，常与之议论政事。宦官用权，自此始矣。"嗣后，对宦官加官晋爵，以至封侯，宦官与外戚的斗争，从此愈演愈烈。目末指出："魏文帝黄初元年春正月庚子，魏王操薨，太子即王位。冬十月乙卯，汉帝禅位于魏王（指曹丕）。"所以篡汉之事，应当说是：肇始于曹操，成事于曹丕。

---

① 参阅《中国古籍二百种》，袁枢《通鉴纪事本末》条。

这条详细地记述了宦官如何专权，制造了两次党锢之祸。何进为谋诛宦官，召董卓入京；董卓入京后，又如何专横跋扈，形成了董卓之乱，以及董卓被杀等事。特别在董卓死后，如何暴尸于市，并于其脐上设烛，燃点竟日等等，言之颇详。将这几方面的问题，放在一起来讲，把外戚与宦官之争讲得比较系统和完整，以形成读者全面了解其促使汉亡的梗概。

再如在"诸葛亮出师"条目中，加有"平南中附"，记述了诸葛亮在北伐中原之前，先出师南方，以"攻心为上"的战略，七擒七纵孟获，不仅平定了南方，解除了北伐后顾之忧，而且出现了"孟获等以为官属，出其金银、丹漆、耕牛、战马，以给军国之用。自是终亮之世，夷不复反"的后方安定局面，也为后世的民族融合和团结提供了一个先例。

从上述的两例中，可以看出《通鉴纪事本末》的正、附条目所起的作用。如同杨万里在《通鉴纪事本末叙》中所说，"有国者不可以无此书"，"学者不可以无此书"。它与纪传体和编年体是相互为用，互为补充的，形成了史书中不可缺少的三大体例之一。

但是，《通鉴纪事本末》也并非完美无缺，如有的时代的条目似乎嫌少，在战国与秦部分，战国只有"三家分晋"一条，秦也只列了"秦并六国""豪杰亡秦"两条，这也可能是受《资治通鉴》的影响，但还是可以增补一些内容的。

从总体来看，"纪事本末"虽然弥补了"纪传体"与"编年体"在专题论述方面的不足，对每个事件的本身做了比较完整的论述，但对每个事件与其他事件的关联方面，论述又显得有些欠缺，是需要与"纪传体"和"编年体"结合起来阅读的。

在《通鉴纪事本末》之后，还有明代陈邦瞻撰《宋史纪事本末》《元史纪事本末》，清代高士奇撰《左传纪事本末》，清代李有棠撰《辽史纪事本末》《金史纪事本末》，清代张鉴撰《西夏纪事本末》，清代谷应泰撰《明史纪事本末》，清代李铭汉撰《续通鉴纪事本末》和民初黄鸿寿撰

《清史纪事本末》等。

高士奇（1645—1704）所撰《左传纪事本末》，取《左传》原文，按国别分类，因事命题。全书分周四卷、鲁十一卷、齐七卷、晋十一卷、宋三卷、卫四卷、郑四卷、楚四卷、吴三卷、秦一卷、列国一卷，共五十三卷。内容除取材《左传》外，还参考《公羊传》《穀梁传》《国语》《史记》等数十种先秦和西汉的有关典籍，写有"补逸""考异""辨误""考证""发明"等，对《左传》原文加以补充、考证和解释。每篇之末，还写有史论。四库馆臣称其眉目清晰，后来居上。[1]

六、《魏书》和《新五代史》

在二十四史内，有两部史书，各具特点，值得在"读史"中提出：一部是由北齐魏收所撰写的《魏书》，另一部是由宋代欧阳修所撰写的《新五代史》。

（一）《魏书》

《魏书》开篇的《序记》，通过多方面的论述，来确立北魏的正统地位。如对鲜卑族的由来，做了如下的寻根，在《序记》的开首，就明确地提出："昔黄帝有子二十五人，或内列诸华，或外分荒服。昌意少子，受封北土，国有大鲜卑山，因以为号。"说明鲜卑族与华夏族一样，都是黄帝的子孙，二者的区别仅是居住的地方不同，而且"其裔始均，入仕尧世，逐女魃于弱水之北，民赖其勤，帝舜嘉之，命为田祖"。所以鲜卑族既是黄帝子孙，又为尧舜官吏，是名正言顺的中华民族的一支。

关于拓跋氏，《序记》认为，拓跋氏是以黄帝的德运而命名。因为"黄帝以土德王，北俗谓土为拓，谓后为跋，故以为氏"。这样，不只是民族问题得以寻根，而且拓跋姓氏得以正名。后来改拓跋氏为元氏，便彻底

---

[1] 参考《光明日报》2008年5月5日第12版《史部之〈左传纪事本末〉》。

汉化，而且成为大族。

　　不仅如此，它之所以建国号为"魏"，不只是因为"夫魏者，大名，神州之上国"，而且是继承了汉—魏—西晋的正统，把东晋、南朝视为偏居一隅的小朝廷，俨然以中原统治者自居。北魏在文化的发展上，特别在石刻方面，如魏碑、石窟等，留下了许多名胜古迹。一部《魏书》，虽不免有某些虚夸不实之处，但它在为少数民族的政权正名，这对于建立大一统的民族观，淡化华、夷的界限，起到了重要作用。在历史文献中，《魏书》有它的特殊意义，认为《魏书》内容芜秽、体例荒谬，称之为"秽史"，是不全面的。①

　　在中华民族的发展过程中，曾有过不少民族之间的斗争，但又常常是在大纷争中实现着大融合，最终形成了有分有合的五十六个民族的大家庭。汉族文化，就一般来说，略高于其他民族，但也不是所有方面都高，应是各有短长。如在生产方面和在艺术方面，有不少是来自少数民族，如农作物方面的番茄、胡椒等，都是来自少数民族；乐器方面的胡琴、胡笳等，也是来自少数民族；歌舞戏曲方面，更是不计其数。中华民族所以能屹立于世界，是属于五十六个民族的成就。

　　（二）《新五代史》

　　欧阳修所撰《新五代史》，是唐代以后唯一的一部私修正史。而且由于欧阳修认为五代是"自古未之有"的乱世，因而以春秋褒贬之笔，来"因乱世而立法"，不仅在体例上有大的变动，而且将笔削寓于体例和行文之中。《新五代史》打破了《旧五代史》的一朝一史的体例，取法于《南史》《北史》，将各代的本纪、列传合在一起，依时间先后进行编排，还

---

　　① 以上所述，参考了《光明日报》2008年1月20日第7版李传印、陈得媛《〈魏书〉的历史文化认同意识》一文，及邱燮友等编著《国学课》有关《魏书》的评述，见该书第84页。

以"类传"的形式来统摄全部列传，其中的《家人传》记后妃、宗室，《死节传》《死事传》《一行传》等记忠臣，《杂传》则记失节之臣。《新五代史》共七十四卷，包括"本纪"十二卷，"列传"四十五卷，"考"三卷，"世家"及"世家年谱"十一卷，"附录"三卷。他认为五代为乱世，典章制度无甚可取，故将一般史书的"志"改为"考"。这些变动，均体现在类目中，含有褒贬之意。在实行春秋笔法方面，《新五代史》是极为突出的。

欧阳修一人撰写《新五代史》，从宋仁宗景祐三年（1036年）到皇祐五年（1053年）基本完成，近二十年之久。《新五代史》以文笔见长，笔削是其主要特点，其中也有的为顾全礼法而牺牲史实，存有失当之处。它与《旧五代史》各有长短，但不失为研究五代史的重要资料。[①]

总之，一部二十四史，详细记录了中国五千年的文明史，为中国人民留下了传述先民足迹和奋斗业绩的巨著，也为世界人民了解中华民族提供了重要资料，作出了重大的历史贡献，在世界史学中也是首屈一指的。

---

① 参与《光明日报》2008年1月14日第12版《史部之〈新五代史〉》。

第七讲　文、赋解说

诗文，应是青少年学习我国传统文化的重点，因而我们对诗文的解说篇幅略长一些。

文赋，是指散文与辞赋。散文与辞赋的区别，即散文与韵文的不同：散文不要求押韵，不重在对偶，句式可以长短不齐；辞赋是韵文，要求韵节，要求对偶，句式一般要求四、六格式。散文的分类很多，就其大者而言，不外议论文与叙述文两大方面。辞赋又可以分为辞与赋，赋又有文赋和骈赋两类，文赋是辞赋与散文兼用，而骈赋则要求严格地按照赋的格式撰写，因而又称为"律赋"。

散文与辞赋的发展，应是先有散文，而后才有辞赋。诸经（《诗经》除外）与诸子，都属散文体，《楚辞》应是最早的辞赋体。赋形成于汉，盛行于魏、晋、南北朝之间，成为当时的主体文学。

赋的出现，为文的发展增添了新的形式和文采，特别是在对偶与押韵方面。但由于赋在发展过程中，越来越追求形式，讲究铺陈，致使文风日下，于是乃有"博士买驴，书券三纸，未有驴字"之讥（见《颜氏家训·勉学》）。正是在这种情形下，到唐宋之际，在韩愈、柳宗元大力倡导文学改革的古文运动旗帜下，散文大发展，有"文起八代之衰"之称。嗣后，散文与赋的关系又趋于接近，而且并行于世。

有关诗文的最早分类及其特点，曹丕在《典论·论文》中作了如下的论述:"奏议宜雅,书论宜理,铭诔尚实,诗赋欲丽。"基本反映出上述文体的特点和要求。但其分类较粗,也缺少具体阐述。嗣后,散文赋兴起,使文、赋的关系更趋于密切。

《昭明文选》,是在梁太子萧统(谥号昭明)的主持下完成的中国现存最早的一部古典诗文选,选录自先秦至梁的诗文(不含经、子),分为三十七类,共七百余篇。现将其分类目录列后:赋、诗、骚、七、诏、册、令、教、文、表、上书、启、弹事、笺、奏记、书、檄、对问、设论、辞、序、颂、赞、符命、史论、史论赞、论、连珠、箴、铭、诔、哀、碑文、墓志、行状、吊文、祭文。其中有的大类还分小类,相当琐碎,而且界限不甚清晰。吴孟复在姚鼐所编纂的《古文辞类纂》的"序"中指出:"姚仲实师(永朴)亦言:《文选》所分之类,颇嫌烦琐……如骚、七、难、对问、设论、辞,皆辞赋也;表、上书、弹事之类,皆奏议也;序及诸史论赞,皆序跋也;笺、启、奏记、书,皆书牍也;诏、册、令、教、檄、移之类,皆诏令也;颂、赞、符命,同出褒扬;诔、哀、吊祭,同归伤悼,此等昭明皆一分之,徒乱学者耳目。"这些批评是恰当的。为此,姚鼐在《古文辞类纂》将文选分类,整编为十三类,在一类中有的分为上下编。曾国藩又改姚鼐的十三类为三门十一类。见比较表:

姚鼐、曾国藩文体分类比较表[1]

曾国藩三门十一类	著述						告语				记载			
	论著	词赋		序跋			诏令	奏议	书牍	哀祭	传志	杂记	叙记	典志
姚鼐十三类	论辩	辞赋	颂赞	箴铭	序跋	赠序	诏令	奏议	书说	哀祭	传状	碑志	杂记	
	1	2	11	12	3	10	4	5	6	7	8	13	9	

.

---

[1] 邱燮友等编著:《国学课》,三联书店2007年版,第149页。

姚鼐和曾国藩的分类，较之《昭明文选》的分类，已经简明极多，但也存在分类标准不完全统一，分类界限不清的问题，其标题有的也嫌用词生涩。

我们参考姚鼐和曾国藩的分类，并结合当前的实际需要，在文赋的分类中，将"赋"分出来，与"文"并列，分为两大类，而后再将"文"分为十二类：包括神话与寓言、论辩、记叙、序言、传志、碑铭、哀祭、诏奏、家训、游记、杂文、科技文摘等。在十二类中，又将相关或者相近的合并在一类之中，如将"传说"列入"神话与寓言"中；在"序言"中，除序诗文外，还将序人和事的"赠序"也列入其中；在"家训"中含有"家书"，等等。还增加了"科技文摘"一类，把我国古代在科技和农业等方面的突出贡献加以发扬。在"赋"的分类中，又分为骈赋和文赋两类，既使其区别于散文，又与散文联系起来。这种分类，是否完全科学，还有待进一步研讨。下面将在各类之中，重点选录和分析一两篇文章，以供学习和研讨的参考。

一、关于"文"的分类、选文及简析

现就"文"的基本分类及其代表作简陈于下：

（一）神话与寓言

把这类列在首位，并非因为它特别重要，或成文在先，更多是从考虑引起青少年的学习兴趣出发的。过去的"文选"，没有把它列为专题，我们认为它对青少年的学习很重要，所以单列一类。

有关"神话"，可选读"盘古开天辟地"（《太平御览》《三五历记》）、"女娲补天"（《淮南子·览冥训》）、"后羿射日"（《淮南子·本经训》）、"精卫填海"（《山海经·北山经》）、"嫦娥奔月"（《淮南子·览冥训》）等篇；有关古代"传说"，可读《易经·系辞下》，或选读伏羲氏（《史记·补三皇本纪》）、有巢氏、燧人氏（《韩非子·五蠹》）、神农氏（《淮南子·修务训》）等篇。"传说"与"神话"相比，虽然带有更多的真实性，但还是存在许多臆测因素，因而将此二者列在一起，以供初学者了解先民们与天斗、与地斗、与禽兽斗的艰苦岁月和创造精神。现选录"女娲补天""精卫填海"和"神农氏"三篇，并作简析。

女娲补天 "往古之时，四极废，九州裂；天不兼覆，地不周载。火爁炎而不灭，水浩洋而不息。猛兽食颛民，鸷鸟攫老弱。于是女娲炼五色石以补苍天，断鳌足以立四极，杀黑龙以济冀州，积芦灰以止淫水。苍天补，四极正，淫水涸，冀州平，狡虫死，颛民生。"（《淮南子·览冥训》）

精卫填海 "发鸠之山，其上多柘木。有鸟焉，其状如乌，文首，白喙，赤足，名曰'精卫'，其鸣自詨。是炎帝之少女，名曰女娃。女娃游于东海，溺而不返，故为精卫。常衔西山之木石，以堙于东海。"（《山海经·北山经·发鸠山》）

神农氏 "古者民茹草饮水，采树本之实，食蠃蚌之肉，时多疾病毒伤之害。于是神农乃始教民播种五谷，相土地，宜燥湿肥硗高下；尝百草之滋味，水泉之甘苦，令民知所避就。"（《淮南子·修务训》）

在这三则故事中，前两则属于"神话"，后一则属于"传说"。"神话"完全出于臆测，"传说"则有一定的事实根据，但都反映出先民的智慧才干以及艰苦斗争与勇于牺牲的精神。

在寓言中，可选学《列子》中的"两小儿辩日"，《孟子》中"揠苗助长"（《孟子·公孙丑上》）和"论学弈"（《孟子·告子上》）两段，《战国策·燕策》中"鹬蚌相争，渔人得利"的故事，《韩非子》中"自相矛盾"（《难一》）、"滥竽充数"（《内储说上》）、"郑人买履"（《外储说左上》）、"守株待兔"（《五蠹》）等篇，以及《吕氏春秋·察今》中的"刻舟求剑"等等。"寓言"以先秦为多，而《韩非子》又居首位。从寓言故事中，可以看到中国人民的智慧，也可以证明在"百家争鸣"的背景下文化的飞速发展。现选录"鹬蚌相争，渔人得利"和"自相矛盾"两篇，并作简析。

"鹬蚌相争，渔人得利"和"自相矛盾"是两则寓言故事，前者出自《战国策》中的《燕策》，后者出自《韩非子》的《难一》，原文如下。

鹬蚌相争，渔人得利 "蚌方出曝，而鹬啄其肉，蚌合而钳其喙。鹬曰：'今日不雨，明日不雨，即有死蚌。'蚌亦谓鹬曰：'今日不出，明日不出，即有死鹬。'两者不肯相舍，渔者得而并禽之。"苏代用这样一个非常生动的故事，来说明如果赵国准备攻打燕国，其结果只会给秦国创造灭亡他们两国、坐收渔利的机会。通过这个故事，避免了"赵且伐燕"的一场战争，这个寓言也就成为流传千古的典故。

自相矛盾 "楚人有鬻楯与矛者，誉之曰：'吾楯之坚，物莫能陷也。'又誉其矛曰：'吾矛之利，于物无不陷也。'或曰：'以子之矛，陷子之楯，何如？'其人弗能应也。"韩非编造了这个寓言故事来诘难那些不能自圆其说的儒者，由于它含意深邃，尖锐泼辣，颇具警示作用，后来便用于讽刺那些故弄玄虚、吹嘘自己又矛盾百出的作者或辩者。而且今日哲学中所用的"矛盾"一词，也盖出于此。

（二）论辩

论辩，相当于今天的议论文，以说理见长。曹丕在《典论·论文》中提出的"书论宜理"，道出了它的特点。有关《典论·论文》的评析，在第一讲已讲过，不再重赘。

现以司马谈的《论六家要指》来作些说明。《论六家要指（"指"同"旨"）》，是对春秋战国时期诸子的一篇评论文章，评论了阴阳、儒、墨、名、法、道六家，对前面五家有褒有贬，对道家则只褒无贬。如认为"儒者博而寡要，劳而少功，是以其事难尽从；然其序君臣父子之礼，列夫妇长幼之别，不可易也。墨者俭而难遵，是以其事不可遍循；然其强本节用，不可废也。法家严而少恩；然其正君臣上下之分，不可改矣。"而对道家的评述则是:"道家使人精神专一,动合无形,赡足万物。其为术也,因阴阳之大顺,采儒、墨之善,撮名、法之要,与时迁移,应物变化,立俗施事,无所不宜,指约而易操,事少而功多。"① 如此道家不但有其自身的特点,而且包容了各家之所长。对道家这样有褒无贬的评说,是同当时的重黄老之术、行无为而治的社会背景密切相关的,说明连司马谈这样的大家,也难免存在认识上的偏颇。

所谓论,大体包含了论道、论史、论政和论人等内容。韩愈的《原道》和《原性》,是论道;贾谊的《过秦论》和全部二十四史,都是在论史;柳宗元的《封建论》、严复的《原强》,是论政;苏轼的《韩非论》《贾谊论》,则是论人。其实,上述的论文,大部分都与论政有关。它们都是对一个问题、一桩事件或者一个历史人物的功过得失进行评析,以昭示后人,特别是使执政者有所借鉴。

论中常有辩,如韩愈的《讳辩》,柳宗元的《桐叶封弟辩》,即属此类。王安石的《答司马谏议书》,也可以列入此类。通过辩,明是非,别真伪,以达到去伪存真和去误扶正的目的。现以《桐叶封弟辩》进行简析。

柳宗元的《桐叶封弟辩》又为论辩文树立了一个典范,他通过对周成王以桐叶为戏封弟于唐这桩事,批评了周公认为"天子不可戏",促成其事的错误主张。他指出:"凡王者之德,在行之何若。设未得其当,虽十易之不为病;要于其当,不可使易也,而况以其戏乎?若戏而必行之,是周公教王遂过也。"这些话讲得是铿锵有声,当为辅政者戒。当然,在文章的最后提出此事"非周公所宜用,故不可信。或曰:封唐叔,史佚成之",为周公找了一个台阶下。

这篇文章,是一篇很好的论辩文,可供读者研讨。

从总体来看,大多为文都少不了有一定的议论因素在内,因为为文应

---

① 《古文辞类纂评注(上)》,安徽教育出版社2004年版,第19页。

是有所为而作，不应是无病呻吟。

（三）记叙

对这个标题，是考虑再三，最后才这样定下来的，它相当于当今的叙述文。它与前者的区别是：前者重在说理，而它重在叙事。它包含了叙事、记人、状物、写景等多方面的内容，韩愈的《师说》是叙事兼论事，陶渊明的《桃花源记》是记人兼记事，柳宗元的《黔之驴》是状物兼讽人，范仲淹的《岳阳楼记》是写景兼抒情。这种划分，仅能说是就其特指而言的，但就每篇文章的内涵来说，却是意义深远的。如《黔之驴》，是在批判那些无能之辈，却装出一副欺世盗名的"名士"面孔，最后只会身败名裂，成为技穷的"黔之驴"。范仲淹的《岳阳楼记》，更是以触景生情、情随人变为对照，阐发了只有仁人志士才能做到"不以物喜""不以己悲"，实现"先天下之忧而忧，后天下之乐而乐"的"乐以天下"和"忧以天下"的最高境界。现以陶渊明的《桃花源记》和韩愈的《师说》两篇为例，并作简析。

《桃花源记》是一篇记人兼记事的记叙文，为大家所熟悉。桃花源是陶渊明所设计的避世隐居的"天国"，也是千古隐士们所向往的乌托邦，其具体内涵，为大家所熟知，不再赘述。20世纪80年代我有幸去张家界开会，路过湖南常德，访问了桃花源，沿沅江溯流而上，至桃花源口，有一小山洞，沿口入，便豁然开朗，良田阡陌，农舍栉比，已非昔日可比。乘改革开放东风，人皆欣然自得，奔小康之路。因而联想到谢枋得《庆全庵桃花》一诗：

> 寻得桃源好避秦，桃红又是一年春。
>
> 花飞莫遣随流水，怕有渔郎来问津。

我略改数字，反其意而用之，以为此行助兴：

> 寻得桃源非避秦，桃红又喜一年春。

花飞莫怕随流水，为有多人来问津。

也算是游桃花源的一得。读古人书，可以有多种读法，反其意而用之，也是读书的方法之一。出于此，聊以自慰耳！

《师说》是一篇叙事兼论事的叙述文或议论文。如果把它放在上列"论辩"文一类中，也未尝不可。

文章一开始，就对教师的职责——"传道、授业、解惑"做了明确的规定。这里所讲的师道，不是指小学的童蒙教育，而是讲大学的成人对学问的研讨。文中提出了能者为师的思想，为师不在年龄大小和地位的高低，"道之所存，师之所存也"，充分体现出孔子"三人行，必有我师"的思想，并批评当时文人耻于从师的流俗，进而论述了"弟子不必不如师，师不必贤于弟子"，因为"闻道有先后，术业有专攻"，道之所存即师之所存，将"师道"做了更深层的发挥。由于李氏子蟠，不拘于时俗，就学于韩愈，韩愈嘉其行，乃作《师说》以贻之。

《师说》的为文，也是意深、理顺、辞简，是学作文章的范例。

这里只列举了两篇范文，但就其所涉及的广泛性而言，其他各类的论文不少都可以列入此类之中，因而这个题目如何标明，其范围如何界定，还有待商榷。

（四）序言

包括"序跋"和"赠序"等不同内容的文章。

序跋，就其一般而言，是对于诗文而作的，在文前为"序"，在文后为"跋"。这方面不多举例了。

序，除为别人的诗文所作而外，也有为自己的诗文而作的，如司马迁的《太史公自序》。在"跋"的方面，多属作者自作，如"后记"之类。但也有为别人的诗文作的，如王安石的《书李文公集后》、方苞的《书孝妇魏氏诗后》。

序，不但用于序诗文，也有的是用于序事和序人的，称为"赠序"。
如王勃的《滕王阁序》、李白的《春夜宴桃李园序》、韩愈的《送董邵南
序》、宋濂的《送东阳马生序》等，即是序人和序事的。还有孙中山先生
所写的《黄花岗烈士事略序》，不仅将序人与序事融为一体，而且是一篇
慷慨悲壮的祭文，既缅怀先烈，又激励后进，是我国近代史上一篇极为重
要的纪实文学，也可以列入"铭诔""哀祭"和"传状"的文献之内。

在序言中，应以序诗文为主，序人、序事的序言，也称"赠序"，是
序言的别支。在序文中，《太史公自序》可以作为代表作，由于在"读
史"中已有所涉及，不再重赘。下面就序人和序事的"赠序"，选宋濂的
《送东阳马生序》和李白的《春夜宴桃李园序》，作些简析。

《送东阳马生序》，是"序言"中序人的"赠序"。宋濂以自己年轻
时求学的艰难和刻苦学习的经历（如借书、笔录、拜师等方面的艰难）来
勉励马生专心攻读，指出他们已有国家"廪稍之供"，有司业、博士为之
师，而且是"凡所宜有之书，皆集于此"，要求马生要珍惜这些条件。马
生已在太学就读二年，"流辈皆称其贤"，"用心于学甚劳"，又善于从师。
宋濂嘉其行，"故道为学之难以告之"。

《春夜宴桃李园序》，是一篇序事的好"序言"。现将全文抄录如下：

> 夫天地者，万物之逆旅；光阴者，百代之过客。而浮生若梦，为欢
> 几何！古人秉烛夜游，良有以也。况阳春召我以烟景，大块假我以文章。
> 会桃李之芳园，序天伦之乐事。群季俊秀，皆为惠连；吾人咏歌，独惭康
> 乐。幽赏未已，高谈转清。开琼筵以坐花，飞羽觞而醉月。不有佳作，何
> 伸雅怀？如诗不成，罚依金谷酒数。

这是一篇用诗赋写成的序文。从人生的短暂，谈到对良辰美景的眷恋
和要求及时行乐的企望。赞誉群季的俊秀（"皆为惠连"），自谦为康乐之
不如（"独惭康乐"）。要畅饮，要诗作，如未成将罚以石崇金谷园罚酒三

觞之数。读此序如读李白诗篇。

（五）传志

传志是述说某个人的事迹，以此纪念前人和昭示后人。

传志多属写他人，也有写自己的；多数是写正面人物，也有少数是批判反面人物的（如《酷吏列传》）；但都在使其对社会起积极的教育作用。

一部二十四史，以纪传体写了无数的历史人物，也可算是传志的集中表现，恕不多赘。除此之外，还有的传志写的是不见经传的人物，但对世人却有着重要的启示作用。如柳宗元的《种树郭橐驼传》，写的是一位种树的老农，通过他的经验，显示了"无为而治"的重要哲学思想。柳宗元的《童区寄传》，写的是一位足智多谋战胜盗贼的平民少年，为青少年树立起一个智慧和勇敢的典型。

通过传状来写自己亲人的，如欧阳修的《泷冈阡表》，是通过他母亲的口谕，写他先父为官对折狱所持的严谨态度，为后世执法者树立了榜样。蒋士铨的《鸣机夜课图记》，叙述的是他先姚教子（即他本人）之事，也可以作为今天子女教育的范例。曹操通过他所写的《让县自明本志令》，写出了他一生的征战和贡献，充分体现出一位政治家的坦诚胸怀。

下面再就《种树郭橐驼传》和《泷冈阡表》做些补充说明。

《种树郭橐驼传》是柳宗元所写的一位老农种树的故事，在这个故事中，通过老农之口，讲述了"无为而治"的哲理，对为政作了有益的启示。

有人问老农，为什么他种的树"无不活，且硕茂"，并"早实以蕃"？他的回答是"能顺木之天以致其性焉尔"，也就是说要按树木的天性办事："凡植木之性，其本欲舒，其培欲平，其土欲故，其筑欲密。"将这些事做好以后，"则其天者全而其性得矣"。以后就任其生长，不要再去干扰它。相反的，如果"爱之太殷，忧之太勤。且视而暮抚，已去而复顾"，甚至"爪其肤以验其生枯，摇其本以观其疏密，而木之性日以离矣"。也就是说这样做就损伤了树的天性，"虽曰爱之，其实害之；虽曰忧之，其实仇之"，其结果会使树受伤以至枯死。

有人问他，能否把植树的道理用来管理百姓，他说他只会种树，不会治人。但他也提出有的执政者，号令百出，不惮其烦地来打扰百姓："促尔耕，勖尔植，督尔获；早缫而绪，早织而缕（这里指的是纺线和织布）；字而幼孩，遂而鸡豚"（指教养小孩子的事和养鸡养猪的事），什么事都要管起来。而且"鸣鼓而聚之，击木而召之"，人民不堪其烦。这样，名为爱民，实则扰民，人民只有"病且怠"，如何能得到安身立命？此文虽讲的是种树术，实质上是一篇政治论文，饱含了"无为而治"的哲理。

《泷冈阡表》是欧阳修为了纪念他父母并昭示后人所写的一篇传记。欧阳修四岁丧父，在他母亲的教养下成长。这篇文章通过他母亲的口谕，对他的家世和父辈的为人进行了简略的陈述，其中有的片段对我们今天还有现实的教育意义。选录两段如下：

"吾（欧阳修母）之始归也，汝父免于母丧方逾年，岁时祭祀，则必涕泣曰：'祭而丰不如养之薄也。'"这段话可为那些对父母生而不养、死而厚葬者戒。

"汝（指欧阳修）父为吏，尝夜烛治官书，屡废而叹。吾问之，则曰：'此死狱也，我求其生不得尔。'吾曰：'生可求乎？'曰：'求其生而不得，则死者与我皆无恨也；矧求而有得邪？以其有得，则知不求而死者有恨也。夫常求其生，犹失之死，而况世常求其死也。'"寥寥数语，把"为政以德"的负责精神，讲得何其透辟！

欧阳修写这篇文章的目的，不仅是为他自己纪念先人，而且要把他所记者刻石，表于泷冈之阡，"以告宗族及乡之人"，故称《泷冈阡表》。

总之，传志的范围是很广泛的，其内容和形式也是多种多样的，但其"尚实"的文风是不容丢失的。

（六）碑铭

上面已经提到曹丕在《典论·论文》中指出："铭诔尚实"。尚实不仅在"传志"中需要，在"碑铭"中尤其需要，因为碑铭所记述的人和事，多属歌功颂德的。

在"碑铭"中，包括了碑志和箴铭等多方面的内涵和文体在内。碑志如韩愈的《柳子厚墓志铭》、皮日休的《孔子庙碑》、苏轼的《潮州韩文公庙碑》，箴铭如刘禹锡的《陋室铭》等。碑志一般是叙述别人的，箴铭多是写自己的，但都要突出一个"实"字。现对《柳子厚墓志铭》和《陋室铭》做些简述。

《柳子厚墓志铭》是韩愈为柳子厚（即柳宗元）所写的墓志。韩愈与柳宗元是相契最深的朋友，因而这篇墓志就写得真实而深刻，对柳宗元的一生做了概括的评述。柳宗元出身于忠烈世家，先辈皆"当世名人"。他本人又是"少精敏，无不通达"，"其后以博学宏词，授集贤殿正字"，任吏部员外郎。因参加王叔文革新集团，失败后被贬迁为柳州刺史，政绩颇佳，故世称"柳柳州"。韩愈对柳宗元的评价是文章第一，政事其次，为官清廉，交友忠义，真正做到了"士穷乃见节义"。直至死后（卒年四十七），赖朋友之助，才得安葬于万年之墓。韩愈将柳宗元的一生写得朴实而简明，真正做到了"铭诔尚实"。但对柳宗元的被黜之故，略隐含贬抑，而这正是柳子厚的独到之处。总之，这是一篇墓志的代表作。

《陋室铭》是刘禹锡书写自己的一篇仅有八十一字的短文，竟成为千古绝唱的箴铭。现将全文录后：

山不在高，有仙则名。水不在深，有龙则灵。斯是陋室，惟吾德馨。苔痕上阶绿，草色入帘青。谈笑有鸿儒，往来无白丁。可以调素琴，阅《金经》。无丝竹之乱耳，无案牍之劳形。南阳诸葛庐，西蜀子云亭。孔子云："何陋之有！"

这篇铭文，以"惟吾德馨"为主线，写出了环境的生机，交友的高雅，生活的宁静，最后与"诸葛庐""子云亭"相比美，作出了"何陋之有"的结论。由此使我们联想到郑板桥在《道情十首》第九首中所写的"孔明枉作那英雄汉，早知道茅庐高卧，省多少六出祁山"，何其潇洒之至！以诙谐笔调写出了他的隐逸情怀，可为《陋室铭》作注解（"南阳诸葛庐"是孔明未出山时的隐逸生活）。

（七）哀祭

祭有多种，文各有式。有的是祭天地鬼神的，为了祈福消灾，如韩愈的《潮州祭神文》；有的是祭祖的，为的是"慎终追远"，如刘大櫆《祭舅氏文》；有的是为纪念先贤的，如苏轼的《祭欧阳文忠公文》；还有的是为民除害的，如韩愈的《祭鳄鱼文》，名之为祭，实际是一纸驱逐令。

我们这里所讲的"哀祭"，是吊祭新丧亲人的，现以韩愈的《祭十二郎文》和袁枚的《祭妹文》来作些简析。

《祭十二郎文》是韩愈祭奠他侄子十二郎的祭文。文章一开始，就述说了他（韩愈）幼年丧父母，"唯兄嫂是依"，是在兄嫂的抚养下长大成人的。接着他的兄长又去世，这样就剩下了他同十二郎叔侄两代各一人，"零丁孤苦，未尝一日相离"。因而他说："嫂尝抚汝（十二郎）指吾（韩愈）而言曰：'韩氏两世，惟此而已。'"这是何等悲伤和凄凉的话！

接着历数了他在成年之后（十九岁开始到四十余岁）如何为求得一官半职而奔波的足迹，这样就使叔侄二人因"吾不可去，汝不肯来"而长期分离，直至十二郎去世，使他"抱无涯之戚"。造成了"汝病吾不知时，汝殁吾不知日，生不能相养以共居，殁不能抚汝以尽哀，敛不凭其棺，窆不临其穴。吾行负神明，而使汝夭；不孝不慈，而不得与汝相养以生，相守以死。一在天之涯，一在地之角，生而影不与吾形相依，死而魂不与吾梦相接。吾实为之，其又何尤！彼苍者天，曷其有极！自今已往，吾其无意于人世矣！"真是字字泪，句句血，读之使人伤感涕零，久久不能自持。正如有的评论所说的："反复曲折，清婉呜咽，真骨肉之至情，千秋之绝调也！"

《祭妹文》为袁枚所作，写尽同胞之情，也是一篇情真意切的祭文。

祭文从儿时兄妹捉活蟋蟀到埋死蟋蟀这一终生难忘的琐事谈起，进而谈到在他得中功名披宫锦还家时，他妹妹所表现的那种欢欣鼓舞的情景，继而谈到他妹妹绝高氏而归，是女流中最少的为经义所累的人。

祭文还讲到在他（袁枚）患病时，妹妹是如何对他关切备至："前年予病，汝终宵刺探，减一分则喜，增一分则忧"，并在他床前为他说稗官野史，以减低他病痛，因而使他不能不联想到"今而后吾将再病，教从何处呼汝耶"的兄妹深情。

在他妹妹患病之后，他写道，"汝又虑戚吾心，阻人走报"，同胞之情至深可见。这样做的结果是对其妹死不知时，待到回到家时，人已"气绝，四肢犹温，一目未瞑，盖犹忍死待予也"。写得何等凄惨！由此使他抱"无涯之憾"，"呜呼痛哉"！兄妹之情，无过于此者。

最后讲到他对其妹死后的家事安排和对葬礼的考虑，并联想到"汝死我葬，吾死谁埋？汝倘有灵，可能告我？"结果是"身前既不可想，身后又不可知，哭汝既不闻汝言，奠汝又不见汝食。纸灰飞扬，朔风野大，阿兄归矣，犹屡屡回头望汝也。呜呼哀哉！呜呼哀哉！"

读读上述两篇祭文，当不会再发生叔侄间、兄妹间以及与其他家人间无谓的家务之争。

（八）诏奏

在这里我们将奏议与诏令一起来讲，是将封建时代的君臣关系，放在一起来审视。

曹丕在《典论·论文》中提出"奏议宜雅"，其实在奏议方面，除了要求讲得雅，使国君能入耳外，更为重要的是要直、要真，要敢于直言不讳地讲真话。试看英明的君主，所以能够出现升平之治，其中一个主要的条件，就是善于听取谏言，励精图治。如在贞观之治中，魏徵的《谏太宗十思疏》，就是一篇既雅且真的谏言书，详细地陈述了"水能载舟，亦能覆舟"的道理，值得一读。

在一个以"人治"为主的社会制度下，一个贤明的君主对于社会的影响是很大的。为此，我们选录了一些对社会曾经产生过积极影响的诏令，如汉文帝的《劝农诏》，汉武帝的《求茂才异等诏》，《贞观政要》中唐太宗对其子弟及大臣所作的一些要求和规定，如在《教戒太子诸王第十一》中，对大臣教育其子弟所提出的训诫，要求其子弟不要特殊化，不仅在当时，即使在今天尚有其现实意义。

现以汉武帝的《求茂才异等诏》和魏徵的《谏太宗十思疏》为例，作些简析。

《求茂才异等诏》是汉武帝的选才和用人之道。现将这篇诏令全录于下：

盖有非常之功，必待非常之人。故马或奔踶而致千里，士或有负俗之累而立功名。夫泛驾之马，跅弛之士，亦在御之而已。其令州郡察吏民有茂才异等，可为将相，及使绝国者。

他为了建非常之功，因而广选非常之人。有的人就是泛驾之马、跅弛之士，但却能够立功名，做出非常之事，关键在于能否御之而已。这种对人不求全责备、不拘一格选拔人才的方式，正是汉武帝得以建功立业的人才策略。

《谏太宗十思疏》是一篇非常有思想，又敢于直谏的奏文，是一篇高瞻远瞩的政论文。从其文采看，它体现着"奏议宜雅"的要求，是奏议文的典范。从其内容看，它从"民为邦本"的思想出发，论述了"水能载舟，也能覆舟"的重要思想，要求为君者要慎重地对待这个问题，决不可轻视。接着他就提出了十个"思"，每个"思"都涉及治国安邦的重大问题。仅以最后的两个"思"为例，来看看十思的重要性："恩所加，则思无以喜而谬赏；罚所及，则思无以怒而滥刑。"讲得有多好啊！在一个君主有无上权威的封建专制国家中，皇帝的话，就是最高的法令，最容易从个人的好恶出发，在这方面犯错误、出问题，以致引起众怒，直至暴乱，可不审慎？！

在疏文的结尾，强调指出：为君的如果能够做到这十个"思"，就可以使"智者竭其谋，勇者竭其力，仁者播其惠，信者效其忠，文武并用，垂拱而治"，真是一篇文与质兼佳的建言书。

贞观之治，魏徵之功不可没。

（九）家训

在这一部分中，将家教与家书都包容在内。我国是一个有着优良家教传统的国家，有着丰富的家教经验和范例，具体体现在有关家教的故事、著作和家书等内容中。"孟母三迁""曾子杀彘"的故事，《颜氏家训》《朱柏庐治家格言》等专著，是大家所熟知的，不再赘述。

现以疏广的《请以赐金买田宅对》、诸葛亮的《诫子书》，以及《世说新语·贤媛》中的陶母责子等记述，做些简介。疏广在回答他的子弟要求用皇帝的赐金购置田宅时，提出"贤而多财，则损其志；愚而多财，则益其过。且夫富者，众之怨也"等答对，对于今天的我们，仍有现实的教育意义。诸葛亮在《诫子书》中提出："夫学须静也，才须学也，非学无以广才，非志无以成学。"对于今天克服一些年轻人在学习中的浮躁之风，缺乏立志和不能刻苦的弊病，不是很有针对性的教育箴言吗？特别是陶母责子的一段故事，陶母坚决拒收其子陶侃（时为掌管渔业的官吏）所送的鱼干，并以书责其子曰："汝为吏，以官物见饷，非唯不益，乃增吾忧也。"以此教育其子要廉洁奉公，不要以职徇私。这不仅在当时足以称道，在今日也值得借鉴。

家教与政教结合，除去上面的一些故事外，还有不少的家书可读，如郑板桥的家书、曾国藩的家书等。还有一些烈士在就义前所写的家书，更应多选学一些，使读者了解我们今天的幸福是如何来之不易的。现以孙中山的《家事遗嘱》为例，作些简析。

我国民主革命的先行者孙中山先生，在他弥留之际，曾写下了《致苏联遗书》《国事遗嘱》和《家事遗嘱》等。在《家事遗嘱》中，他写了下面的一些话："余因尽瘁国事，不治家产。其所遗之书籍、衣物、住宅等，一切均付吾妻宋庆龄，以为纪念。余之儿女已长成，能自立，望各自爱，以继余志，此嘱。"这篇仅五十四字的短文，言简意赅，情深意切，表现出一位伟大的革命家为国为民鞠躬尽瘁的无私奉献精神，以及对夫人的关切和对子女的期望，也可以此来激励后进。

（十）游记

古人写游记，除了览胜之外，都有所寄托，而且有的还含有很深的哲理在内。如柳宗元的《永州八记》，除说明"山川之胜，唯识者得之"以外，还借美景以抒发胸中的愤懑。王安石的《游褒禅山记》，阐明了凡事须亲临其境，方能知其深且难；而且必须立志和尽力，方能知其究竟；从游山水之中，来体会为学之道。袁宏道的《满井游记》，对郊外的春景写得生机盎然，只是蛰居于城市的人无所知而已，以此来启迪人们应当打开眼界去看世界。姚鼐的《登泰山记》，不但写出了登山之难，更描绘出观日出之美，使山色云海融为一体，真有"登泰山而小天下"之感。现以袁宏道的《满井游记》为例再作些简析。

满井游记

燕地寒，花朝节后，余寒犹厉。冻风时作，作则飞沙走砾。局促一室之内，欲出不得。每冒风驰行，未百步辄返。廿二日，天稍和，偕数友出东直，至满井。高柳夹堤，土膏微润，一望空阔，若脱笼之鹄。于时，冰皮始解，波色乍明，鳞浪层层，清澈见底，晶晶然如镜之新开而冷光乍出于匣也。山峦为晴雪所洗，娟然如拭，鲜妍明媚，如倩女之靧面而髻鬟之始掠也。柳条将舒未舒，柔梢披风。麦田浅鬣寸许。游人虽未盛，泉而茗者，罍而歌者，红装而蹇者，亦时时有。风力虽尚劲，然徒步则汗出浃背。凡曝沙之鸟、呷浪之鳞，悠然自得，毛羽鳞鬣之间皆有喜气。始知郊田之外未始无春，而城居者未之知也。

……

这篇游记，将初春的燕地景象，写得栩栩如生。在乍暖还寒之际，万物复苏的生机布满郊区，只是"城居者未之知也"，应当去见见世面。

由此可见，通过游记，不但可以览胜，可以采风，而且还可以考古，可以鉴今，可以多识鸟兽草木之名。总之，游记的天地是大的，文体是自由活泼的，可以是文，可以是诗，也可以是亦文亦诗；可长可短，也可以是连篇，还可以写一部书。如《徐霞客游记》，它不只是一般的游记，而且是一部地理考察的专著。所以有人说，司马迁的《史记》因游历而丰实，柳子厚的文章得山水之启迪，是有一定道理的。

（十一）杂文

这一部分，内容颇杂，包括的范围很广，凡不属于上面各类的简短杂文，都可以列于其中，包括笔记、读书札记、文学评论等，如明代洪应明的《菜根谭》、清代纪昀的《阅微草堂笔记》、清代袁枚的《随园诗话》、清代刘熙载的《艺概》、清代王永彬的《围炉夜话》、清代游戏主人的《笑林广记》等，都可以列入此类之中。在这些杂文中，有的是论诗文的，有的是论道德的，有的是论世事的，有的是谈鬼神的；有的是积极的，也有的是消极的，甚至有的是低级趣味的。我们可以从正面受到教育，也可以从反面得到警示，还可以用作酒后茶余的笑谈资料。落花流水，嬉笑谩骂，皆成文章。

现以纪昀的《河中石兽》一文和袁枚的《随园诗话》中论诗韵的部分为例，作些简析。

纪昀在《河中石兽》中记述了这样一个故事：为了寻求沉于河中十余年的两座石兽，曾根据一般常理，在原地寻觅，不可得；在下游寻之，亦不得；终于在一位老河兵的启示下，于上游得之。原文是：

> 一老河兵闻之，又笑曰："凡河中失石，当求之于上流。盖石性坚重，沙性松浮，水不能冲石，其反击之力，必于石下迎水处啮沙为坎穴。渐激渐深，至石之半，石必倒掷坎穴中；如是再啮，石又再转。转转不已，遂反溯流逆上矣。求之下流，固颠；求之地中，不更颠乎？"如其言，果得之于数里外。然则天下之事，但知其一，不知其二者多矣，可据理臆测欤？

通过这件事，说明要掌握事物的运动规律，不能凭臆测，也不能凭只知其一、不知其二的老经验，要根据事物的特点，进行深入的多方面的思考，才能掌握事物的本质，以求得对问题的解决。

袁枚在《随园诗话》中论说赋诗押韵问题，原文如下：

> 余作诗，雅不喜叠韵、和韵及用古人韵。以为诗写性情，惟吾所适。一韵中有千百字，凭吾所选，尚有用定后不惬意而别改者，何得以一二韵约束为之？既约束，则不得不凑拍；既凑拍，安得有性情哉？《庄子》曰："忘足，履之适也。"余曰："忘韵，诗之适也。"

袁枚论诗，倡导"灵性说"，反对泥古不化，在当时有较大的影响，成为诗坛中主要的一派。当时，在科举制度的要求下，对押韵限制得很严，甚至连"一东""二冬"，"十三元""十四寒""十五删"，都是平声同韵，也不能通用。袁枚的上述主张，反对削足适履，对于打破这些限制，不以辞害意，是有积极意义的，应当肯定。

（十二）科技文摘

中国的科技，在近代有所落后，但在古代却是一直走在世界的前列，在数学、天文、地理、医药、科技等方面，都有突出的贡献。如在先秦即已成书的《禹贡》，其中对治水的经验和根据自然条件划分的"九州"区域，一直沿用至后世。《考工记》（《周礼·冬官》）中对"百工"的提出和对木工、金工及其他工种的分析，也都有可取之处，不再赘述。下面仅以《梦溪笔谈》和《齐民要术》中的篇章做些简介。

《梦溪笔谈》，为北宋沈括所撰，就作者所见闻，用笔记体写成，其内容极为广泛，科技占有重要篇幅，如活字版、印刷术、指南针、陨星等，都属科技篇章。我国古代有关这方面的发明和发现，不仅对中国，而且对世界文明的发展都起了推进作用，是中国人民对世界文明的伟大贡献。

中国是以农立国，有关农事的记述，散见于古典诗文中比比皆是，先以北魏著名农学家贾思勰的《齐民要术》来做些说明。《齐民要术》约成书于公元6世纪中期，全书共十卷，九十二篇，分述了农作物、蔬菜、果树、竹木的栽培，家畜、家禽的饲养，农产品的加工和副业等，总结了我国6世纪以前的农业生产经验，为我国农业经营留下了一部比较系统的历史文献。值得一提的是明代著名科学家宋应星所著的《天工开物》，该书详细记载了各种农作物和手工业原料的种类、产地、生产技术和工艺装备以及某些生产组织经验，堪称中国17世纪的"工艺百科全书"。

《黄帝内经》大约成书于春秋战国时期，是我国较早的一部重要的医学文献，分为《素问》和《灵枢》两部，包括内科和针灸两个方面的内容，奠定了我国医学的理论基础。李时珍的《本草纲目》，是我国古代一部重要的药典，包括了各种药物的"释名""集解"，以及"辨疑""正误"和"修治"等多方面的知识和技术，因而不仅包括了"药理"，而且包括了"医治"等多方面的知识，为祖国医药学作出了重大贡献。以上两部书，都是我国中医发展的基础学科和主要经典。

李约瑟的《中国科学技术史》，对中国古代在科技方面的卓越贡献进行了系统的分类整理。他认为中国在科技方面是"独领风骚，一枝独秀"。他为了写《中国科学技术史》，从20世纪50年代起，先后八次来中国，用了半个世纪的时间，行程二万五千里，进行了科学上的"长征"，考察了有关的地方，写出了七卷《中国科学技术史》。他说"要还中国一个公道"。

李约瑟认为中国绝不只是有"四大发明"，中国在天文、地理、蚕丝、瓷器、冶炼、航海等多方面都走在世界前列。现以天文、地理方面为例，略述一二。在天文方面，《史记》有《历书》，中国的阴历，月的周期是29（或30）天，每年有二十四节气，达到了阴阳合历。在地理方面，《尚书》有《禹贡》，《汉书》有《地理志》，郦道元有《水经注》，裴秀最早用科学方法画出地图，《徐霞客游记》最早记录了对喀斯特地形的考察等等。总之，李约瑟博士对中国古代的科技做了系统的全面的考察和论述，因而中国天文台将发现的小行星第2790号命名为"李约瑟小行星"，以表达对他的感激之情。[①]

以上就是有关文体分类的基本内涵及其代表作的简介与评析。无论是分类还是评析都很粗糙，有待作进一步的研讨和补充。

二、关于"赋"的简释及其选篇的评析

赋，在文学发展史中独具一格，它是由诗、辞演化而成的。"诗"是指《诗经》，"辞"是指《楚辞》。赋，究竟属诗还是属文？在历史上曾有过不同的见解。班固在《两都赋序》中说："赋者，古诗之流也。"刘勰在《文心雕龙》中说："铺采摛文，体物写志。"因为"赋"要求押韵、对偶等，具有"诗"的一些特点，但从其篇幅与铺陈的章法来看，又有"文"

----

① 参考中央电视台广播的王渝生教授的讲话。

的特点。一般把它放在"文选"中，而不是放在诗集中，我们也是选择取自"文选"的做法。

赋在先秦已萌发，在先秦的文章中已有"赋"的表现，如在《荀子》的行文中多有对仗，而且有论"赋"的专篇。到汉代，赋已发展成主要文体，"西汉文章两司马"，司马迁的《史记》是散文的代表作，司马相如的《子虚赋》《上林赋》等是赋的代表作。到魏、晋、南北朝时期，赋作大盛，成为主导文体。如左思的《三都赋》、鲍照的《芜城赋》、江淹的《恨赋》《别赋》、庾信的《哀江南赋》等，都是有名的代表作。到唐代，还将赋列为科举考试的内容。

赋在其发展过程中，大致有古赋、骈赋（或称俳赋）、律赋和文赋（也称散赋）等不同格式和名称。赋的发展越来越形式化，如讲求文采、对仗、押韵等形式，有严格的格式要求，而且也由短到长。因为它过分追求形式，为求对仗、押韵等，有时不免有牵强附会和拼凑之弊。于是乃有韩愈和柳宗元为代表大力倡导散文写作，发起"文起八代之衰"的古文运动。到宋代，赋又有了新的发展，与散文进行适当结合，将"律赋"发展为"文赋"，欧阳修的《秋声赋》、苏轼的《前赤壁赋》《后赤壁赋》可作为代表作。由此，文赋日渐兴起，赋对文的影响也仍未消失。

在嗣后文学的发展过程中，主要是以散文为主，但赋作也屡有出现，而且在散文中适当增加赋的格式，如适当运用对仗和押韵，也可以增强散文的文采。在今天，"都邑赋"的创作，又为赋的重塑激起了新的波漪。

我们在"文赋"这一部分的选材中，主要内容在散文，赋放在最后，选材较少，不是说它不重要，而是因为它难读难学，应用的范围较小。但出于照顾青少年学习的需要，也选了一些篇章，使学者对这种体裁有所了解。在当今白话文的写作中，还要求有排比的文句，也可以视为与赋的影响有关。

下面仅以大家比较熟悉的王勃的《滕王阁序》和苏轼的《前赤壁赋》

两篇来对律赋和文赋做些简析。

《滕王阁序》是一篇格式相当完整的律赋，它以四六句的对仗，贯穿始终，并以七言律诗作结。从其内容来说，前面重在写景，后面重在写情，而且景中有情，情中有景，用了许多典故，写了诸多的古人和事物，词藻绚丽奔放，绝无牵强拼凑之语。王勃还力改时弊，创作出一些"壮而不虚，刚而能润，雕而不碎，按而弥坚"（杨炯《王勃集序》）的诗文，如《送杜少府之任蜀州》中的"海内存知己，天涯若比邻"，成为一直留传至今的名句。他的《滕王阁序》，也是一篇名传千古的精彩骈体文。文章前段描绘了滕王阁的历史和景物以及大宴的盛况，意境极为宽阔，文笔极为奔放。其中的"临帝子之长洲，得仙人之旧馆。层峦耸翠，上出重霄；飞阁流丹，下临无地"，写出了滕王阁建筑的华美和典雅。"闾阎扑地，钟鸣鼎食之家；舸舰迷津，青雀黄龙之轴"，写出了滕王阁的高大和旷阔。等到"虹消雨霁，彩彻云衢"之时，就可以看到"落霞与孤鹜齐飞，秋水共长天一色"的一望无际的景象。文章写到这里，阎都督也不得不拍案叫奇。在文章的后段，联系到他当时的遭遇，父子都被罢官、坐迁，于是有"兴尽悲来"之感，但他还是希望能东山再起，为国报效。其中"怀帝阍而不见，奉宣室以何年？""时运不齐，命途多舛。冯唐易老，李广难封。屈贾谊于长沙，非无圣主；窜梁鸿于海曲，岂乏明时？所赖君子安贫，达人知命。老当益壮，宁移白首之心；穷且益坚，不坠青云之志"，因而"酌贪泉而觉爽，处涸辙以犹欢。北海虽赊，扶摇可接；东隅已逝，桑榆非晚"，但他还是以"孟尝高洁，空怀报国之心；阮籍猖狂，岂效穷途之哭"来安慰自己和勉励自己。并以"杨意不逢，抚凌云而自惜；钟期既遇，奏流水以何惭"，来说明他之所以勇于接受作《滕王阁序》这篇文章的心境。只就以上所引，可见王勃在这篇《滕王阁序》中以排比及叶韵的形式，用了多少典故来写这篇记叙骈文，典故都运用得恰到好处，行文没有半点的生硬、拼凑与艰涩之处，完成了对这个"四美具"

（良辰、美景、赏心、乐事）、"二难并"（贤主、嘉宾）的盛会的赞誉。实在是堪称"千古绝唱"的骈赋范文，从中也可以充分体会和赏析到赋体之美。

下面再以《前赤壁赋》作为文赋来做些简析。《前赤壁赋》有些像《楚辞》中的《渔父》一文，是通过问答的形式写成的。

这篇文赋是一波三折，与客人泛舟于赤壁之下，清风、明月、白露、水光，美景如画。泛舟于江上，如乘风，似登仙，"于是饮酒乐甚，扣舷而歌之"，即景作歌，其乐何极！如同在赋中所说的："浩浩乎如冯虚御风，而不知其所止；飘飘乎如遗世独立，羽化而登仙。"但在"饮酒乐甚"之际，在其歌中又反映出"渺渺兮予怀，望美人兮天一方"的去国怀乡的伤感。在客人吹洞箫倚歌而和之的过程中，也反映出"如怨如慕，如泣如诉"的悲伤的声调，于是便引发了由乐而悲的情景，感叹人生一世不过是"寄蜉蝣于天地，渺沧海之一粟"，"哀吾生之须臾，羡长江之无穷"。苏轼向客人作了如下的解释："客亦知夫水与月乎？逝者如斯，而未尝往也；盈虚者如彼，而卒莫消长也。盖将自其变者而观之，则天地曾不能以一瞬；自其不变者而观之，则物与我皆无尽也，而又何羡乎？"并喻之以"惟江上之清风，与山间之明月，耳得之而为声，目遇之而成色，取之无禁，用之不竭，是造物者之无尽藏也，而吾与子之所共适"。这又是难得的机遇，于是"客喜而笑"，又变悲为喜，乃洗盏更酌，直至"肴核既尽，杯盘狼藉，相与枕藉乎舟中，不知东方之既白"。

在全文中，虽系游记，却讲了一篇人生哲理，而且行文如浮云流水，变化无穷。正如有的文集所评价的那样："文情飘忽无端，笔笔有仙气。"是一篇内容与形式都极为美而善的文赋。

从以上所引两篇文赋中，可见"律赋"与"文赋"的一斑。下面我们再选一篇现代的赋作，作为附件，供读者学习参考。

这是在第24届教师节所写的，以北京师范大学为对象，歌颂教育事业和教师的文赋,是具有律赋和文赋两方面特点的一篇现代赋作。通过这篇作品,我们可以看到赋作的影响,它在今天的写作中,对现代文学的创作和发展仍有着深远的影响。下面就是这篇文赋的全文。

京师赋[①]

赵仁珪

琉璃古街,重楼相犄,原师范大学之旧地;什刹波光,飞檐映照,故辅仁大学之旧校。岁在壬辰(1952),二校合并,两强联手,追本溯源,实已百年有六。太平湖畔,蒿莱辟为绿洲;蓟门胜景,烟树掩映群楼。今之北京师范大学,在此续写新版春秋。

师范者何?师垂典则,范示群伦也;辅仁者何?以文会友,以友辅仁也。故人文为之荟萃,学术成其渊薮。济济多士,共执陶甄要枢;青青子衿,同瞻学术泰斗。科学思想,西哲为之叹服;道德文章,时贤推为翘楚。桃李无言,下自成蹊,一往盛誉,孰与师大比多?十年树木,百年树人,不二古训,舍我师大谁何?探我历史渊源,古代邹鲁为祖;定我历史地位,现代教育之母。

然志存学术,虽竭平生之力;心系兴亡,亦关方寸之间。琅琅书声,常随风云共卷;区区私怀,当与天下相连。弘毅大道,先天下之忧而忧;崇尚真理,以国家之安为安。噫!师大师生,岂止学术精英,亦乃爱国先驱也!新文化潮,妙手著成文章;"五四运动",铁肩担起大道。赵家楼头,一把火燃光明于黑夜;天安门前,几声吼挽狂澜于既倒。"三·一八惨案",三烈士喋血街头;"一二·九运动",众师生舍生先导。"七·七事变",举校负笈陕甘;行行不辍,踏遍万水千山。弦歌嘤鸣,一路相求相投;栉风沐雨,万里如磐如晦。木铎金声,摇动黄河上下;爱国热潮,席卷祁连南北。万世之功,千秋之泽,真可与西南联大媲美!

---

① 赵仁珪:《京师赋》,《光明日报》2008年9月10日第8版。

光复后,反内战,国家解放;建国初,学苏联,院系重组。本期大展宏图,高飞远鸷;不料横遭红羊,云横雪阻。批右派,自毁长城;逞极左,竟砸孔府。幸斗转而星移,庆拨乱而反正。去彼左之旧规,来吾导夫先路。科学迎来春天,教育植根沃土。惊雷一响,好雨随风入夜;布谷频催,枯禾喜逢甘露。莘莘学子,奋夺十年之逝水;殷殷老师,大展平生之抱负。改革开放,岁新月新日日新;解放思想,神爽心爽人人爽。尘封书卷,故旧重遇知音;沉寂校园,木铎又振金响。爱生扶弱,贫困生我以援助;尊师重教,教师节我之首倡。春华秋实,励耕必结丰收硕果;弘文励教,乐育自有鲜花竞放。硕士点、博士点,雨后春笋;"二一一""九八五",率先登榜。评重点、评品牌,常列三甲;论综合、论实力,不外十强。真可谓欣欣而向荣,蒸蒸而日上。

然我百年老校,泱泱学府,岂能仅此即沾沾自喜,固步自封哉!运得天授,神龙正在崛起;时不我待,快马尚须着鞭。百年大计,当以人才为本;科技兴国,必以教育为先。责无旁贷,天降大任于我;义不容辞,我当一往无前。煌煌大业,自励龙头领舞;遥遥征程,人期马首是瞻。勉哉同学,莫愧师范二字;勉哉教师,珍重老校百年。学为人师,道德与文章并重;行为世范,理论共实践相兼。层楼递上,提升综合实力;与时俱进,应变教育转型。坚持特色,保持国内领先;加强研究,赢得世界知名。

噫!方针既定兮,各抱地势走百川;目标既明兮,不破楼兰誓不还。心怀沧海兮,横绝洪涛揽青天;志齐岱岳兮,会凌绝顶小众山。北师大人兮,砺兵秣马奋争先;百年母校兮,老树著花春满园!

三、结束语——古典文、赋对写作的启示

从上述的文赋介绍中,我们可以学到古人为文的一些经验,给我们写作以启示。

（一）文以气为主，要理辞兼备

曹丕在《典论·论文》中指出："文以气为主。"这是为文的一条重要原则，但他认为气不是人人兼备的。并指出"文非一体，鲜能备善"，各有长短，应相互学习，克服"文人相轻"的流弊。《典论·论文》最早对各种文体的特点做了概括说明："奏议宜雅，书论宜理，铭诔尚实，诗赋欲丽。"至今尚不失其指导意义。"文以气为主"，为文要有气有势，有声有色，如长江大河，一泻千里，才能成为宏论。为文要一气呵成，贯彻始终，前后连贯，左右照应，起承转合，抑扬顿挫，各得其所。

为文要以理制辞，以辞论理；理是文之体，辞是文之用；理弱则文无以立论，辞乏则文无以成章。全面处理好理与辞的关系，使理辞兼备，相互为用，才能成为一篇范文。

一篇好的文章，必须有一个恰当的全面布局。要善始，还要善终，虎头蛇尾，绝不能成为一篇佳作。起始要有一个好的开题，结尾要有高屋建瓴的结论，要给人以启迪和联想，使文有尽而意无穷。如《典论·论文》，不仅对文章的作用、分类、特点和评价，做了全面的论述和评议，最后还提出文章是"经国之大业，不朽之盛事"，对如何为文的经验进行了阐明，使文章更深入一层，给人以新的启示。文章结语也是一个重要问题，有人提出，作文应跳出题外作结，使文章更上一层楼，避免出现"头重脚轻""虎头蛇尾"的问题，也可以作为为文的参考。

（二）全面处理好文与质的关系，做到内容与形式统一

这里所讲的"文"，是指文章的文采，"质"是指文章的内涵，文与质的关系，也就是文章的内容与形式的关系。

一篇好的文章，要求内容与形式兼美。首先要求内容好，如何表达内容，就要求形式美，为文要重在内容，但又不能忽视形式。没有内容的形式，会使文章流于空泛；没有形式的内容，则会使文章流于干瘪，都不能

成为一篇范文。一篇范文，必须是内容与形式兼美，相互为用。

不同的文体，对形式有不同的要求，如前面所引："奏议宜雅，书论宜理，铭诔尚实，诗赋欲丽。"就是讲的这个问题。因而形式美在为文中也占有重要的地位。古人为文，很重视文字修养，注意遣词组句，要求以简御繁，以少胜多，要求字字掷地有声，语不惊人誓不休。"言而无文，其行不远"（孔子云，见《左传·襄公二十五年》），讲道义是如此，作文章也是如此。但只讲求形式，而忽视内容之支撑，最后使赋作走向形式化，于是便有了"文起八代之衰"的韩愈、柳宗元的文学改革的古文运动。这些都说明了为文必须内容与形式兼顾。

魏徵的《谏太宗十思疏》，是一篇既实又雅的奏折，真正做到了"奏议宜雅"的要求。刘禹锡的《陋室铭》，仅用了四十个字，把他的书屋写得有声有色，使你确实感到"何陋之有"。《史记》被鲁迅誉为"史家之绝唱，无韵之《离骚》"，它以人写史，把不同的人物、不同的事件，写得栩栩如生，事如其人，论在其中。他不仅善于用散文，而且把诗歌、俚语也融于文中，使其成为一体，如写燕太子丹送荆轲赴秦行刺时，易水一别，用了"风萧萧兮易水寒，壮士一去兮不复还"的诗歌，其悲壮凄凉的情景，读之使人倍感寒栗，催人泪下。一部《史记》，是一部文质兼佳的代表作，响彻千古。

总之，为文要全面处理好内容与形式的关系，重内容，又不能忽视形式，也就是要正确处理好文与质的关系。

（三）要有真情实感，不无病呻吟或故作玄虚

一篇好的文章，要发于中而形于外，才能成为有血有肉、有情感、有思想的佳作。那种无病呻吟、故作玄虚的作品，绝不会成为一篇范文；同样勉强造作出来的作品，也绝不会是一篇好的文章。

韩愈的《祭十二郎文》，之所以被称为祭文中的"千秋之绝唱"，是因为它写出了"骨肉之至情"，使人感到字字泪、句句血，不忍卒读。

王安石的《答司马谏议书》，是对司马光的几条指责的回答和反驳，有理有节，反映出一位改革家坦荡的政治胸怀和不屈的战斗精神。

方苞的《左忠毅公逸事》，在声势之壮烈、意气之激昂中，饱含着左忠毅公对敌人的高度警惕和对学生的深切关爱。外面表现的是怒和气，但内心却饱含着对敌人的深仇大恨和对战友的炽热深情，"似是无情却有情"。

所有这些文章，无论是亲情，还是友情，或是政论的坦诚，都饱含着真情实感，值得认真阅读和体验。

（四）要长期积累，反复推敲，不苟且了事

要写出一篇好的文章，绝非一日之功，是长期积累和锤炼的结果。

欧阳修的《醉翁亭记》，仅四百余字的散文，其中用了二十个"也"字；柳宗元的《愚溪诗序》，也只有四百字，其中写出了二十七个"愚"字，其用字之妙，堪称经典，没有长期的语文修养，盖难出此。这两篇文章，其内容和形式都是美的，因而做到了文与质的完美结合，体现出为文的深厚功底，是一般人难以做到的。

据说欧阳修在有的文章写好后，要贴在墙壁上进行反复琢磨和修改，才算最终告成，其用心若是。据说有的作家，为了写出一个好的句子，竟捻断了几根胡须，真正做到了殚精竭虑。如同韩愈在《进学解》中所说的，要下一番"焚膏油以继晷，恒兀兀以穷年"的功夫。

一篇游记，看起来是写一地之景色，但它常常是现实与历史、现象与感想、文与诗词多方面相结合的产物。只有这样，才能写得有景有情、有文有理、有声有色，给人以多方面的感受和启迪。柳子厚的游记，就是这方面的范例。

王勃的《滕王阁序》、苏轼的《前赤壁赋》《后赤壁赋》，堪称律赋与文赋的代表作，其中固然有二子之才，但没有长期文学修养的功夫，也盖难出此。当然，这些高手，是具有别人无法企及的才能，更下了别人无从达到的功夫。我不否认人的天赋有高低之分，但我更为重视的是"勤能补拙""笨鸟先飞"的努力。在龟兔竞走中，最终胜利者是乌龟。为学贵在勤奋、有恒，几分耕耘，几分收获。

附：

学规与家规选介

（一）学规

学规，是古代学校规章的总称，犹今日之学校章程。最初仅为学子在学时有关思想行为的要求和规定，如《管子》中的《弟子职》。到宋代则发展成为学校和书院的规章制度，如《白鹿洞书院揭示》。明清时期的官学学规，则偏重对学习思想行为的规范和限定，如《圣谕广训》等。学规在文体上，兼用了语录和文赋等文学形式。

清代张伯行作《学规类编》，辑录宋、元、明时期程朱学派有关修身、治学的要求和方法，共二十七卷。以《朱子白鹿洞教条》开首，《学校贡举私议》作结，成为后世采用的教育课本。[①]

现以《管子·弟子职》和《白鹿洞书院学规》为例作些分析。

《管子·弟子职》是中国早期的学规或学则。其中有这样的规定："先生施教，弟子是则：温恭自虚，所受是极；见善从之，闻义则服；温柔孝悌，毋骄恃力；志无虚邪，行必正直；游居有常，必就有德；颜色整齐，中心必式；夙兴夜寐，衣带必饬；朝益暮习，小心翼翼；一此不解，是谓学则。"[②] 这里对学子的进德修业作了比较具体的规定，应视为最早的学规。《论语》中，孔子有关"弟子入则孝，出则弟；谨而信；泛爱众，而

---

① 参考《教育大辞典》，第1799页。
② 《管子·弟子职》，《诸子集成》，中华书局1954年版，第315页。

亲仁；行有余力，则以学文"的要求，也可以视作对初学者的学规。孔子的这段话，便成为后来《弟子规》一书的大纲。

到宋代，书院发展后，每个书院对其教育设施，都有具体的要求和规定，于是"学规"便逐步形成。现以朱熹的《白鹿洞书院学规》为例，做些介绍和分析。

《白鹿洞书院学规》，也称为《白鹿洞书院揭示》或《白鹿洞书院教条》，它明确地规定了教育的实施方针和培养目标以及对学子行为的具体要求。

书院规定实施五教，即"父子有亲，君臣有义，夫妇有别，长幼有序，朋友有信"，以此来纠正当时官学中"务记览，为辞章，钓声名，取利禄"的流弊，贯彻其"德行道艺之实"重德行的儒家传统。

为了实施上述的教育方针和培养目标，朱熹又提出为学、修身、处事、接物的要目：

在为学方面，贯彻《中庸》中的"博学之，审问之，慎思之，明辨之，笃行之"五个步骤，体现出学思结合、知行统一的重要教育思想。

在修身方面，要求"言忠信，行笃敬；惩忿窒欲，迁善改过"。

在处事方面，要求"正其谊，不谋其利；明其道，不计其功"。

在接物方面，要求"己所不欲，勿施于人"，"行有不得，反求诸己"。[1]

总之，它把儒家治学与修养的内容和原则、方法，都作为书院的学规来实施，成为南宋书院中最为完整的"学规"，而且为后世书院所共同遵循，并影响到官学的教育实施。

---

[1] 陈元晖等编著：《中国古代的书院制度》，上海教育出版社1981年版，第36—38页。

（二）家规

由于我国重家教，要治国必先从修身、齐家做起，因而，也就有不少的家规与家范留传后世。从《颜氏家训》到《袁氏世范》，再到《朱柏庐治家格言》，其中有不少有关家规的规定。现仅对《袁氏世范》和《朱柏庐治家格言》作些简介。

《袁氏世范》 为宋代袁采所作，被后人推崇为《颜氏家训》之亚。《袁氏世范》共分三卷，包含睦亲、处己、治家三方面的内容。

在睦亲方面，要求子女对父母要极尽孝道，要做到终生承欢尽养，以报答父母"爱念抚育之恩"；要求父母不可妄施憎爱，"子幼必待以严，子壮无薄其爱"。

在处己方面，要求厚责于己而薄责于人。人贵忠信笃敬，但对"忠信笃敬，先存其在己者，然后望其在人者"。为此，要责己严，待人宽，要做到有过"求谢而思改"。对人不可怀"慢伪妒疑之心"。礼不可因人分轻重，不要"因人之富贵贫贱设为高下等级"。

在治家方面，除执行上述的要求外，还要求处富贵不骄，睦邻里，造桥修路，广施仁义。①

《朱柏庐治家格言》 原名《朱子家训》，因朱子易与朱熹混同，便改名为《朱柏庐治家格言》。在"格言"中所提出的要求，都可以视作"家规"。从"黎明即起，洒扫庭除"做起，到"居身务期简朴，教子要有义方"，再到"读书志在圣贤，为官心存君国"②，一整套的有关修身、治家、报国的要求，都包含在其中。对于这方面的内容，大家比较熟悉，不再一一列举。

另外，包拯在家训中规定："后世子孙仕宦有犯赃滥者，不得放归本

---

① 史孝贵主编：《历代家训选注》，华东师范大学出版社1988年版，第67—75页。
② 史孝贵主编：《历代家训选注》，华东师范大学出版社1988年版，第124—126页。

家；亡殁之后，不得葬于大茔之中。不从吾志，非吾子孙。"并将这些家训刻石，"竖于堂屋东壁，以诏后世"。[①]（《包拯家训》）这种严格的要求，也应该视为重要家规。如此等等，不胜枚举，不再多述。

如果将"家规"放到前面的"家训"类中去，"学规"应放在哪类中？或单独设类？尚待考虑。现在暂将其与"家规"都作为附录列在这里，供学习者参读。

---

① 史孝贵主编：《历代家训选注》，华东师范大学出版社1988年版，第76—77页。

第八讲　诗、词解说

学习中国古典文化，应从学习中国古典诗、文开始。对于青少年，特别是儿童的学习来说，又常常是开始于背诵古诗歌。因而教学古典诗词，成为教育工作中的一项重要任务。现将诗词中的一些常识性的问题简述如下。

一、诗的沿革和格律

（一）诗的沿革

中国是一个诗的国度。从先秦的《诗经》《楚辞》开始，经汉、魏、晋的"乐府""古诗"，到隋、唐的律诗，再到近代的新诗，大致经历了从古诗、律诗到新诗等几个不同的发展阶段和几种不同的体例。

《诗经》　《诗经》是我国最早的诗歌总集。在第四讲"《诗经》简释"中，已进行了比较详细的解说，而且为大家所熟知，不再赘述。

《楚辞》　在第一讲"中国经典文化源流概述"中，已初步提出，在这里再作些补充说明。《楚辞》，是先秦时期在《诗经》之后的另一部诗歌集，是我国楚地文化的代表作，如宋代黄伯思早在《翼骚序》中所说的"屈、宋诸骚，皆书楚语，作楚声，纪楚地，名楚物，故谓之《楚辞》"。其代表人物是屈原和宋玉，其主要著作有屈原的《离骚》《九歌》《天问》《九章》《卜居》《渔父》、宋玉的《九辩》《招魂》等。在《楚辞》中，除了爱国忧民的思想外，也包括了一些巫祷和祭歌等方面的内容。《楚辞》是我国古典文学中浪漫主义的代表作，有很高的文学价值。

乐府 乐府是来自民间的诗歌，它与《诗经》中的《国风》有些相似。开始是来自民间，后来也就成为文人进行创作的一种诗歌格式。它是以汉武帝时所设立的搜集和管理民间音乐的机构"乐府"而得名，负责收集和整理各地的歌曲和歌词，其生活气息较浓，语言比较通俗质朴，句式也错落不齐，对古诗的发展，对以后词的出现和文赋的形成，都有一定的影响作用。乐府和古诗，从其来源来说，一般是乐府来自民间，古诗多出于文人之手；从其形式上来分，乐府多属长短句，而古诗的句式则比较规范；更为重要的一点是乐府要求能合乐演唱，古诗则不作此要求。这些区分，也仅是就一般而言的。现举两首乐府，并做些简析。

第一首，《东门行》：

东门行

出东门，不顾归；来入门，怅欲悲。盎中无斗米储，还视架上无悬衣。拔剑东门去，舍中儿母牵衣啼："他家但愿富贵，贱妾与君共哺糜。上用仓浪天故，下当用此黄口儿，今非！""咄！行！吾去为迟，白发时下难久居。"

这首乐府诗尖锐地揭露出在统治阶级的压迫和剥削之下，劳动人民饥寒交迫和妻离子散的悲惨状况。诗歌描述了在分离的时候夫妻的一番对话，丈夫要坚决地离家去自寻出路，妻子则是苦口挽留、谆谆告诫。

另一首，《长歌行》：

长歌行

青青园中葵，朝露待日晞。

阳春布德泽，万物生光辉。

常恐秋节至，焜黄华叶衰。

> 百川东到海，何时复西归？
>
> 少壮不努力，老大徒伤悲。

这首乐府，形同五言古诗，其思想是积极的，言之寿命长短虽不可强求，但通过努力可以争取到一个好的结局，以免老大空悲伤。这首乐府诗歌，为五言古诗的形成提供了范例。

古诗 古诗的出现与"乐府"同时或较晚一些。古诗在形成过程中，又经过了四言、五言到七言的发展过程。在诗歌的句式上大体是：《诗经》多属四言，《楚辞》多属七言，乐府又以五言居多，它们为古诗到律诗的形成奠定了一定的基础。古诗的特点是：在用韵和对仗方面要求较低，三曹（曹操、曹丕、曹植）对古诗从四言到五言、七言的形成，做出了很大的贡献。如曹操的《步出夏门行》"神龟虽寿"，《短歌行》"对酒当歌"，就是四言体；到《蒿里行》"关东有义士"，已成为五言体。曹植对五言古诗的发展，做出了突出的贡献。曹丕的《燕歌行》"秋风萧瑟天气凉，草木摇落露为霜"，已将古诗从五言发展成为七言。总之，"三曹"对古诗的形成和发展，贡献是巨大的。

《古诗十九首》，是当时古诗的代表作，现仅选《迢迢牵牛星》一首，来作说明：

迢迢牵牛星

> 迢迢牵牛星，皎皎河汉女。
>
> 纤纤擢素手，札札弄机杼。
>
> 终日不成章，泣涕零如雨。
>
> 河汉清且浅，相去复几许？
>
> 盈盈一水间，脉脉不得语。

它具体叙述了织女与牛郎相隔在天河两岸，而不能相会的悲切故事，使这样一对勤劳而忠贞的青年男女的爱情故事，永传后世。

（二）诗的格律

律诗出现较晚，是从古诗发展而成的。从古诗发展为律诗，古典诗歌的发展已臻成熟。律诗亦称为"近体诗"，有严格的格律。从"古诗"发展为"律诗"，在句式、平仄、押韵、对仗等方面，形成了严格的格式，即诗的格律。现以五绝和五律、七绝和七律，做些简介。

五绝 五绝为五言四句，共20字。在平仄上，一般用仄起式，其格式是：仄仄平平仄，平平仄仄平。平平平仄仄，仄仄仄平平。如果用平起式，即将后两句移作前两句，前两句移作后两句。每两句最后一字押韵，不要求对仗。如王之涣的《登鹳雀楼》："白日依山尽，黄河入海流。欲穷千里目，更上一层楼。"这就是一首标准的仄起式五言绝句。绝句虽不要求对仗，但这首诗的前后两联都是对仗的。

五律 五律为五言八句，共40字。在平仄上，也有"仄起式"和"平起式"两种格式。八句分为四联，两句一联，一、二两句为首联，三、四两句为颔联，五、六两句为颈联，七、八两句为尾联。颔联和颈联一般要求对仗，也有少数例外。其平仄句式，是将两首五绝加以重叠。现以杜甫的《春望》一诗为例：

春 望

> 国破山河在，城春草木深。
>
> 感时花溅泪，恨别鸟惊心。
>
> 烽火连三月，家书抵万金。
>
> 白头搔更短，浑欲不胜簪。

它不仅是一首典型式五言律诗，而且它连首联也用了对仗。每联的后一句最后一字要求押韵，而且要用诗韵所规定的同韵的字，如此诗所用的"深""心""金""簪"四字，都是"十二侵"的韵。全诗在格律的要求上是极为规范的。

七绝 七绝为七言四句，共28字。在平仄的格式上，也有"平起式"与"仄起式"之分。平起式的格式是：平平仄仄平平仄，仄仄平平仄仄平，仄仄平平平仄仄，平平仄仄仄平平。如果第一句要求押韵，即将"平平仄仄平平仄"，改为"平平仄仄仄平平"。李白的《早发白帝城》即属此格式："朝辞白帝彩云间，千里江陵一日还。两岸猿声啼不住，轻舟已过万重山。"如果是仄起式，其格式：仄仄平平平仄仄，平平仄仄仄平平。平平仄仄平平仄，仄仄平平仄仄平。杜甫的《绝句》："两个黄鹂鸣翠柳，一行白鹭上青天。窗含西岭千秋雪，门泊东吴万里船。"这首诗不仅用的是仄起式，而且首联和尾联都是对仗的，这在七绝中也是少有的。如果第一句要求押韵，即将"仄仄平平平仄仄"，改为"仄仄平平仄仄平"。在七言律诗中，不论是七绝还是七律，第一句即行押韵的较多。

七律 七律为七言八句，共56字。在平仄的格式上也有"平起式"与"仄起式"两种，是将七绝的四句格式重复使用。如果第一句要求押韵，也如同七绝一样进行改动。在七律的八句中，每两句为一联，分为首联、额联、颈联和尾联。其中额联和颈联要求对仗，每联的末字押韵。现举杜甫的《闻官军收河南河北》一诗为例：

闻官军收河南河北

剑外忽传收蓟北，初闻涕泪满衣裳。

却看妻子愁何在，漫卷诗书喜欲狂。

白日放歌须纵酒，青春作伴好还乡。

即从巴峡穿巫峡，便下襄阳向洛阳。

杜甫这首诗的特点是，不仅额联和颈联对仗，连尾联也是对仗的。全诗有三联对仗，不为多见，押的是"七阳"的韵。有关对仗的知识，简介于后。

对仗，是律诗中的重要问题，一般五律、七律的额联和颈联都要求对仗，两联的平仄、词性都须相对。对仗有工对、借对、自对、流水对、联对等，现分别简述于下。

所谓工对，就是说在两联中相对应字词的平仄、词意、词性都相对，如天对地、雨对风、大陆对长空、山花对海树、赤日对苍穹……上面所引的杜甫的《绝句》，"两个黄鹂鸣翠柳，一行白鹭上青天。窗含西岭千秋雪，门泊东吴万里船"，即属于工对。

所谓借对，就是在两联的用字上，有时为了词性相对，可借用同音的字，如杜甫在《野望》诗中的"西山白雪三城戍，南浦清江万里桥"，就是借"青"作"清"，与上联"白"字相对。再如刘长卿的《江州重别薛六柳八二员外》中"寄身且喜沧洲近，顾影无如白发何"是借"苍"作"沧"，与下句"白"字相对的。在借意方面，如刘禹锡的《竹枝词》："杨柳青青江水平，闻郎江上唱歌声。东边日出西边雨，道是无晴却有晴。"最后一句是双关语，以"晴"喻"情"，来影射男女的爱情，即属借意。

所谓自对，就是在有的诗词中，既是两句相对，在每一句中还有的词是自对。如岳飞《满江红》一词"三十功名尘与土，八千里路云和月"两句中的"尘与土""云和月"，既是两句相对，又是每句中自对。毛泽东在七律诗《人民解放军占领南京》中的"虎踞龙盘今胜昔，天翻地覆慨而慷"，"今胜昔"与"慨而慷"既是相对，更是自对，而且对得很有特色。

所谓流水对，是指在一联中的两句以递进的关系相对。如王之涣的《登鹳雀楼》诗中的后两句"欲穷千里目，更上一层楼"，其意思是连贯递进的，即属流水对。再如林则徐在发配新疆时，《赴戍登程口占示家人》诗中的"苟利国家生死以，岂因祸福避趋之"两句，也属于递进的流水对。

最后，讲讲有关联对的问题。联对，也称为"扇面对"或"扇对"。也就是在两联中两句或多句相对，即在两联中首句对首句，末句对末句。

如苏轼的《用前韵再和许朝奉》诗："邂逅陪车马，寻芳谢朓洲。凄凉望乡国，得句仲宣楼。"即是双句相对的联对。

联对在词中用得较多，如毛泽东在《沁园春·雪》一词中，上阕的"望长城内外，惟余莽莽；大河上下，顿失滔滔"，下阕的"惜秦皇汉武，略输文采；唐宗宋祖，稍逊风骚"都是很严谨的联对。

在对仗中，不仅要求工整，而且更要有韵味，如果是拼凑，就将失去诗意。

关于诗的押韵，一般是用平声韵；但也有的用仄声韵，如贾岛的《寻隐者不遇》："松下问童子，言师采药去。只在此山中，云深不知处。"即用的是去声"六御"的韵。在词中用仄声韵则更多一些。

此外，在律诗中，还有"拗救"和防止"孤平"等等多方面的规定，简释如下：

孤平和拗救。如在五言诗"平平仄仄平"这个诗句中，第一字必须用平声，如果用了仄声，就是犯了孤平，因为除韵脚之外，这句诗就只剩了一个平声字了。再如在七言律诗中的"仄仄平平仄仄平"的句型中，第三字如果使用了仄声字，也是犯了孤平。出了孤平，就要进行补救，补救的办法是：五言第三字要补一个平声字，即由"平平仄仄平"变为"仄平平仄平"，七言则由"仄仄平平仄仄平"变为"仄仄仄平平仄平"，这叫作本句自救。也可以在对句中进行补救，将对句的"平平仄仄平平仄"改为"平平平仄平平仄"。因此，为了避免出现孤平，五言第一字和七言第三字，都不能不论。这样"一三五不论"的说法，就不能作为普遍原则在作诗中使用。在诗的创作中，有人专门做拗句，则另当别论。

诗的格律，由于后期科举制度的采用，要求越来越严格，也就越来越形式化。

（三）诗的分类

"诗言志"，应是有所感和有所为而作，这是中国诗作的优良传统。诗就其内容来分，可以分为叙事诗、咏史诗、田园诗、山水诗、哲理诗、爱国诗等。叙事诗的范围很广，凡属对一人一事有感而作的，都可以列入其中，言情诗和送别诗又占有绝大部分。写爱情的诗篇，更是汗牛充栋，不计其数，不作举例。

咏史诗 杜牧的《赤壁》："折戟沉沙铁未销，自将磨洗认前朝。东风不与周郎便，铜雀春深锁二乔。"这是大家所熟悉的诗，讲的是三国中的一个故事，指出历史事实是不会随着时间推移而流失的。再如文秀的《端午》："节分端午自谁言，万古传闻为屈原。堪笑楚江空渺渺，不能洗得直臣冤。"既写节日，又吊屈原，是一首很好的咏史诗，也可以作为节日诗选读。

田园诗 自魏晋以来开始发展，从陶渊明到范成大再到郑板桥，都有不少的田园诗篇。陶渊明的《归园田居》和范成大的《四时田园杂兴》都是田园诗篇的代表作。现以上述二者为例，选取其中篇段，做些说明。

陶渊明的《归园田居》："种豆南山下，草盛豆苗稀。晨兴理荒秽，带月荷锄归。道狭草木长，夕露沾我衣。衣沾不足惜，但使愿无违。"具体写出了"复得返自然"的悠然自适的田园生活。

范成大的《四时田园杂兴》，不但写出农村的繁忙景象，更写出了农民的心声。如："昼出耘田夜绩麻，村庄儿女各当家。童孙未解供耕织，也傍桑阴学种瓜。"它不但写出了成年人的繁忙，同时也写出了儿童在仿效中的成长。再如："垂成穑事苦艰难，忌风嫌雨更怯寒。笺诉天公休掠剩，半偿私债半输官。"它不但写出了从事农事的艰难，更喊出了农民的苦难，一年忙到底，在还债和输官之后，还是两手空空一无所获。读了这些田园诗，可以加深对旧时农村和农民生活的理解，其中包含着深刻的思想内涵。

山水诗 在田园诗发展的同时，山水诗也在发展，以祖国的大好河山为对象，来抒发对自然的体验和热爱。南朝宋谢灵运倡山水一派诗风，唐代孟浩然、王维、李白等都有山水诗传世。如王维的《积雨辋川庄作》（也题为《辋川积雨》）："积雨空林烟火迟，蒸藜炊黍饷东菑。漠漠水田飞白鹭，阴阴夏木啭黄鹂。山中习静观朝槿，松下清斋折露葵。野老与人争席罢，海鸥何事更相疑。"在这首诗中，诗人不但写了在辋川的生活，而且包容有深度的诗情禅意。再如李白的《望庐山瀑布》："日照香炉生紫烟，遥看瀑布挂前川。飞流直下三千尺，疑是银河落九天。"诗人以豪放的才气、夸张的手法，描绘出一幅生动的山水图。

哲理诗 在历史上也不少见，特别在宋代理学兴起之后，理学家写了不少的哲理诗。如程颢的《秋日偶成》："闲来无事不从容，睡觉东窗日已红。万物静观皆自得，四时佳兴与人同。道通天地有形外，思入风云变态中。富贵不淫贫贱乐，男儿到此是豪雄。"写出了静观万物、道通天地的悠然自得的心境。朱熹有《春日》和《观书有感》等诗篇，如在《春日》中所写："胜日寻芳泗水滨，无边光景一时新。等闲识得东风面，万紫千红总是春。"以寻芳泗水所见到的"无边光景"，来说明对"学理"的贯通。在《观书有感》中更有"半亩方塘一鉴开，天光云影共徘徊。问渠那得清如许，为有源头活水来。"写出了学有所通、豁然开朗的境界。以及他在《偶成》诗中，世人要爱惜时光，不要虚度光阴的告诫："少年易老学难成，一寸光阴不可轻。未觉池塘春草梦，阶前梧叶已秋声。"这些都是饱含哲理的诗篇。

在哲理诗篇中，还包含有一些因受佛教影响而写成的诗句和诗篇：如李之仪"得句如得仙，悟笔如悟禅"的诗句，苏轼"静故了群动，空故纳万境"的体验，都是受佛学的影响而写成的诗句。王维还被称为"诗佛"，在他的诗篇中，饱含有丰富的佛学思想，如在《竹里馆》中所写的："独坐幽篁里，弹琴复长啸。深林人不知，明月来相照。"写的是多么悠闲自得。在其《过香积寺》诗中："不知香积寺，数里入云峰。古木无人径，深山何处钟。泉声咽危石，日色冷青松。薄暮空潭曲，安禅制毒龙。"写的环境是多么幽静，而禅功在"制毒龙"（即去掉一切私心杂念）方面又是多么有力！因此苑咸在《酬王维序》中称他为"当代诗匠，又精禅理"，可谓是恰当的评价。王维将禅理、诗情、画意熔为一炉，形成了他的诗、书、画的独特风格，留传后世。

还有一些写节日的诗，如写元旦、元宵、清明、端午、七夕、中秋、重九等的诗篇，是进行民族传统文化教育的好教材，暂不论述。现仅举与此有一定关联的《二十四节气歌》："春雨惊春清谷天，夏满芒夏暑相连，秋处露秋寒霜降，冬雪雪冬小大寒。"① 读了这首诗歌，对二十四个节气便一目了然，而且易读易记，并有一定的实用价值。

最后，还得谈谈爱国诗篇的问题。爱国诗篇是诗作中的重要组成部分。从《楚辞》的《国殇》《哀郢》等篇起，到南宋大量爱国诗篇的涌现，都还是限于国内民族之间的斗争。到了近代，在帝国主义列强的侵略和压迫下，爱国走向新的阶段，是中国与列强之争，救亡图存是爱国的主题。有志之士为挽救国家民族于危亡，写出了无数可歌可泣的爱国诗篇。现仅以宋代和近代为主，选学数篇，并做些简析，以供初学者参考。

宋代由于金的南下，朝廷南迁，偏居江南。为了抗金，恢复中原，于是大量的爱国诗篇涌现。现对陆游的《秋夜将晓出篱门迎凉有感》《示儿》和李清照的《夏日绝句》做些简析。陆游的《秋夜将晓出篱门迎凉有感》一诗："三万里河东入海，五千仞岳上摩天。遗民泪尽胡尘里，南望王师又一年。"道出了大好河山沦于异族之手，在金人铁蹄之下处于水深火热之中的北方人民盼望王师，一年又一年地过去，他们的眼泪已经流尽了也没等到。为此，陆游在死前，写出《示儿》一诗："死去元知万事空，

---

① 二十四节气：立春、雨水、惊蛰、春分、清明、谷雨，立夏、小满、芒种、夏至、小暑、大暑，立秋、处暑、白露、秋分、寒露、霜降，立冬、小雪、大雪、冬至、小寒、大寒。

但悲不见九州同。王师北定中原日，家祭无忘告乃翁。"这是他终生所追求的目标和愿望，希望在死后能够实现。回想起来，这些诗篇，对在抗日战争期间处于日寇铁蹄蹂躏之下的沦陷区人民，曾起过多大的激励作用！李清照的《夏日绝句》："生当作人杰，死亦为鬼雄。至今思项羽，不肯过江东。"以项羽的"无颜见江东父老"，宁自刎垓下，也不肯重返江东的壮志豪语，来影射批评南宋小朝廷的不知去国之痛、安于偏安局面的苟且行径。

在近代，中国的封建统治日趋没落和腐朽，帝国主义列强的侵略和压榨日益加剧，中国面临着灭亡的危机，人民处于水深火热之中。为了救亡图存，一些爱国志士，抛头颅，洒热血，英勇斗争，前赴后继，同时写出了许多不朽的爱国诗篇，以此来抒发胸怀和唤起群众。如林则徐在鸦片战争失败后，被流放新疆的时候，在《赴戍登程口占示家人》的诗中，庄严宣布："苟利国家生死以，岂因祸福避趋之。"真是掷地有声为国献身的豪言壮语。

丘逢甲在日本占领中国台湾后的第二年写下《春愁》一诗："春愁难遣强看山，往事惊心泪欲潸。四百万人同一哭，去年今日割台湾。"一个台湾籍的将领，对祖国发出这样热泪纵横的深情呼唤，激励着人民去收复失地。

谭嗣同在戊戌变法失败后，宁死不屈，决心以血来唤醒人民，写下了《狱中题壁》诗："望门投止思张俭，忍死须臾待杜根。我自横刀向天笑，去留肝胆两昆仑。"表达了蔑视反动统治者，坚信革命后继有人的坚定信念。

鲁迅在《自题小像》诗中，写出了"我以我血荐轩辕"的壮烈诗句，表达了一位还在留日求学的青年学子为国献身的浩然壮志。

秋瑾更以女杰、巾帼英雄的姿态，写下了一些爱国诗篇，充分表现出巾帼不让须眉的救国救民的宏大志愿，现录两首如下：

日人石井君索和即用原韵

漫云女子不英雄，万里乘风独向东。诗思一帆海空阔，梦魂三岛月玲珑。

铜驼已陷悲回首，汗马终惭未有功。如许伤心家国恨，那堪客里度春风。

黄海舟中日人索句并见日俄战争地图

万里乘风去复来，只身东海挟风雷。忍看图画移颜色，肯使江山付劫灰。

浊酒不销忧国泪，救时应仗出群才。拼将十万头颅血，须把乾坤力挽回。

像这样慷慨悲壮的爱国诗篇，是举不胜举的，只好留待后续。

另外，中国共产党人在进行反帝、反封建的斗争中，也写下无数的爱国诗篇。萧三编写、中国青年出版社出版的《革命烈士诗抄》，请大家去读读。

除了上述的各种诗体之外，由于市民文学的发展，在诗歌中也出现了一些反映女性意识朦胧觉醒的诗篇。宋代朱淑真的某些诗作，就体现出这种意识。如《自责（其一）》诗云："女子弄文诚可罪，那堪咏月更吟风。磨穿铁砚非吾事，绣折金针却有功。"《自责（其二）》："闷无消遣只看诗，又见诗中话别离。添得情怀转萧索，始知伶俐不如痴。"这两首诗都反映出诗人以自责来进行反抗的无奈心情，《黄花》一诗则反映出诗人至死不屈的追求精神："土花能白又能红，晚节犹能受此工。宁可抱香枝上老，不随黄叶舞秋风。"[①] 由于她写了这样一些诗篇，因而"其死也不能葬骨于地下，如青冢之可吊；并其诗为父母一火焚之"。[②] 上述诗作可与《千家诗》中朱淑真的《落花》与《即景》诗作结合起来读。朱淑真的《落花》诗："连理枝头花正开，妒花风雨便相催。愿教青帝常为主，莫遣

---

① 蔡荷芳：《封建社会女性意识的觉醒与困惑》，《光明日报》2008年12月2日第11版。

② 同上。

纷纷点翠苔。"另一首《即景》诗："竹摇清影罩幽窗，两两时禽噪夕阳。谢却海棠飞尽絮，困人天气日初长。"这些诗篇写出了她的困境和希望。

二、词的形成和格律

下面再对由诗到词的发展与词的形成做些简介。

（一）词的形成

词，开始也产生于民间。词是由诗的五言和七言，转化为长短不一的句子，所以也称词为"长短句"或"诗余"。诗转为词，更有利于谱曲演唱，所以也称为"曲子词"。经文人加工后，便形成了固定的"词牌"和严格的格律。

现用两个故事来说明词与诗的区分。

故事一：有人把杜牧的《清明》诗"清明时节雨纷纷，路上行人欲断魂。借问酒家何处有？牧童遥指杏花村"，改写为长短句："清明时节雨，纷纷路上行人，欲断魂。借问酒家何处？有牧童遥指杏花村。"把原来的"七绝"改成了一首由"长短句"组成的词。

故事二：据说清末某书法家为慈禧题扇，将王之涣的七绝《凉州词》"黄河远上白云间，一片孤城万仞山。羌笛何须怨杨柳，春风不度玉门关"中的"黄河远上白云间"一句，写成了"黄河远上白云"，丢掉一个"间"字。慈禧发现丢字之后，正要动怒，他却灵机一动，把原诗改为一首词，读给慈禧听："黄河远上，白云一片，孤城万仞山。羌笛何须怨？杨柳春风，不度玉门关。"乃使慈禧变怒为笑，避免了一场大祸。

以上改写的两首诗，由诗为词，都属偶然，既无词牌，也不合乎词的格律。但从这两个故事中，可以说明词与诗的不同特点：词已打破律诗五言或七言的限制，而成为比较灵活的长短句。但词也并未完全摆脱诗的格律的限制：在词的五言、七言的句式中，仍沿用着诗的平仄句式要求；在对仗和押韵方面，要求也不亚于诗。只是词比之诗较为活泼一些，所以也就成为"诗余"。

关于词的形成，据《四库全书简明目录》集部十，词曲类《花间集》所释："诗变为词，始于中唐，而成于五代。然大抵附见于诗集中，其以长短句自为一编者，自此集始。其语多浓艳而隐秀，不似后来畅发无余，盖词之初体本如此。"[1] 在这里它将词的形成和特点做了概括的说明。

（二）词的格律

词形成后，即有确定的词牌和格律。

词以字数的多少分为小令、中调和长调，但在字数的划分上存有不同的意见，一般认为在50字以内为小令，50字到90字为中调，90字以上为长调。中调和长调，大都分为上下阕；在内容上，一般要求是上阕写景，下阕写情，毛泽东的《沁园春·雪》可以作为典范。但有很多词作，并不以此为限。词由小令发展为中调和长调，不仅字数增多了，而且内容也拓宽了（见后），克服了作为"艳词"的局限，与"唐诗"并列；"宋词"也成为宋一代的代表文学，而且一直风行至今。

词的句式，突破了律诗的五言或七言格式，句式从一字句（也称为一字豆）到十一字句都有。宋代蔡伸的《苍梧谣》："天！休使圆蟾照客眠。人何在？桂影自婵娟。"毛泽东的《十六字令》："山，快马加鞭未下鞍。惊回首，离天三尺三。"这两首词中的"天"字和"山"字，都属于一字句。苏轼的《水调歌头·中秋》一词中的"不知天上宫阙今夕是何年"和"不应有恨何事常向别时圆"，都可以算作十一字句式，但实际上这些长句，也可以断为上六下五和上四下七的联句。

词有多种词牌，有的词牌如《忆秦娥》《清平乐》等，可能原有其人、其事，但沿用下来就成为词牌，与词的内容就不相关了，如同今天的歌谱一样。可以用同一词牌填写不同内容的词，所以有"填词"之说。

---

① 《四库全书简明目录》，古典文学出版社1957年版，第900页。

在词的对仗方面，由于它是长短句，对仗的出现较多，有不少还是扇面对，如毛泽东《沁园春·雪》一词中的"长城内外，惟余莽莽；大河上下，顿失滔滔"和"秦皇汉武，略输文采；唐宗宋祖，稍逊风骚"就是扇面对。

词在用韵方面，要求较宽，有的在一首词中要换韵，有的词需要用仄声韵。换韵的如《清平乐》，前半用仄声韵，后半用平声韵。用仄声韵的，如岳飞的《满江红》，即用的是入声韵（见后）。不再细述。

下面就小令、中调、长调，举例对词谱做些简介。

毛泽东《十六字令》："山，快马加鞭未下鞍。惊回首，离天三尺三。"其词谱是：平，仄仄平平仄仄平。平仄仄，平平仄仄平。或：平，仄仄平平仄仄平。平平仄，仄仄仄平平。毛泽东的《十六字令》，用的是前一个词谱；蔡伸的《苍梧谣》（《十六字令》另名），似乎是用的后一个词谱。

白居易《忆江南》："江南好，风景旧曾谙。日出江花红胜火，春来江水绿如蓝。能不忆江南？"这首词的词谱是：平平仄，仄仄仄平平。仄仄平平平仄仄，平平仄仄仄平平。仄仄仄平平。

辛弃疾《清平乐·村居》："茅檐低小，溪上青青草。醉里吴音相媚好，白发谁家翁媪？大儿锄豆溪东，中儿正织鸡笼；最喜小儿无赖，溪头卧剥莲蓬。"其词谱是：平平仄仄，仄仄平平仄。仄仄平平平仄仄，仄仄平平仄仄。平平仄仄平平，平平仄仄平平，仄仄平平仄仄，平平仄仄平平。

李煜《浪淘沙》："帘外雨潺潺，春意阑珊，罗衾不耐五更寒。梦里不知身是客，一晌贪欢。 独自莫凭栏，无限江山，别时容易见时难。流水落花春去也，天上人间。"其词谱是"仄仄仄平平，仄仄平平，平平仄仄仄平平。仄仄平平平仄仄，仄仄平平"（上下阕同）。这首词，可算作中调，分为上下阕。

岳飞《满江红》："怒发冲冠，凭栏处、潇潇雨歇。抬望眼，仰天长啸，壮怀激烈。三十功名尘与土，八千里路云和月。莫等闲、白了少年头，空悲切。 靖康耻，犹未雪；臣子恨，何时灭！驾长车，踏破贺兰山缺。壮志饥餐胡虏肉，笑谈渴饮匈奴血。待从头、收拾旧山河，朝天阙。"这首词的词谱是"仄仄平平，平平仄、平平仄仄。平仄仄，仄平平仄，仄平平仄。仄仄平平平仄仄，平平仄仄平平仄。仄仄平、仄仄仄平平，平平仄。 仄平仄，平平仄；平平仄，平平仄。仄平平，仄仄仄平仄。仄仄平平平仄仄，平平仄仄平平仄。仄平平、仄仄仄平平，平平仄"。这首词的特点是，在下阕中大换头。从字数看，已达93字，属长调。用仄韵。

下面再举一首长调《沁园春》来说明：

沁园春·雪

毛泽东

北国风光，千里冰封，万里雪飘。望长城内外，惟余莽莽；大河上下，顿失滔滔。山舞银蛇，原驰蜡象，欲与天公试比高。须晴日，看红妆素裹，分外妖娆。

江山如此多娇，引无数英雄竞折腰。惜秦皇汉武，略输文采；唐宗宋祖，稍逊风骚；一代天骄，成吉思汗，只识弯弓射大雕。俱往矣，数风流人物，还看今朝。

它的词谱是：仄仄平平，仄仄平平，仄仄仄平。仄平平仄仄，平平仄仄；平平仄仄，仄仄平平。仄仄平平，平平仄仄，仄仄平平仄仄平。平平仄，仄平平仄仄，仄仄平平。 平平仄仄平平，仄仄仄、平平仄仄平。仄平平仄仄，平平仄仄；平平仄仄，仄仄平平。仄仄平平，平平仄仄，仄平平仄仄平。平平仄，仄平平仄仄，仄仄平平。

这首词，共计114字，属于长调，分上下两阕，下阕换头。从内容看，完全符合上阕写景，下阕言情的要求。而且用了扇对，在扇对开始的时候，还用了一字豆，如"望长城内外"的"望"字，"惜秦皇汉武"的"惜"字。在平仄上基本符合上述规格；在内容上，宏论古今，气势磅礴；在格式上，无论是遣词还是组句，以至对仗、用韵等，都达到了炉火纯青的地步。据说陈毅同志把它誉为一首空前绝后的佳作。

（三）词的派别和风格

词本来自民间，是可配曲演唱的，所以也称为"曲子词"，后经文人加工而成为一种有严格格律的文体，但在平仄及押韵的要求上，较诗为宽。词有俚、雅之别，又以作者风格的不同而分为不同的派别，但就其大者而言，可分为豪放和婉约两大派。也有重音律和重辞章的不同区别，一般来说，重音律的词多属婉约，重辞章的词多属豪放，明代张綖说"婉约者欲其词调蕴藉，豪放者欲其气象恢宏"①，是有一定道理的。现举南宋俞文豹在《吹剑录》中所记述的一个故事，来作为论词作风格的结束语：

东坡在玉堂日，有幕士善歌，因问："我词何如柳七？"对曰："柳郎中词，只合十七八岁女郎，执红牙板，歌'杨柳岸、晓风残月'。学士词，须关西大汉，铜琵琶，铁绰板，唱'大江东去'。"东坡为之绝倒。

这个故事，具体地说明了柳永的《雨霖铃·秋别》与苏轼的《念奴娇·赤壁怀古》表现的两种不同的艺术风格：前者可算是婉约派，体现出阴柔之美；后者可算是豪放派，体现出阳刚之美。

词，在内容上，由于文人的创作越来越宽，可以言志，可以叙情，可以品评历史，可以抨击时弊；在形式上，比律诗更为活泼，从小令到中调到长调，有多种词牌可供选用。于是从宋代起便有大量的词作出现，唐诗

---

① 参阅《唐宋词鉴赏辞典》序言，上海辞书出版社1988年版，第4—6页。

和宋词都成为我国古代文学中的代表。

在词的影响下，出现了元曲和杂剧，使我国文学的发展又步入了一个新的阶段。曲和词相较，更为开放一些，所以也可以称为"词余"。诗、词、曲便成为诗歌中的三大文体。

三、诗词写作浅识

在这一部分，我们将谈谈有关诗词写作的一些基本要求，也是我个人在学作诗词过程中的几点粗浅体会。"文章千古事，得失寸心知"，这是杜甫的体会；"文章本天成，妙手偶得之"，这是陆游的体验。我们对于古人所作的诗词，究竟学习了多少，体会得多深，自不免"仁者见仁，智者见智"。因而后面所讲的几点粗浅体会，其中难免有"一孔之见"，既很浮浅，也不成系统，现在把它讲出来，供大家参考和讨论。

（一）诗词格律的恪守与灵活

写旧体诗词，特别是律诗，应当讲求格律，否则就不能算作旧体诗词，这在前面已经做了说明。讲求格律，主要是为了便于吟咏，体现出抑扬顿挫、铿锵有力的语言美和旋律感。但格律一旦成为定式，又对作者的遣词、组句、押韵、对仗等发生各种限制。因此在一定情况下，为了不以辞害意，适当冲破一些格律的限制，这在一些名家的诗词作品中是常有的事，而且是允许的。钟嵘在《诗品》中就曾批评过拘于声律"伤其真美"的不良倾向。古人作诗词突破格律的不乏其人，而且还写有许多变体诗词。这就向我们提出一个问题，对于诗词格律，既要了解、学习和遵守以吸取其所长，又要灵活运用，不墨守成规，要有所创新。没有创新，就不会有古诗到律诗，再从诗到词的发展，也不会有诗词多种格式的出现。创新是我们民族进步的灵魂，创新是文学艺术发展的动力。下面举苏东坡的《寿星院寒碧轩》一诗为例：

清风肃肃摇窗扉，窗前修竹一尺围。

纷纷苍雪落夏簟，冉冉绿雾沾人衣。

日高山蝉抱叶响，人静翠羽穿林飞。

道人绝粒对寒碧，为问鹤骨何缘肥？

其中不合格律的地方很多，此诗如果按七律的平起式（或仄起式）的格律要求，都有不少倒字。像这样破格的诗，还可以举出一些，此处就不一一列举了。也就是说，古人作诗，在平仄方面常有突破，宁拗不涩，务求意达。在押韵方面，也有邻韵通用的，这在词作方面更为宽些。在毛泽东的《念奴娇·昆仑》一词中，下阕的最后几句"安得倚天抽宝剑，把汝裁为三截，一截遗欧，一截赠美，一截还东国。太平世界，环球同此凉热"，其中三个"一截"句的词谱应是：仄仄平平，平平仄仄，仄仄平平仄。第二句的"一截赠美"，显然与词谱不合，但为了不伤词意，而且读起来朗朗上口且铿锵有力，便采取了灵活处理的做法。在用韵方面也较宽，不限于入声"九屑"的韵。格律本来是人制定的，要保持诗词的内容不完全受形式的束缚，有时就不得不有所灵活，如果是泥古不化，就很难有所前进。当然这种改动不应是随意的，而是经过缜密考虑和慎重选择的。

在词作方面，不仅用字的平仄方面有的可以灵活，在组句方面有的也可以灵活。如同属于《念奴娇》的词牌，在毛泽东的《昆仑》一词中，其句式是："横空出世，莽昆仑，阅尽人间春色。飞起玉龙三百万，搅得周天寒彻……"在苏轼的《赤壁怀古》一词中，其句式是："大江东去、浪淘尽，千古风流人物。故垒西边，人道是三国周郎赤壁……"第三、四句，毛泽东用的是七、六断句，苏轼用的四、九断句，字数相同，句式不一。在萨都剌的《登石头城》一词中，前三句的句式是："石头城上，望天低吴楚，眼空无物。"与毛泽东的《昆仑》和苏轼的《赤壁怀古》的句式也不相同。在上述不同的句式中，毛泽东的句式更贴近《念奴娇》一词的一般格式。可见在遵照格律填词的具体要求下，有的地方（特别是长调中）是允许灵活处理的。组句可以有变化，平仄可以有出入。

另外，有的诗专用拗句，那又是有意破格，而不是与格律不合的问题，对此又应作别论。清代王轩在《声调谱序》中云："韩（愈）、孟（郊）崛起，力仿李（白）、杜（甫）拗体，以矫当代圆熟之弊。"这又是自成一种诗体，不在一般格律限制之内。

范仲淹在"庆历新政"所颁布的第六道诏书中，对设立学校、改革考试制度的规定，提出进士科考试先策后论，重诗赋，但要改变"声病偶切"的衡文标准[1]，也就是说要重视思想内容，不要在格律上苛刻要求。这种先进的改革思想，对我们今天学习诗词格律，更有参考价值。当然，学写旧体诗词，对于诗词格律，应力求做到，既不可不知，又不应固守，不要犯"胶柱鼓瑟"之弊。

（二）诗词的内容与形式

在上一个问题中，已经初步涉及一些有关内容与形式的关系问题，现在再就这一问题做进一步的阐明。

"诗言志"，"诗，可以兴，可以观，可以群，可以怨"，这是诗教的优良传统，重在内容。诗词的内容涉及的范围是很广的，大至国家兴亡，小至生活琐事，都可以入诗词。历史上有不少热爱祖国和关心民瘼的伟大诗篇，从《诗经》和《楚辞》起，到唐诗、宋词，直至近代的爱国诗词，是举不胜举的。为大家所熟知的陆游的《示儿》、岳飞的《满江红》等都是。古代的不再多举，下面仅举两首近代诗篇为例。一是林则徐在鸦片战争后被贬去新疆时，写出"苟利国家生死以，岂因祸福避趋之"的为了国

---

[1] 引自《文史知识》，中华书局1985年第2期，第97页。

家存亡绝不计较个人安危的爱国诗句。另一篇是丘逢甲在中日甲午战争失败被迫离台后而作的《春愁》一诗:"春愁难遣强看山,往事惊心泪欲潸。四百万人同一哭,去年今日割台湾。"这些爱国诗篇激励着人们去抛头颅,洒热血,立志雪耻报国。今天读来,仍催人泪下,激人奋进。

就其小者而言,生活小事皆可入诗词,如闺妇的春怨、征夫的乡恋、酒的豪放、梦的香甜等,都可以成为诗词的主体。下面再举启功先生的《鹧鸪天·乘公共交通车》一词为例:

铁打车厢肉作身,上班散会最艰辛。有穷弹力无穷挤,一寸空间一寸金。

头屡动,手频伸,可怜无补费精神。当时我是孙行者,变个驴皮影戏人。

这首小词,把挤车的情景和苦衷写得惟妙惟肖,体验入微,并将作者当时的无奈和联想也刻画得深刻入神。虽系生活琐事,也是一篇警世佳作。

从形式和内容的关系来说,诗词不是散文,在内容上直陈者少,含蓄者多;在文字的运用上,要求精练、华丽。"诗赋欲丽",道出了诗词的特点。作诗要求言简意赅,字欲少而意欲多,句须斟而字须琢,使读者感到含义丰满、韵味无穷。钟嵘在《诗品》及其"序"中对于诗的形式和内容也做过精湛的论述。他反对"理过其辞,淡乎寡味"和拘于声律、"伤其真美"两种不良倾向,提出了"古今胜语,多非补假,皆由直寻"的论断,说明诗歌的创作,绝非来自矫揉造作,而是作者亲身生活体验的真实写照。《诗品》还对诗中的"兴、比、赋"三种体裁做了具体的解释,指出:"诗有三义焉:一曰兴,二曰比,三曰赋。文已尽而意有余,兴也;因物喻志,比也;直书其事,寓言写物,赋也。宏斯三义,酌而用之,干之以风力,润之以丹彩,使味之者无极,闻之者动心,是诗之至也。"相反的，如果对比、兴、赋运用不当，"若专用比、兴，患在意深，意深则辞踬；若但用赋体，患在意浮，意浮则文散，嬉成流移，文无止泊，有芜漫之累矣"。[①] 这样论述比、兴、赋的作用及其相互为用的关系，对后世诗词的创造起着重要的指导作用。在诗词中，一般的用比、兴者较多，以求诗词多含蓄之意。但在运用比、兴时，也要注意诗家的所谓"四忌"：一忌不贴切，二忌不深刻，三忌不真实，四忌文字生涩。[②] 这样就可以把形式与内容统一起来。

对内容和形式的要求，是文艺创作中不可缺少的两个方面，这两个方面是既有联系，又有区别。一般说内容重于形式，古往今来一些伟大的作品，大致都以内容见胜，不会流于文字雕琢的形式主义。但形式也不是可有可无的。没有美的形式来体现内容，缺乏艺术性，将会很干瘪，无法感人。"诗赋欲丽"，就是对形式美提出的要求。古往今来的伟大的、不朽的艺术作品，都是内容与形式兼美的杰作。下面举陆游与毛泽东的《卜算子·咏梅》两首词进行比较说明。

卜算子·咏梅

[南宋] 陆 游

驿外断桥边，寂寞开无主。已是黄昏独自愁，更著风和雨。

无意苦争春，一任群芳妒。零落成泥碾作尘，只有香如故。

这首词，写出词人的艰辛处境、艰苦斗争和决不屈服的高尚品格，其内容与形式都是美的，句句都包含着辛酸的情调和倔强的斗争精神。

而毛泽东的《卜算子·咏梅》则是另一种思想境界，体现出一位革命

---

① 北京大学哲学系美学教研室编：《中国美学史资料选编（上）》，中华书局1980年版，第212–214页。

② 张一民：《浅谈诗的比兴》，《中国老年报》1999年1月15日第3版。

家对政治形势的洞悉、对未来饱含无限希望的乐观主义精神和伟大理想。现将这首词抄录如下，我们可以与前词对照起来读：

卜算子·咏梅

毛泽东

风雨送春归，飞雪迎春到。已是悬崖百丈冰，犹有花枝俏。

俏也不争春，只把春来报。待到山花烂漫时，她在丛中笑。

以上两首词，虽然思想境界不同，但都是内容与形式兼美的佳作。

这里再将"诗言志"和"诗赋欲丽"两句格言奉献给读者，因为它们是诗词创作的重要准则。当然，在诗词创作中，不排除一些思想内容稍弱，但在艺术形式上很美的作品，因为从这些作品中也可以学到中国文学的独特魅力。陆游曾讲过："汝果欲学诗，功夫在诗外。"不断加强文学修养，认真进行生活体验，"外师造化，中得心源"（张璪语），才能写出内容与形式兼美的诗词来。

（三）诗词的遣词与组句

诗词的语言要求简而精，字斟句酌，要做到用最少的字表达出最多的含义，而且要有韵味，为此，作诗填词应重视炼字、炼句与炼意。"推敲"的故事，就是说明这个道理。故事是这样的：唐代名僧贾岛夜归，触景生情，想出两句诗："鸟宿池边树，僧推月下门。"又感到"推"字不如"敲"字好，因而犹豫不决。正在他用手比画"推""敲"之时，碰上韩愈，后经韩愈指点，决定用"敲"字，这就是"推敲"一词的由来。

关于遣词组句，除了上述贾岛"推敲"的故事外，我们还可以再举王安石的《泊船瓜洲》诗中的"春风又绿江南岸"一句为例：开始不是用的"绿"字，曾考虑过用"到"字、"过"字或是"入"字，经反复推敲后，才改为"绿"字。一个"绿"字，不仅增加了诗句的华美和响亮，而且又多了一层含义，写出了江南春色。在"绿"中，"到""过""入"等含义都是不言而喻地包含在内。再举鲁迅在《为了忘却的记念》中"忍看朋辈成新鬼，怒向刀丛觅小诗"两句诗为例。原诗作于1931年，原是"眼看朋辈成新鬼，怒向刀丛觅小诗"。到1933年，鲁迅将此诗抄入文中时，将"眼看"改为"忍看"，"刀边"改为"刀丛"，两字的改动更增强了对烈士的深切哀悼和面对反动派的威武不屈的精神，也使诗情更深入了一步。总之，诗人为了求得"一字眼"，为了炼得一个佳句，常常是反复推敲、百般斟酌，有时可以终宵不眠，寤寐思服，甚至捻断几根胡须，以达到杜甫所说的"语不惊人死不休"的炉火纯青的境地。诗词语言的传神，经常是在动词上下功夫（如前所举例），但在形容词的使用上也不可低估，如清代的王士禛在《题聊斋志异》一诗的后两句："料因厌作人间语，爱听秋坟鬼唱诗。"用"秋"字来形容"坟"，使人倍增凄凉之感，此字用得极妙。

诗词的语言，有其自身的特点：语法可以省略，语序可以颠倒，辞性可以改变，用字有的可以重复。下面一一举例说明。

在语法可以省略方面，诗词的语言与散文不同，有时可以省去动词，但读起来并不会觉得意思不完整，如杜甫的《春日忆李白》一诗，前四句是："白也诗无敌，飘然思不群。清新庾开府，俊逸鲍参军。"其中"清新庾开府，俊逸鲍参军"两句，全句只有名词和形容词，没有动词，从句子的组成来说是不完整的。虽然在句中省去了动词，但并不影响对语义的理解。再如温庭筠《商山早行》的"鸡声茅店月，人迹板桥霜"，全由名词组成，同样也把当时的情景写得清清楚楚，说明当时鸡已报晓而茅店外的月亮尚未落，在板桥的霜上已印有行人的足迹。此类例子还多，不再一一列举了。

在语序的颠倒方面，常常为了平仄和对仗，将语序颠倒使用，但并不出现以辞害意的弊病。如杜甫的《春望》诗中，首联"国破山河在，城春草木深"，为了对仗把"春城"倒用为"城春"，而且将"春"字由名词变为动词使用，与"破"字相对，含有时令和生长之意，即城市已经是春天且草木丛生。再如毛泽东在《浣溪沙·和柳亚子先生》一词下阕中的"一唱雄鸡天下白"一句，按语法要求，应是"雄鸡一唱天下白"，但为了合乎本句词谱"仄仄平平平仄仄"的要求，便改为"一唱雄鸡天下白"。再如毛泽东在《西江月·井冈山》一词中的"早已森严壁垒"一句，按语法要求应是"早已壁垒森严"，但按词谱"仄仄平平仄仄"的要求，便将此句改为"早已森严壁垒"。这样改动，并不害辞意。此例尚多，不再一一列举了。

关于辞性的改变，在古代汉语中本来常有将名词作为动词用、将动词作名词用，或将名词作形容词用等一词多用的范例，在诗词里这种情况则更多。上面引用杜甫诗中的"城春草木深"的"春"字和刘禹锡《酬乐天扬州初逢席上见赠》诗中的"沉舟侧畔千帆过，病树前头万木春"的"春"字（杜诗的"春"字与"破"字相对，刘诗的"春"字与"过"字相对），都是将名词改作动词用。毛泽东《沁园春·长沙》一词中有"指点江山，激扬文字，粪土当年万户侯"，其中"粪土当年万户侯"一句的"粪土"二字，原属名词，在这里就变为动词或动名词了。至于将名词作为形容词用的情况，也不乏其例。如前面所引王士禛在《题聊斋志异》中的两句诗"料因厌作人间语，爱听秋坟鬼唱诗"，这里的"秋"字即由名词改用为形容词。有时形容词又可以转化为名词，如郑板桥的题画诗中有：

> 宦海归来两鬓星，故人怜我未凋零。
> 春风写与平安竹，依旧江南一片青。

其中的"星"字，本来是名词，在这里成为形容词；"凋零"本来是动词，在这里成为名词；"青"字可作形容词，在这里却成为名词。

至于在诗词中的重复用字问题，在律诗中限制较严，一般不允许在律诗中有重复字出现。但有的以叠字出现，即不算重复，如"重重叠叠上瑶

台"中的"重重叠叠"（苏轼《花影》）；"晴川历历汉阳树，芳草萋萋鹦
鹉洲"中的"历历""萋萋"（崔颢《黄鹤楼》）。还有另外一种情况，如
"姑妄言之姑听之"中的两个"姑"字（王士禛《题聊斋志异》）；"不爱
红装爱武装"中的两个"爱"字（毛泽东《为女民兵题照》）等，这种不
同形式的重复都是允许的，而且是必要的。再举一首更多重字的诗。据说
乾隆南下，纪昀随行，夜渡江，见江上有一条渔船，船上有一个渔翁在垂
钓，乾隆便令纪昀赋一首诗，纪昀便随口吟出："一帆一桨一叶舟，一个
渔翁一钓钩。一俯一仰一串笑，一江明月一江秋。"在一首七绝中用了十
个"一"字，勾画出一幅渔歌唱晚的诗情画意，不唯不算重字，而且堪称
绝句。

　　在律诗中一般不允许重字，唯有上述的重复是允许的，而且是合乎格
律的。在词中重复用字则要求较宽。有的允许重复，有的则是属于词谱所
规定的，必须重复。如毛泽东的《卜算子·咏梅》与陆游同词牌的词相比
较，毛泽东的词内重字较多，而陆游的词则无重字（见前面所引），但都
属合格。再以毛泽东的《采桑子·重阳》与冯延巳的《采桑子》相比较：

采桑子·重阳

毛泽东

人生易老天难老，岁岁重阳。今又重阳，战地黄花分外香。

一年一度秋风劲，不似春光。胜似春光，寥廓江天万里霜。

采桑子

［五代］冯延巳

花前失却游春侣，极目寻芳。满眼悲凉，纵有笙歌亦断肠。

林间戏蝶帘间燕，各自双双。忍更思量，绿树青苔半夕阳。

　　其中冯延巳的词极少重字（"双双"是叠字，不是重字），而毛泽东的
词中重字较多，且重复得得当，更增强了词的美感。

　　但在重复用词中，一定要避免语意重复。现举我在学诗过程中曾遇到的一个问题。当时在以《秋雨》为题赋诗时，我曾写有这样两句诗："终宵终夜雨，一滴一声秋。"前句是写秋雨之长，后句是写秋雨之凉，其用意是好的，也完全合乎五言律诗的平仄和对仗要求。但经老师阅后，却批为第一句诗中的"终宵""终夜"是语意重复，应当改写。对诗词的要求，本来就应当言简意赅，所以绝不应有语意重复的词句，以免浪费笔墨。

　　诗词要求言简意赅，语法与语序也可以改变，但都要有个"度"，而不是任意拼凑，否则将会出现"抽轴诗"的笑话。下面举两首"抽轴诗"来说明：

> 家马遇野马，抽轴敲镫啪。
>
> 幸遇王邻扁，伴话二更家。

　　这首诗是说，有一人在夜间外出，牵着马（即"家马"）遇上了狼（即"野马"），便抽出轴棍来敲着马镫作"啪啪"声响（即"敲镫啪"）以驱狼。正在无奈之际，幸好遇上姓王的邻居扛着一条扁担，得以用扁担赶走了狼。于是两个人作着伴，说着话，直到二更天才平安到了家。这样的诗几乎是一词一义，虽"辞简意赅"，但能读懂者则甚了了，因而"抽轴诗"是诗作的一大忌。同样的"抽轴诗"再举一首：

> 障江城酒狂，铺里王遭殃。
>
> 学瘦修根挨，机胖华胳伤。

　　这首诗写的是我的家乡曾发生的一桩真人真事，意思是说：城东大障村有一位姓江的进城喝酒，喝醉后发起酒疯来了（即"障江城酒狂"）；同酒铺子里的王掌柜闹起来，使王掌柜大遭其殃（即"铺里王遭殃"）。他在回家的路上，走到学后街遇上一位姓修的瘦子，打了瘦子一个耳光（即"学瘦修根挨"）；后来又碰到一个做织布工作的姓华的胖子，被他推倒在地上，把胳膊跌伤了（即"机胖华胳伤"）。全诗几乎是一字一意拼凑而成，若不加解释，即很难读懂。所以简约要有个"度"，不能作成词不达意的"抽轴诗"。

作诗填词，要求言简意赅，语法、语序都可以有一定的灵活性，但如果作出像"抽轴诗"这样的诗来，只能是作者自己明白，而鲜为他人所读懂和知晓了。这应当成为学作诗词者的一大忌。上面虽属罕见的两个典型事例，但蹩脚的诗句却是屡见不鲜，有时也是初学者难以避免的缺点。这也并不可怕，多读多练，时间长了，功夫到了，自然会作出既简明又优美而且合乎格律的诗句来。

（四）诗词的比喻与映射

诗词包含赋、比、兴三体，除去赋为直述外，大部采用比、兴的写法，以增强诗词的含蓄特点。中国一向有"比德"的传统，如以玉比君子，以竹比节操，以松柏比坚贞等；相反的，以虎狼来比苛政，以鼠来比贪婪等。在文艺作品中，用诗词来进行比喻和映射者比比皆是。（"虎"字也一字多用，有时也用来比勇猛，如"虎将""小虎子"等。）

诗词的比喻手法很多，但概而言之，可分为明喻和暗喻两类，上面所讲的"比德"传统，多属"明喻"；但要使所用的比喻能发挥"映射"的作用，又多用"暗喻"。下面我们所引的诗句，就多属"暗喻"。

首先讲讲刘禹锡的两次游玄都观的七绝。

第一次的《元和十年自朗州承召至京戏赠看花诸君子》：

> 紫陌红尘拂面来，无人不道看花回。
> 玄都观里桃千树，尽是刘郎去后栽。

第二次的《再游玄都观绝句》：

> 百亩庭中半是苔，桃花净尽菜花开。
> 种桃道士归何处？前度刘郎今又来。

这两首诗反映出在两种不同背景下作者的两种不同的心情。刘禹锡参加王叔文集团的政治革新运动，失败后被贬去朗州（今湖南常德），唐宪宗元和十年（815年）被召回长安。第一首诗是召回长安后所作，这时正是反对改革者得势之时，也就是诗中所说的玄都观看桃花的"盛况"。刘禹锡由于这首诗"语涉讥刺，执政不悦"，再次被贬去更为偏远的连州（今广东连州）。十四年后，刘禹锡又被召回长安，作《再游玄都观绝句》。在这首诗中"百亩庭中半是苔，桃花净尽菜花开"两句映射反对者的失败；接着提出，"种桃道士归何处？前度刘郎今又来"，指反对王叔文和刘禹锡的那些当朝权贵，现已不知去向何处，而被打击的刘禹锡却又回到长安来啦！反映出作者的兴奋心情和坚强不屈的斗争精神。在这两首诗中所采用的比喻和映射的手法是很鲜明的。

其次，再举苏轼的《花影》一诗为例：

重重叠叠上瑶台，几度呼童扫不开。

刚被太阳收拾去，却教明月送将来。

这首诗所比喻和映射的是什么？有人解释为：它反映了北宋时期守旧派对变法派的攻击。以"花影"代表变法集团，扫花影的当然是对新法的反对者、守旧派。王安石在宋神宗的支持下于熙宁二年（1069年）实行变法。但在以司马光为代表的守旧派的反对下，很快就失败了。宋神宗死后，其子宋哲宗即位（1085年），由于不满十岁，朝政完全由他的祖母高太后把持。高太后反对新法，起用守旧派司马光为相，完全废除新法，这就是诗中所说的"刚被太阳收拾去"。到元祐八年（1093年）宋哲宗亲政，又起用章惇、曾布、蔡卞等变法派的主要人物，重新推行"青苗""免役"等主要新法，这就是诗中所说的"却教明月送将来"。如果这首诗确实是反映守旧派对变法的攻击的话，那么这首以《花影》为题的诗，其政治思想倾向也是非常鲜明的，也属于映射的诗。但根据王鸿芦、

舒宝璋的考证，作者不是苏轼，而是南宋的谢枋得（见《古今图书集成》
及《叠山集》），那就又当别论了。

但是，司马光的《客中初夏》一诗：

> 四月清和雨乍晴，南山当户转分明。
>
> 更无柳絮因风起，惟有葵花向日倾。

这是非常明显地映射变法派的失败和守旧派的胜利（如"雨乍
晴""转分明"等句），以及变法派的下野、守旧派独掌朝政大权的那种
高兴的心情，如诗的最后两句"更无柳絮因风起，惟有葵花向日倾"所描
绘的情景即是。

陈毅的"大雪压青松，青松挺且直。要知松高洁，待到雪化时"，表
达了无产阶级革命家刚正不屈的斗争精神和对未来的信心与希望。像这类
比喻革命斗争与革命者坚贞不屈情操的诗篇，在我国近现代史中，是不胜
枚举的。

在历史上这类映射斗争的诗词，还可以举出很多，不再一一列举。正
由于此，大兴文字狱的问题也就层出不穷。

"诗，可以兴，可以观，可以群，可以怨"，因而其"比喻"和"映
射"的手法，也是多种多样的。蒲松龄以谈狐、说鬼来写他的小说《聊斋
志异》，鬼狐本来并不是好的东西，但蒲松龄笔下的鬼狐，除去少数不善
者（如《画皮》）外，绝大部分都是颇具人性、善良可爱的形象。如同他
在《感愤》一诗中所说的："新闻总入狐鬼史，斗酒难消磊块愁。"他在文
化专制的年代，向往光明和未来，曲折地表达自己的情怀，抒发压在他心
头的"磊块愁"。也如同王士禛在《题聊斋志异》一诗中所说的："只因
厌作人间语，爱听秋坟鬼唱诗。"由于讨厌那些披着人皮说假话的人，他
只好来听鬼和狐讲人话，这就是他"爱听秋坟鬼唱诗"的因缘所在。

在封建礼教的思想统治下，在大兴文字狱的"紧箍咒"的压制下，通

过说鬼谈狐来抒发怨愤，自然可以减少无数麻烦。但是，即使在那种高压的情况下，仍不乏敢于直陈悲愤的诗词，郑板桥的《沁园春·恨》一词即可作为代表：

花亦无知，月亦无聊，酒亦无灵。把夭桃斫断，煞他风景；鹦哥煮熟，佐我杯羹。

焚砚烧书，椎琴裂画，毁尽文章抹尽名。荥阳郑，有慕歌家世，乞食风情。

单寒骨相难更，笑席帽青衫太瘦生。看蓬门秋草，年年破巷；疏窗细雨，夜夜孤灯。

难道天公，还箝恨口，不许长吁一两声？癫狂甚，取乌丝百幅，细写凄清。

这是一首由于"迫害狂"而毁尽一切，但又绝不屈服的"咒天骂地"的绝妙好词。它同鲁迅的《狂人日记》有着同样的心情，只是表达形式有所不同而已。

最后，再附带说明一下诗词中的赋、比、兴不同写法的运用。前面讲到，在诗词中为了含蓄和映射，一般用"比、兴"的写法居多，用"赋"的直述者较少，但在名家诗词中也有不少属于"赋"体直陈的好作品，下面举几例来说明。

杜甫的《又呈吴郎》一诗，是杜甫离开草堂之后，吴南卿没有按照他的嘱托允许西邻贫妇打草堂的枣，相反的，在草堂周围筑起篱笆，限制老妪打枣。杜甫专为此事写给吴南卿一首诗：

堂前扑枣任西邻，无食无儿一妇人。

不为穷困宁有此？只缘恐惧转须亲。

即防远客虽多事，便插疏篱却甚真。

已诉征求贫到骨，正思戎马泪盈巾。①

这首诗把对老妪的穷困潦倒、以扑枣为生的同情，对吴南卿违约借口防盗而筑起篱笆的不满，以及要求吴南卿可怜老妪"贫到骨"的凄凉情境，写得入木三分，可以作为"赋"体的典型好诗。

李白的诗，以浪漫主义著称，但也写了不少属于赋体的好诗，如：

赠汪伦

李白乘舟将欲行，忽闻岸上踏歌声。

桃花潭水深千尺，不及汪伦送我情。

在这首诗中，既有"赋"体的特点，又有一定的"比""兴"因素在内，这三种体裁常常是结合在一起用的。

由此可以看到，在一些大家的诗词中，通过"赋"体的应用，以通俗的字词、朴实的语言，写出了许多感人肺腑的诗词，有的也将比、兴结合在其中。在这些属于"赋"体的诗词中，如果也包含有"比喻"的话，一般都用"明喻"，而不用"暗喻"，如李白以潭水的深比汪伦的情。所以作诗和填词，无论是写实，还是寓意，都应是有感而作，自然呵成；如果是矫揉造作，绝不能成为好的诗词。

（五）诗词的雅与俗

诗词的雅与俗也是相对的，有的诗词在开始时属于俗文化，但由于年代的久远或文人的加工，相传下来并成为固定的形式，便成为古典的、高雅的文化。如《诗经》中的"国风"，汉代的"乐府"，开始时都是来自民间的俗文化，后来《诗经》成为"六经"之一，"乐府"成为古诗歌的一种格式，影响到后来"古诗"和"近体诗"的形成，都是由俗而雅。再如词

---

① 转引自钟鸣辑《杜甫晒枣》，《中国老年报》1999年3月10日第4版。

与诗相比，开始时也是起于民间的歌曲，称之为"艳词"，后经文人的加工与创作，形成固定的格律，成为一代文风和影响久远的雅文化体裁。像这类的事例，在小说与戏剧中，也不乏其例。

就其社会作用来说，俗文化并不比雅文化的作用小，有时"下里巴人"比"阳春白雪"更能成为群众所喜闻乐见的文化。下面就"俗"与"雅"所涉及的几个问题，分别予以说明。

首先讲讲有关用典的问题。诗词作者比较喜欢用典故来增强诗词的思想底蕴，提高其典雅水平。下面我们举几个实例来谈谈有关用典的问题。

永遇乐·京口北固亭怀古

[宋] 辛弃疾

千古江山，英雄无觅，孙仲谋处[①]。舞榭歌台，风流总被雨打风吹去。斜阳草树，寻常巷陌，人道寄奴曾住[②]。想当年，金戈铁马，气吞万里如虎。

元嘉草草，封狼居胥，赢得仓皇北顾[③]。四十三年，望中犹记烽火扬州路。可堪回首，佛狸祠下[④]，一片神鸦社鼓。凭谁问：廉颇老矣，尚能饭否？

在这首词里，用了很多典故，如：

① 孙权先在京口建吴，后将首都迁往建业。

② 寄奴是南朝宋武帝刘裕的小字。他推翻了东晋，做了皇帝，国号宋。"想当年"一句是说，他北伐驰骋中原的武功。

③ "元嘉草草"一句，是说宋文帝刘义隆好大喜功，妄图北达狼居胥山。但因北伐惨败，国势一蹶不振，北魏军队南下，一直追到长江边。

④ "佛狸祠下"一句，"佛狸"是北魏太武帝小字。他率兵南下后直至长江北岸瓜步山，建立行宫，即后来的"佛狸祠"。

如上所举，可见在这首词里，用了孙权称霸江东、刘裕北伐称帝、刘义隆草率发兵导致失败、拓跋焘拥兵南下等南朝兴衰史的几个典故，写出了辛弃疾慷慨激昂、忧国忧民、虽老犹想为国效力的思想情怀，是他的优秀的爱国篇章之一。明代文学家杨慎在《词品》中说："辛词当以《永遇乐·京口北固亭怀古》为第一。"这首词，无论是思想内容，还是艺术形式，都堪称佳作，也是在诗词中用典故较多的范例。

下面再举宋代王中的七律《干戈》为例：

> 干戈未定欲何之？一事无成两鬓丝。
>
> 踪迹大纲王粲传，情怀小样杜陵诗。
>
> 鹡鸰音断人千里，乌鹊巢寒月一枝。
>
> 安得中山千日酒，酩然直到太平时。

在这首诗中，也用了五六个典故，如第三句是用了王粲先投奔刘表，后依附曹操，都未得重用，一生流离颠沛、终无大成的典故。第四句是指在无奈之时，只好读点杜甫的诗或写点小诗以自遣。第五句是用《诗经》中的"鹡鸰在原，兄弟急难"，来说明与兄弟、家人已音断并远隔千里。第六句是以曹操《短歌行》中"月明星稀，乌鹊南飞，绕树三匝，何枝可依"的诗句，来说明自己南逃后的漂泊身世。最后两句是用《搜神记》中的一个故事，希望能够喝到中山人狄希所酿造的千日酒，一醉千日直到太平之时再醒来。此诗用典故既多且佳，全诗一气呵成，把忧国怀乡的流浪者的心情写得淋漓尽致，催人泪下。

用典要活，有时还可以反其意而用之，或扩其意而用之。如毛泽东在《水调歌头·游泳》一词中，就将原有的"宁饮建邺水，不食武昌鱼"，改用为"才饮长沙水，又食武昌鱼"。"长沙水"：湖南民谣有"常德德山山有德，长沙沙水水无沙"。"武昌鱼"：三国孙皓拟从京口（今江苏镇江）迁都武昌，有的官吏和豪绅反对迁都，造出口号云"宁饮建邺水，不食武昌鱼"，反映出安居一隅、不愿迁徙的地方狭隘主义思想；而《水调歌头·游泳》则反映出统一中国的英雄气概和改造山河的宏伟意图。

可见，在诗词中，典故用得好，既可以增强典雅，又可以丰富内容和节省笔墨。但应切忌刻意雕琢，用僻典怪词，故作玄奥，以虚饰华美，否则可能是东施效颦，反而贻笑大方。外国也有一个蜈蚣学步的故事，说的是有一条蜈蚣，一向爬得很好，但有一天，一位美学家向它建议："为了爬得更好看，当你向前迈出左侧第十二条腿（应是二十一对腿）的时候，一定要注意一下你右侧的十二条腿是怎样配合的。"从此这条蜈蚣在爬行时便认真注意这条"美学原则"，尽力使自己走得好看，但可惜它再也不会走路了。^① 这个故事与我国"邯郸学步"的故事颇相似。我们学作诗词，千万不要走"蜈蚣学步"的路。

古往今来，也有许多不用典故的诗词杰作，像李白的诗和李煜的词，多用通俗易懂的语言写成，但其对文字的使用已经达到了炉火纯青的地步。现举李白的《黄鹤楼送孟浩然之广陵》和《早发白帝城》两首七绝为例：

黄鹤楼送孟浩然之广陵

故人西辞黄鹤楼，烟花三月下扬州。

孤帆远影碧空尽，唯见长江天际流。

早发白帝城

朝辞白帝彩云间，千里江陵一日还。

两岸猿声啼不住，轻舟已过万重山。

这些诗句都未用典，但它无论是写情还是写景，都是情真意切的，既逼真，又通俗易懂。其遣词组句的功夫，绝非一般人所能及。李煜的词，也有同样的特点，现举两首如下：

---

① 见《光明日报》1997年5月11日第3版。

相见欢

无言独上西楼，月如钩。寂寞梧桐深院锁清秋。

剪不断，理还乱，是离愁。别是一般滋味在心头。

虞美人

春花秋月何时了，往事知多少？小楼昨夜又东风，故国不堪回首月明中。

雕栏玉砌应犹在，只是朱颜改。问君能有几多愁，恰似一江春水向东流。

对李煜本人在亡国前的耽于享乐，我们不去评论，但其词作，却将亡国后的悲哀溢于言表，抒写得淋漓尽致。正如前人在评价李后主时所说的："做个才子真绝代，可怜薄命做君王。"这应当是他的不幸，但幸有几首不朽的词留于后世，在词坛上占有着重要的一席地位。

从上述可见，作诗填词，用典与否，都不是主要的问题，只要顺乎自然，而不去刻意雕琢，通过日久天长的学习，就会有所成就，写出好的诗词来。

下面再举几首通俗的诗词作些说明。《中国老年报》1996年12月8日第3版上刊登的栾树凯用《一剪梅》词牌写的一首咏送炭工的词，颇为俗而雅，现将全词抄录如下：

一剪梅·咏送炭工

串巷穿街送炭工，衣褐颜红，身健如松。晨沾银雾晚披虹，驱走寒冬，如沐春风。

老弱孤残记在胸，送到家中，搬进房中。车轮急转快如风，来也匆匆，去也匆匆。

这首"一剪梅"，不管它是否合乎词的格律，但他的这种俗而雅的写法，是值得提倡和学习的。

诗词，特别是词，所涉的内容是极为广泛的，从国家大事到生活细节，无所不包；从体裁上来说，典雅与通俗，甚至嬉笑怒骂，皆成文章。下面也举两首有关这方面的诙谐诗来做说明。

一代才子纪昀（即纪晓岚），生性诙谐幽默，在他的诗词中，有不少属于诙谐之作。如一次乾隆赏赐他一件箭衣，制作非常精美。有一天他穿着这件箭衣到他岳父家，岳母见到后，反复地看，赞不绝口，直至深夜还在细看。纪昀便戏吟以诗云："亲家太太太多情，为看箭衣绕膝行。看到夜深人静后……"岳母知道女婿的调皮劲又来了，便严词正色地说道："再往下念！"纪昀就地开了一个玩笑，吟道："平平仄仄仄平平。"逗得岳母大笑起来。

又有一次，他去为某词林朋友的太太祝寿，朋友请他作一首祝寿诗，他便吟道"这个婆娘不是人"，一座惊哗；他乃从容读曰"九天神女下凡尘"，众始莞然；接着他又续云"生下儿子去作贼"，众复哗然；他便说出最后一句"偷得蟠桃寿母亲"，一座皆惊，传为佳话。① 由此可见，"俗"的作品，未必不如"雅"；"雅"未必高，"俗"也未必低，皆在内容与形式新颖与否而已。郭沫若有言，"俗到家时自入神"，是有其哲理和体验在内的。

（六）诗词的模仿与超越

"熟读唐诗三百首，不会作诗也会吟"，这说明了作诗首先是模仿。在模仿的基础上，再求得有超越和独创。

古人作诗，也离不开模仿，但要成为名家，还重在超越和独创。下面我们举李白的《鹦鹉洲》和《登金陵凤凰台》两首诗为例，对模仿和超越作些说明。崔颢曾写过《黄鹤楼》的名篇：

---

① 以上两则小故事，引自《影响中国文化的20大奇才怪杰》，河北大学出版社1993年版，第317页。

昔人已乘黄鹤去，此地空余黄鹤楼。

黄鹤一去不复返，白云千载空悠悠。

晴川历历汉阳树，芳草萋萋鹦鹉洲。

日暮乡关何处是，烟波江上使人愁。

这首诗写出了由景入情、怀古思乡的深切情感。据说李白曾到过黄鹤楼，正欲题诗，当看到崔颢的这首诗后甚为折服，长叹曰："眼前有景道不得，崔颢题诗在上头。"（李白《偕友登黄鹤楼见崔颢题诗》）于是打消了自己准备题诗的念头。

但李白在流放期间，常往返江夏，后于上元元年曾作过《鹦鹉洲》一诗：

鹦鹉来过吴江水，江上洲传鹦鹉名。

鹦鹉西飞陇山去，芳洲之树何青青！

烟开兰叶香风暖，岸夹桃花锦浪生。

迁客此时徒极目，长洲孤月向谁明？

此诗不仅仿崔颢诗写鹦鹉洲之名和景，而且在格调上与崔颢诗也颇相似，此诗中的模仿因素居多。但在此后不久，李白又写了《登金陵凤凰台》一诗：

凤凰台上凤凰游，凤去台空江自流。

吴宫花草埋幽径，晋代衣冠成古丘。

三山半落青天外，一水中分白鹭洲。

总为浮云能蔽日，长安不见使人愁。

这首诗无论是写景还是写情，在内容的丰富和充实上，都远远超过了崔颢的《黄鹤楼》诗。首联两句，就抵过了崔颢诗的前四句；第二、三两联，不仅写景，而且写史，内涵则更加丰富和充实；末联的最后一句的

"使人愁"三个字，由"乡愁"升格为"国愁"，其意义的深邃也超越了崔诗。这是在诗作中从模仿走向超越的最好的说明。

下面再举鲁迅先生的《崇实》一诗来谈谈如何借古人诗的形式来阐述新的内容问题。现将鲁迅的《崇实》诗抄录如下：

> 阔人已骑文化去，此地空余文化城。
>
> 文化一去不复返，古城千载冷清清。
>
> 专车队队前门站，晦气重重大学生。
>
> 日薄榆关何处抗，烟花场上没人惊。

这首诗写于1933年1月31日，是杂文《伪自由书·崇实》篇中的一部分，是写国民党政府的不抵抗政策，把大批文物南迁，北平的古物被抢劫一空，在中华民族的生死关头，国民党要员却过着烟花场上醉生梦死的糜烂生活。鲁迅在《崇实》杂文中这样说过："费话不如少说，只剥崔颢《黄鹤楼》诗以吊之。"这首诗只是"剥"崔诗的形式，而贯以新的内容，使全诗语言通俗而含义深刻，富有战斗力和批判精神。

下面再举一个例子。最近读钟敬文先生的《兰窗诗论集》，其中讲到陆放翁在《剑南诗稿》中有这样两句诗："沉舟侧畔千帆过，剪翮笼边百鸟翔。"显然是从刘禹锡《酬乐天扬州初逢席上见赠》一诗中的"沉舟侧畔千帆过，病树前头万木春"两句模仿而来的，但似乎陆句较之刘句稍有逊色。因而在模仿中超越，并不是一件容易的事。

"落花流水"，是诗词中常用的词语，但对二者的运用及其关系的理解，则各有不同。从"落花流水春去也"到"落花水面皆文章"，再到"桃花流水杳然去""落花流水两无情"等，真是各具底蕴，各有千秋，在模仿中各有超越。

（七）诗词中儒道释思想的影响与融合

魏晋以来，出现了儒道互补的局面，为诗的发展注入了新的思想，开辟了新的境界，儒的积极入世和现实主义与道的超脱出世和浪漫主义相结合的新的文艺思想出现。缪钺在《诗词散论》中指出："吾国自魏晋以降，老庄思想大兴，其后与儒家思想结合，于是以积极入世之精神，而参以超旷出世之襟怀，为人生最高之境界。故居庙堂而有江湖之思，则异乎贪婪之巧官；处山林而怀用世之志，则异乎颓废疏懒之名士。"这是从两种不同的哲学思想和人生观对知识分子的心态和人格构成的影响而言的，但也指出了在中国文化发展中，儒道互补所产生的积极影响，走向了真善美的结合。

儒家的怀人济世、忧国忧民和修、齐、治、平之道，同道家所追求的超世俗、超功利的"独与天地精神往来"的思想结合起来，使天人关系和人我关系获得了新的内容，使人生达到了一个新的境界。在文学艺术方面，使社会与自然、阳刚与阴柔、现实主义与浪漫主义等达到了有机结合。陶渊明前后的变化，可以说明由儒到道的发展过程。

陶渊明在当初也是抱有"少时壮且厉，抚剑独行游"的匡世济民之志，但经过世事的折磨，使他深切感到"久在樊笼里，复得返自然"的必要，不为五斗米折腰，弃官返里，过起"采菊东篱下，悠然见南山"的消闲生活，从入世的积极行为转到出世的超脱人生。《归去来兮辞》《桃花源记》《归园田居》等诗文，体现着由儒到道的思想转变。辛弃疾在《鹧鸪天》中赞颂陶诗是："千载后，百篇存，更无一字不清真。"甚至连理学家朱熹也称赞陶渊明说："予生千载后，尚友千载前。每寻高士传，独叹渊明贤。"可见陶的人格及其诗文影响之深。陶渊明的诗文，在儒道思想的融合下，真正达到了融真善美于一体，而且以美的形式体现出来。

到唐代，在李白与杜甫的两种文风中，也体现出儒道的结合与分野，具体表现为现实主义与浪漫主义的结合与分野。如果说二人有所偏重的话，杜甫的诗更多地表现为现实主义，而李白的诗则更多地表现为浪漫主义。

唐宋以来，在文风上从儒道互补，进而由于庄禅互渗而走向儒、道、释三家的结合，儒的进取、道的超脱、释的空灵，形成了中国哲学和美学的新的格调和新的思想体系。由于儒、道、释的互补与结合，在中国美学思想中便形成了文与质、形与神、刚与柔、动与静、虚与实等相互为用，现实主义与浪漫主义相结合的风格，这在诗、词、书、画等各种文学与艺术形式方面都有所体现。诗、文与书、画结合，形成了中国文艺独具的特点。李之仪就有"得句如得仙，悟笔如悟禅"的诗句；苏轼也有"静故了群动，空故纳万境"的体会，他的诗甚得道、禅之妙。王维的诗与画，受禅的影响很大，苑咸在《酬王维序》中，称他为"当代诗匠，又精禅理"，他将禅理、诗情、画意有机结合起来，形成了自己独特的风格。

因之，杜甫被后世称为"诗圣"，李白被称为"诗仙"，王维被称为"诗佛"，正好说明三人在儒（杜）、道（李）、释（王）的影响下形成的不同文艺风格。

宋代诗词在理学的影响下，重理性思维，也产生了一些饱含哲理的佳作。南宋严羽在他所撰写的《沧浪诗话》中指出，近代诸公"以议论为诗"，虽系批评的话，但道出了宋诗某一方面的特点。如程颢《秋日偶成》七律：

秋日偶成

闲来无事不从容，睡觉东窗日已红。

万物静观皆自得，四时佳兴与人同。

道通天地有形外，思入风云变态中。

富贵不淫贫贱乐，男儿至此是豪雄。

朱熹的《观书有感》七绝：

观书有感

半亩方塘一鉴开，天光云影共徘徊。

问渠那得清如许，为有源头活水来。

两首诗都是自我修养的体验和饱含哲学的诗篇。尚理性、重议论是其诗的主要特点，代表着一代文风。

　　另外，由于外敌压境，内患频仍，也激励了南宋文人写出了许多饱含爱国热情的不朽诗词，反映出儒家匡世济民的远大抱负。如上面所引的辛弃疾《永遇乐·京口北固亭怀古》一词，不仅历数了有关南朝的一系列历史人物和他们的事迹，表达了作者的政治见解和抱负，更反映出作者的爱国热情和对南宋统治集团投降路线的愤慨，最后以"廉颇老矣"作结，来表明空怀报国之志的无限悲愤。此外，如大家所熟知的陆游的《示儿》和《秋夜将晓出篱门迎凉有感》，都是典型的爱国诗篇：

示　儿

死去元知万事空，但悲不见九州同。

王师北定中原日，家祭勿忘告乃翁。

秋夜将晓出篱门迎凉有感

三万里河东入海，五千仞岳上摩天。

遗民泪尽胡尘里，南望王师又一年！

　　这些诗篇，充分反映出作者对于大好河山沦陷、广大人民遭受涂炭的悲愤，以及渴望宋军收复国土的心情，还有作者自身志愿未竟、死不瞑目的悲愤心情及殷切企望。这些爱国主义诗篇，曾经激励着多少后人走向抗敌救国的战场，为祖国的复兴而英勇地抛头颅、洒热血，去实现文天祥所说的"人生自古谁无死，留取丹心照汗青"的豪情壮志。中华民族有着英勇不屈的爱国主义传统，中华民族是不可侮的，我们应当继承和发扬这些优秀的历史文化遗产，使其为祖国复兴和完成统一的大业服务。

　　（八）旧体诗词对新体诗歌的影响

　　诗词在中国文学史中的地位及其影响是巨大的。由唐诗发展到宋词，再由宋词发展到元曲和杂剧，其影响范围在逐步扩大。在古典小说中，如果没有几句诗词作点缀，就会大大降低其文学品位，如《三国演义》的卷头词：

> 滚滚长江东逝水，浪花淘尽英雄。是非成败转头空，青山依旧在，几度夕阳红。
>
> 白发渔樵江渚上，惯看秋月春风。一壶浊酒喜相逢，古今多少事，都付笑谈中。

该词道出了一部《三国演义》的精华所在和基本思路。一部《红楼梦》，到处是诗词歌赋，第五回"贾宝玉神游太虚境，警幻仙曲演红楼梦"中的金陵十二钗的"正册"和"副册"的诗，以及从"红楼梦引子"到"飞鸟各投林"的十四段曲词，不但列出了《红楼梦》一书的总纲，而且为其中的主要人物定下了基调。一部《红楼梦》，就是诗词曲与文白的巧妙结合。

在古典小说中，以诗词作为各章的开头和结尾的，更是比比皆是。今天遍布各地的各种剧种，其唱词和道白，也到处可以看到诗词的痕迹。甚至一副楹联，其造句、对仗、平仄、用韵都离不开诗词的格律。诗词在中国文学史上，其影响之大，可谓极矣。

旧体诗词同其他事物一样，也具有两面性。一方面为中国悠久文化留下了一部极为丰富的优秀文化资产；另一方面在它的发展过程中，也越来越走向形式化，特别是在其与中国封建科举制度的结合中，更加增强了它的形式主义弊病。这样，诗词的优良传统就受到很多限制而不能充分体现。于是"五四"前后，文化界的先驱在提倡白话文的同时，也主张用新诗来代替旧诗，打破旧体诗词格律的限制，主张自由成章，没有固定的格式，语言力求接近口语而不尚雕琢，能够做到真切地体现出作者的思想情感，不要矫揉造作。这种文学史上的革新，也是诗词发展史上的一大进步。

但是，旧体诗词，由于多少年来经过文人的锤炼，无论是韵律还是遣字、组句，都有许多独到之处，因而将旧体诗词的优秀成果吸取融化在新体诗歌中，对于新体诗歌的创作与提高，当不无小补。于是在20世纪30年代前后，有的诗人试图吸收旧体诗词与民歌中的一些艺术形式和手法，对新体诗的创作进行新的探索，提出所谓"新格律体诗"的研究问题。这是在"五四"以后出现的一种不同于自由诗的诗体，也称为"现代格律诗"。早期为刘半农、陆志韦等所提倡，如刘半农就倡议破坏旧韵重造新韵和增多诗体。稍后，提倡最有力的是闻一多，他在《诗的格律》一文中，就曾提出过新诗在形式上格律化的问题，讲求"节的匀称和句的均齐"以及押韵等。现以他的《死水》诗为例来证明：

死 水

这是一沟绝望的死水，清风吹不起半点漪沦。
不如多扔些破铜烂铁，爽性泼你的剩菜残羹。
也许铜的要绿成翡翠，铁罐上绣出几瓣桃花；
再让油腻织一层罗绮，霉菌给他蒸出些云霞。
让死水酵成一沟绿酒，飘满了珍珠似的白沫；
小珠笑一声变成大珠，又被偷酒的花蚊咬破。
那么一沟绝望的死水，也就夸得上几分鲜明。
如果青蛙耐不住寂寞，又算死水叫出了歌声。
这是一沟绝望的死水，这里断不是美的所在，
不如让给丑恶来开垦，看他造出个什么世界。[①]

嗣后，写新格律体诗的人便日渐多起来，林庚、何其芳、臧克家等也有所提倡和创新，甚至连胡适这样的白话文的极力提倡者，有时也在交筹中写上几句带有旧诗痕迹的白话"打油诗"或"宝塔诗"。

现举胡适1941年6月1日为赵元任结婚二十周年纪念所写的一首贺喜诗为例：

---

① 闻一多：《死水》，上海新月书店1929年版，第2页。

蜜蜜甜甜二十年，人人都说好姻缘。

新娘欠我香香礼，记得还时要利钱。①

胡适称这首诗为打油诗。不管它是什么诗，但仍未完全摆脱律诗格式的影响，起码在组句和叶韵方面是这样。

下面我们再以"创造社"的创始人之一成仿吾在1921年所写的《岁暮长沙城晚眺》这首新体诗为例，来做些分析：

岁暮长沙城晚眺

只是这般一天天的！残秋去了，几天又将冬尽！

天只是这样青青的！地只是这样蒙蒙的！人只是这般昏昏的！

登城晚眺，极目伤怀。我心悒悒，曳杖归来。②

这是一首新诗，但在这首新诗中，也用了改造过的旧诗的排律，如第二段；也用了韵，如第三段；特别是最后四句，如果不是写在新诗中，完全可以把它视作一首四言古诗。像成仿吾、郭沫若这样一些近现代文学改革的启蒙者，到了晚年所写的诗，新诗较少，而古诗反多，这是一个偶然的现象、是历史的倒退吗？我想不应当这样看，这是因为当时新体诗尚不成熟，而旧体诗由于多少世纪的千锤百炼，确有许多可取之处，其影响将会永远存在。

比如"一去二三里，烟村四五家。亭台六七座，八九十枝花"，是一首既合乎五言格律，又极为通俗的旧体诗，正因为它通俗类似白话诗，易读易记，所以才广为流传。看来新旧诗体的相互取长补短，是诗发展的一条广阔的路。

我们再举一首译诗为例来作说明。有许多译诗很像散文，而缺乏诗

---

① 韩石山：《胡适的贺喜诗》，引自《光明日报》1999年8月23日第11版。

② 《成仿吾诗选序》，见《成仿吾诗选》，中共中央党校出版社1994年版，第5页。

味。译文要做到信、达、雅，对文章的翻译要求如此，对诗的翻译更要如此，特别在"雅"字上应当体现出诗的韵味来。以殷夫的"生命诚可贵，爱情价更高。若为自由故，二者皆可抛"的译诗做些说明。这首诗的翻译过程是这样的。这首原为匈牙利诗人裴多菲的名诗，经青年诗人殷夫译为中文，首先将其译为自由诗体，其格式如下：

> 自由与爱情！我需要这两样。
> 为了爱情，我牺牲我的生命；
> 为了自由，我又牺牲我的爱情。

后又将其译成古诗体：

> 生命诚可贵，爱情价更高。
> 若为自由故，二者皆可抛。①

通过以上两种译文的比较，似乎后一种译文要更好一些。因为它用了旧体诗的格式、新体诗的语言，或者说是新旧诗体的有机结合，诗的原意是外国的，但诗的格调是中国的，成为一首非常中国化的外文译诗，因而它广为流传，成为朗朗上口、妇孺皆知的好诗。

由此可见，新诗要提倡，古诗不可弃，如果能做到"古为今用"，一定会将新诗的创作提高到一个新的水平，这说明一切事物的发展总离不开对历史上优秀成果的继承，对于诗词来说尤其如此。

总之，旧体诗词与新体诗歌的联系是割不断的，其影响是多方面的，在新诗的创作中或隐或显、或多或少地反映出来。特别是旧体诗词的遣词组句的功夫，更值得继承和学习；旧体诗词中的一些典故和成语，也可以在新体诗中应用；用叶韵来写新体诗的也不少见。"古为今用""推陈出新"，在诗词的发展历程中，一直是在沿用和前进着。

---

① 郑延国：《散文译诗片议》，《光明日报》1998年10月22日第7版。

第九讲 曲、杂剧选介

一、曲与杂剧的产生和发展

在十二、十三世纪，宋王朝南迁，在宋与辽、金对峙的形势下，北方出现了一种新的文学形式，即散曲。到元代即定型，并生发出杂剧。元曲在文坛上也占有重要地位，与唐诗、宋词并称，于是唐诗、宋词、元曲便成为中国古典文学中的三大奇葩。

曲是由词演化而来的，词被称为"诗余"，曲也被称为"词余"。曲分为小令和套数：小令就是单个的曲子，可以配乐演唱；套数是由许多曲子连缀而成，曲子可多可少，一般用一二支小曲开端，用"煞调""尾声"结束。由多个曲子组成套数，再加上对白和表演，就成为杂剧。曲与杂剧的关系，如同今日歌曲与歌剧的关系，从今日的昆曲中，可以看到曲与杂剧的关系。

曲在遣词组句方面，都较之词作更宽一些，它可以加衬字，并重视用俚语，因而更容易为群众接受和喜闻乐见。

二、散曲

散曲在形式上分为小令和套数（或散曲和套数）。

（一）小令

小令又叫"叶儿"，是单个的曲子，按照一定的曲牌写成，如《天净沙》《山坡羊》《水仙子》《落梅花》《沉醉东风》等，都属于"小令"，可以配乐演唱。到后来，也渐渐成为文人创作的范式。仅举三首做些简析：

天净沙·秋思

［元］马致远

枯藤、老树、昏鸦，小桥、流水、人家，古道、西风、瘦马。夕阳西下，断肠人在天涯。

这是大家所熟知的一首描写自然景物的名作，作者把秋日傍晚的各种景物集中在一起，以表达旅人凄凉和悲伤的心情。

山坡羊·潼关怀古

［元］张养浩

峰峦如聚，波涛如怒，山河表里潼关路。望西都，意踟蹰，伤心秦汉经行处，宫阙万间都做了土。兴，百姓苦；亡，百姓苦。

这首曲子写了潼关形势的险要和秦汉之争（包括楚汉之争），结果是宫阙万间都化为焦土。不管你封建王朝的兴或亡，带给人民的都是兵乱和劳役之苦。

落梅花·答卢疏斋

［元］珠帘秀

山无数，烟万缕，憔悴煞玉堂人物。倚篷窗一身儿活受苦，恨不得随大江东去。

珠帘秀是元代著名的女杂剧演员，演员在当时的社会地位是低下的。这首曲子似是与友人（或恋人）酬答之作，但也反映出作者思想上的苦闷与无奈。

（二）套数

套数是由两支以上属于同一宫调的曲子联合而成的组曲。现以睢景臣《高祖还乡》来做说明。全曲如下：

【般涉调】哨遍·高祖还乡①

［哨遍］社长排门告示②，但有的差使无推故。这差使不寻俗：一壁厢纳草除根，一边又要差夫，索应付。又言是车驾，都说是銮舆③，今日还乡故。王乡老执定瓦台盘，赵忙郎抱着酒葫芦。新刷来的头巾，恰糨来的绸衫，畅好是妆幺大户。

［耍孩儿］瞎王留引定伙乔男女，胡踢蹬吹笛擂鼓。见一彪人马到庄门，劈头里几面旗舒。一面旗白胡阑套住个迎霜兔④，一面旗红曲连打着个毕月乌⑤，一面旗鸡学舞⑥，一面旗狗生双翅⑦，一面旗蛇缠葫芦⑧。

［五煞］红漆了叉，银铮了斧，甜瓜苦瓜黄金镀⑨，明晃晃马镫枪尖上挑⑩，白雪雪鹅毛扇上铺⑪。这些个乔人物，拿着些不曾见的器仗，穿着些大作怪衣服。

［四煞］辕条上都是马，套顶上不见驴，黄罗伞柄天生曲。车前八个天曹判⑫，车后若干递送夫⑬。更几个多娇女，一般穿着，一样妆梳。

［三煞］那大汉下的车，众人施礼数。那大汉觑得人如无物。众乡老展脚舒腰拜，那大汉挪身着手扶。猛可里抬头觑，觑多时认得，险气破我胸脯！

［二煞］你身须姓刘，你妻须姓吕，把你两家儿根脚从头数⑭。你本身做亭长耽几盏酒，你丈人教村学读几卷书。曾在俺庄东住，也曾与我喂牛切草，拽耙扶锄。

［一煞］春采了桑，冬借了俺粟，零支了米麦无重数。换田契强秤了麻三秤，还酒债偷量了豆几斛。有甚糊涂处？明标着册历，现放着文书⑮。

［尾声］少我的钱差发内旋拔还⑯，欠我的粟税粮中私准除⑰。只道刘三谁肯把你揪捽住？白甚么改了姓，更了名，唤作汉高祖⑱！

在这篇"套数"中，由于听讲的一些仪仗和故事比较难懂，因而做了注释①，以供读者参考。

① "高祖返乡"：高祖指汉高祖刘邦。汉十二年（前195年）十月，刘邦平定淮南王英布之乱后，归途中经过故乡沛县，在那里待了十几天。曲中所写的就是他刚到家乡时的一些场面，以及乡老对他过去的一些行为的回顾。

② "社长排门告示"：社长挨家通知。社是乡村的组织，社长一般为年老有地位的人。

③ "又言是车驾，都说是銮舆"：指刘邦所乘的车。古代对皇帝不敢直呼其名，这里以"车驾""銮舆""銮驾"等代称。

④ "一面旗白胡阑套住个迎霜兔"：这句是写的月旗。"胡阑"是"环"的合音。"迎霜兔"指月宫里有个白兔，所以用"环"套住这个白兔代表月亮。这句和下面的句子写的都是乡民眼中所见的仪仗，他们叫不出名字，只能凭借自己的想象来说。

⑤ "一面旗红曲连打着个毕月乌"：这句是写的日旗。"曲连"是"圈"的合音。"毕月乌"，传说日中有三足乌，所以用红圈套着乌鸦代表日。

⑥ "一面旗鸡学舞"：这句写的是飞凤旗。

⑦ "一面旗狗生双翅"：这句写的是飞虎旗。

⑧ "一面旗蛇缠葫芦"：这句写的是蟠龙旗。

⑨ "红漆了叉，银铮了斧，甜瓜苦瓜黄金镀"："红漆了叉"是指用漆涂的红叉，"银铮了斧"指银镀的斧，"甜瓜苦瓜黄金镀"是指金瓜锤。

⑩ "明晃晃马镫枪尖上挑"：指的是朝天镫。

⑪ "白雪雪鹅毛扇上铺"：指鹅毛宫扇。

---

① 王季思等：《元散曲选注》，北京出版社1981年版，第139—141页。

⑫ "车前八个天曹判"："天曹判"指天上的判官，这里泛指一般侍从人员。

⑬ "车后若干递送夫"："递送夫"指奔走侍奉的人。

⑭ "你身须姓刘，你妻须姓吕，把你两家儿根脚从头数"：指细数刘邦的家世，你是刘邦，你妻子叫吕雉，你的岳丈教村学。你曾住在俺庄东边，你曾和我一起劳动。

⑮ 从"春采了桑，冬借了俺粟"到"明标着册历，现放着文书"：历数了刘邦的一些劣迹，是有记录在案的。

⑯ "少我的钱差发内旋拨还"："差发"指当官差，当时百姓要被征发当官差的。这里是说刘邦欠他人的钱从当差费中扣除了，因为他当时是地方上的亭长。

⑰ "欠我的粟税粮中私准除"：前文讲刘邦欠人家的钱，在当差费中扣除，这里讲他欠人家的粮，又在粮食税中扣除。总之，他是无赖不还账。

⑱ 最后几句，是说他（刘邦）本来叫"刘三"，怎么突然"改了姓，更了名，唤作汉高祖"。

《高祖还乡》是散曲中名望较高的一篇，它把刘邦的事迹刻画得淋漓尽致。曲的开始，写出了乡官的忙乱，无奇不有的皇帝仪仗，处处都是莫名其妙的怪现象，是对皇帝尊严的嘲笑。等到认出这位大汉的本来面目之后，通过曾与他有过瓜葛的乡民的口，对他指名道姓，细说其家世；并对他过去的耽酒、欠债、暗偷、明抢的劣行，做了一一细数；还嘲笑他"白甚么改了姓，更了名，唤作汉高祖"。摘掉了他皇帝的桂冠，这不仅是对刘邦的嘲笑，而且是对一切最高统治者的蔑视。在封建社会中，这是一篇难能可贵的作品。

曲的影响，虽较之诗词稍逊，但它进一步通俗化，而且向杂剧发展。杂剧将诗、词、曲融为一体，并发展成为各种戏曲，在民间广为传播。

三、杂剧

杂剧是原始的戏曲。从晚唐起即有杂剧之名，其后历代均有杂剧的创作，如宋杂剧、元杂剧、南杂剧、温州杂剧等，而以"元杂剧"为通称。"元杂剧"的出现与曲的套数的发展有着密切的关系。

杂剧综合运用了诗、词、曲的各种形式，并增加了宾白（对白）和科介（表演），简称"科白"，成为剧作。这样更容易为群众所接受，增强了群众的乐趣。后来最能体现杂剧特点的是"昆曲"。由杂剧演化为各种戏曲，广泛地流传于民间。

现以《西厢记》为例进行说明。

《西厢记》是元杂剧中的代表作，为王实甫所作（一说其中第五本为关汉卿所作）。剧中写了张生与莺莺的爱情故事，其中除了写老夫人失信赖婚外，还突出了红娘在撮合张生与莺莺相会、终成其事的过程中的重要作用。此剧展现了一个侍女的聪明才智和善解人意，因而在后世的各种剧作中，"红娘"便成为剧作的主题。

《西厢记》突破了元杂剧每剧四折的体例，全剧共分五本二十一折。现举其中的第四本《草桥店梦莺莺》中第二、三折的一些内容，做些简析。

第二折"拷红"一段，写出了红娘在被拷问之下，不但陈述了莺莺与张生相会的经过，而且批评了老夫人失信的过错，并做了玉成其事的建议。比如她详细地陈述了他们是"一双心意两相投"，她规劝老夫人"得好休，便好休，这其间何必苦追求？""常言道女大不中留。既米已成粥，不如成其大事，一切都遮盖。"这样理直气壮、分析入微的对话，表现了一个聪敏的红娘的坦诚、智慧和正直。因而红娘在许多戏曲中，即成为主角，直至以"红娘"来命名剧目。

第三折是写张生赴京应考，莺莺在十里长亭送别的故事。

当时的情景是：[正官·端正好]"碧云天，黄花地，西风紧，北雁南飞，晓来谁染霜林醉，总是离人泪。"[滚绣球]"恨相见得迟，怨归去得疾。柳丝长玉骢难系，恨不倩疏林挂住斜晖。马儿迍迍地行，车儿快快地随，却告了相思回避，破题儿又早别离。听得道一声去也，松了金钏；遥望见十里长亭，减了玉肌。此恨谁知？"把当时的时间背景和离人心情写得何等的凄凉和眷恋！这些描述常为后世送别情人所沿用。其文辞极为优美，可称为曲中的杰作。由此联想到《红楼梦》中贾宝玉与林黛玉阅《西厢记》的故事，是既恋其情，又爱其词。

另外，还应提到另一篇杂剧《窦娥冤》。

《窦娥冤》，全名为《感天动地窦娥冤》，是元代关汉卿所创作的杂剧剧本。写一个寡妇窦娥受流氓张驴儿的迫害，被诬告杀人，由昏官错判为死刑。她临刑前指天为誓：死后必血溅白练，六月降雪，大旱三年，以白己冤。所以也称为《六月雪》。后窦父天章为官，重审此案，予以昭雪。此剧塑造了一位善良正直，在黑暗势力的压迫下敢于反抗的妇女形象，同时也折射出当时社会和官场的黑暗。明传奇《金锁记》据此改编，改为窦娥临刑得救。以喜剧结尾，倒不如悲剧感人之深、警世之长。

四、有关京剧的几点评议

由杂剧的发展出现了各种戏曲，其中又以昆曲和京剧影响较大，昆曲被称为"百戏之主"，京剧被称为"国剧"。现对京剧做点评说。

京剧是我国地方戏中出现较早、流传较广、影响最大的一个剧种，相传已有二百余年的历史。清乾隆五十五年（1790年），徽班进京，又吸取了汉剧的西皮，以二黄和西皮为全调，并吸收昆曲某些表演形式，最终形成了京话演唱的京剧。京剧在2010年申遗成功后，已走向世界。

京剧是以西皮、二黄为主要唱腔，以唱、念、做、打为主要表演程式，并多用虚拟性表演形式的一种戏剧。有人总结京剧的基本方法为四句话："有声必歌，无动不舞，不许写实，不许真器物上台。"道出了京剧的基本特点。京剧重在唱功，因而欣赏京剧，不只是看表演，更重要的是在听唱腔和演奏。所以欣赏京剧，一般不说"看戏"，而叫作"听戏"。

徽班进京后，吸取其他剧种的唱腔和表演程式，并经过老一代艺人如程长庚、谭鑫培、杨小楼、梅兰芳、郝寿臣、萧长华、盖叫天等先后的改革和发展，形成了生、旦、净、末、丑、武打等各种角色的典型，这使京剧成为各种地方戏中最大的剧种，并对其他剧种产生重大影响。

京剧的传统剧目据说有千种之多，其中如《群英会》《打渔杀家》《霸王别姬》《三岔口》等剧目，流传很广；其优秀剧目如《赤桑镇》（反贪）、《铡美案》（惩恶）、《将相和》（团结）、《赵氏孤儿》（大义）、《苏武牧羊》（持节）、《昭君出塞》（民族和睦）、《白蛇传》（爱情忠贞）等等，至今演唱不衰。在这些优秀剧目中，不论是唱词和演技都有许多精彩之处，对社会产生了积极影响。现仅以《霸王别姬》中虞姬在舞剑时的一段唱词和舞蹈为例，做些简析：

劝君王饮酒听虞歌，解君忧闷舞婆娑。嬴秦无道把江山破，英雄四路起干戈。自古常言不欺我，成败兴亡一刹那。宽心饮酒宝帐坐，待听军情报如何。

这简直是一首绝妙的诗词。而且边唱边舞，其唱腔与舞姿之美，也堪称绝技。再加上《夜深沉》管弦乐的伴奏，堪称尽善尽美。由此可见京剧成就之大，所以影响较广。

在京剧中还有一些演鬼的戏，如《李慧娘》《探阴山》《乌盆记》等。在这些戏中，虽不免带有虚妄和迷信内容，但它的主调是为民申冤。因而虽系鬼戏，但是"有鬼无害论"。然不宜多演。

另外，京剧中的一些传统剧目一直上演至今，如《四郎探母》《武家坡》《秋胡戏妻》等。其唱腔经过多次锤炼，的确已经达到炉火纯青的地步，其所宣传的内容却值得商榷。如《四郎探母》是以母子情取代了同仇敌忾的报国志，给"一门忠烈"的杨家将抹黑。《四郎探母》的主角，是被俘投敌、改名换姓、被招为驸马的杨四郎，而且对南北和平没有任何贡献；他所探望的母亲是杨门的老太君，是一位精忠报国的女英雄，这次又是前来北国参与抗敌的。在这种情况下，母子相遇，所表演的全是母子情，没有半点杨门的气概，结果是佘太君的刚健英锐之气不见了。真不知当佘太君历数了金沙滩战败、杨家将牺牲的惨状后，杨延辉将作何感想。这种戏能够上演吗？同晋剧山西梆子《三关排宴》的剧情和杨排风的评说相比较，即可见其高下。

再如《武家坡》一戏，与《秋胡戏妻》（也称《桑园会》）大致相同。二者都是演的一个离家多年（前者18年，后者10年）的丈夫，在外边不只是高官厚禄，有的还当上了异国的国君，而且有了新宠。回到家，对前妻没有表示半点歉意，还要用调戏的手段来检验前妻的贞操，最后还是前妻屈就而终归于好。前剧以"讨封"和"大登殿"为结，在"讨封"的一段戏中，王三姐竟唱出"她为正来我为偏"，与"三击掌"相比似乎判若两人，很不相称。这种歧视、羞辱和任意摆布妇女的戏作，还能上演多时？我们不能因爱其唱腔而忽视其封建糟粕。以这种戏来使群众叫好，实在是有些不合时宜。请方家三思。

有些戏经过了修改，与原作相比大有进步，是应当充分肯定的，如将过去的《红鸾喜》改为今日的《金玉奴》，应当为修改叫好！莫稽在得中和放官之后，竟将救过他命的恩人也是妻子金玉奴推入江中。其妻幸得高官林大人相救，并认作义女。修改后的戏剧没有按照原本终成夫妻，而是在金玉奴控诉之后（不能再让这种不义之人为官来害人民），将莫稽绳之以法。这种修改就是历史的进步，我们应当为之鼓掌！

另外，也有一些老专家和老艺人新编了一些历史剧，如《司马迁》《谢瑶环》《穆桂英挂帅》《荒山泪》等，都是很成功的创作。还有一些新的现代戏，如《红灯记》《沙家浜》《智取威虎山》等，也是很成功的现代京剧创作，其剧情和唱腔也是优美的。可喜的是，在第五届京剧艺术节中，上演了许多新编的京剧，有演历史的，有演现代的，有写战争的，有写商业的，还有的是改编话剧的。从内容到程式，都有了较大的变革。在演奏方面，有京胡锣鼓，也有新式乐器，体现了京剧改革的最新气象，我们对此热情地欢迎和赞赏！相信通过专家和演员的努力创造，将会有更多的新剧目问世！对新编京剧的创作，有的老艺人提出三点要求：死学、广学和活学。所谓"死学"，就是要一丝不苟地学习前辈的唱念做打；"广学"，就是广泛地学习各派的特长；"活学"，就是在学习的基础上有所创造，把继承与创新结合起来。根深才会叶茂，这些意见对京剧改革富有指导意义。当然，也有一些改编或新编历史剧对历史事实任意篡改和歪曲，也值得引起重视。

第十讲　小说选介

一、小说概述

小说是文学中的一种文体，它以人物为主题，通过故事情节和人物形象的描写，反映人情和世事的各个方面，为大众喜闻乐见，对群众起着广泛的影响和教育作用。

小说在先秦即已出现，西汉刘歆在《诸子略》中，将小说列为"十家"之一。并说，如将小说删去，即成为"九流"。这就是"九流""十家"称谓的来源。由此可见，"小说家"的地位，较之其他各家为低，尚未入"流"。《汉书·艺文志》将小说分为十五家，计一千三百八十篇。它对小说的评价是："小说家者流，盖出于稗官，街谈巷语、道听途说者之所造也。孔子曰：'虽小道，必有可观者焉，致远恐泥，是以君子弗为也。'①然亦弗灭也。闾里小知者之所及，亦使缀而不忘。如或一言可采，此亦刍荛狂夫之议也。"说明"小说家"虽未入"流"，但亦有其可取之处，不可废弃。在我国文学史的发展过程中，小说也在不断地发展和前进。从魏晋的志怪和志人小说，到唐宋的传奇和话本；特别是明清之际，由于工商业的发展，民间文学大盛，小说成为主流文学，章回小说大量问世。在小

---

① 这段话，《汉书·艺文志》称为"孔子曰"，但《论语·子张》篇称为"子夏曰"。二者孰是，尚待考证。

说中，把散文和诗、词、曲进行了广泛地结合、综合地运用，把中国文学推向一个新的阶段，甚至成为某一时期的主流文学。

小说就其内容来分，有神话、传说、志怪、志人、传奇、说史，无所不包。清代纪昀将其分为"三派：叙述杂事、记录异闻和缀辑琐语"。鲁迅认为三派实为两类，一是杂录，一是志怪。[①] 就其大者而言，不外是志怪与志人的不同内容。在写作上也不外是实录与虚构两大方面，实录是以事论文，虚构是因文生事。

小说就其体例来分，有短篇、中篇、长篇和章回小说等；在语言上，有文言、白话（古代白话）和文白兼用。在章回小说中，还广泛地应用了诗、词、曲等文学形式，有的还多有对联出现。《搜神记》《世说新语》《聊斋志异》都是用文言文写成的；《三国演义》则是文白兼用；《水浒传》《西游记》则是用白话写成的；《红楼梦》虽系白话，但它把诗、词、曲广泛而又自然地融入其中，因而其价值和影响也就特别巨大。

在文字狱极为盛行的清代，有的小说也不得不用隐晦笔法，以免在文字方面犯禁。如一部《红楼梦》，其故事情节，到服装、陈设等，都是明代汉族封建大家庭中的一切，避免了对清代的某人某事的猜测和映射。一部《聊斋志异》，以写鬼狐来批判现实，塑造了许多敢说敢做的妇女形象，所谓"料因厌作人间语，爱听秋坟鬼唱诗"，其用心良苦，也独创新体。另外，在《三言》《二拍》等小说中，也写了不少社会下层人物（包括一些妓女）的故事，反映出"民主"思想的抬头，都值得肯定和一读。

后面将以长篇小说和短篇小说中的典型做些简介和评析，并对《红楼梦》和《聊斋志异》做重点介绍和评价。

二、小说选评

讲到小说，一般都以魏晋时代以来志怪和志人小说为起点，实际上还可

---

① 《鲁迅全集第8卷》，第9页。

以上推至神话和传说，刘歆已将小说列入《诸子略》中。现以魏晋志怪小说《搜神记》为例，做些简介。《搜神记》为东晋干宝撰，今本已非原书，由后人从《法苑珠林》《太平御览》等书中辑录而成，所记多为神怪灵异，其中也保存了一些民间传说，如《三王墓》所记干将莫邪的炼剑故事，流传甚广。鲁迅还据此写成《故事新编》中的《铸剑》。

在志人小说中，《世说新语》可以作为代表作，为南朝宋临川王刘义庆所编撰。书中将两汉到东晋期间士大夫的轶事琐语，分门辑录，共分为三十六门类，每类收录若干则，全书共一千余则。以短小精悍的形式，生动简明的语言，比较真实地描绘出一些人物的生活面貌，如其中的《陶母责子》和《周处改过》等篇，都有重要的教育意义。

小说发展到唐宋之际，由短篇发展为中篇"传奇"，如《柳毅传》《霍小玉传》《李娃传》《虬髯客传》等，都是其中的代表作（详见第一讲"唐代的传奇"）。

到宋代，出现了说书人。他们把民间的传说或历史故事，系统地进行说话，由此而产生了话本，为以后章回小说的出现打下了基础。

小说发展为章回小说，是元、明、清之际文人的创作。明、清之际，由于工商业的发展，民间文学勃兴，小说发展达到了顶峰，成为主流文学。现以四部古典小说（重点是《红楼梦》）为例，做些简介与评析。

（一）四部古典小说

1.《三国演义》

《三国演义》为罗贯中（约1330—约1400）所作，是我国文学史上第一部长篇历史小说。该书以汉代末年魏、蜀、吴三国的军事和政治斗争为内容，抒写了近百年的历史，塑造了一大批叱咤风云的人物。《三国演义》的成书，吸取了《三国志》及其注释的有关资料；特别是宋、元时期有关"三国"的话本，经罗贯中的编撰和创作而成，它成为一部流传极广、影响颇大、为人民所喜闻乐道的故事传闻，甚至有的人把它误作正史采讲，绝非偶然。它不仅在中国，而且在世界上广为流传。

在《三国演义》中，出现有名姓的人物四百余人，其间的复杂情节是多而不乱。栩栩如生的人物形象将其个性特点呈现在读者面前，在人民生活中产生着不可估量的影响和教育作用。

《三国演义》写了魏、蜀、吴相互斗争的战争史，所陈述的许多战争故事，就其大者如赤壁之战、官渡之战，都是历史上著名的以少胜多、以弱胜强的战争故事，给后人提供了许多有益的历史资料和经验。其中的名篇，如《曹操煮酒论英雄》《定三分隆中决策》《诸葛亮舌战群儒》《兄逼弟曹植赋诗》等，都是百读不厌的佳作。

《三国演义》是以蜀为正统，尊刘贬曹，其中所描述的蜀方的几个典型人物，如诸葛亮的"智"、刘备的"仁"、关羽的"义"和赵云的"勇"，都为世人所乐道，但其中也难免有过于夸张与不实之笔。正如鲁迅所指出的：写刘备的"仁"，有的近于"伪"；写诸葛亮之"智"，有的近于"妖"。特别是在"尊刘贬曹"的正统思想下，把曹操写成奸雄的典型，以至上当受骗、奸诈、淫乱等无所不有，有的是不完全符合历史事实的，同《三国志》对曹操的评价有较大的出入，《三国志》称他是"非常之人，超世之杰"。曹操兼有政治家、军事家和文学家的才能，是历史上难得的人物，其消极方面应是瑕不掩瑜的。《三国演义》对周瑜的描述，也存在贬低的问题。另外，魏、蜀都是以战胜黄巾军起家的，因而它对这场农民运动也多有贬斥。但因为它是演义，没有必要对其做过多的挑剔和指责。

《三国演义》在文风与体例上也多有创建。它以浅近的文言文写成，或者可以说是文白兼用，行文明快流畅，做到了雅俗共赏。对于初学古文的学生，是一部极好的范文。其开卷词《临江仙》："滚滚长江东逝水，浪花淘尽英雄，是非成败转头空。青山依旧在，几度夕阳红。　白发渔樵江渚上，惯看秋月春风，一壶浊酒喜相逢。古今多少事，都付笑谈中。"也是一篇唱响千古的诗歌，其含义深远。在小说开始时所说的"话说天下大势，分久必合，合久必分"，也反映了作者的世界观和历史观。

2.《水浒传》

《水浒传》为施耐庵（生卒年月不详）所作，大约成书于元末明初之时。一般认为是施耐庵所作，也有主张"施作罗编"的，也就是说罗贯中也曾参与此书的编订工作。

《水浒传》是以农民战争为题材的小说，该题材也是这部小说的主要特点和贡献。其中写了一百零八个英雄人物，对其中的三十六人，余嘉锡在《宋江三十六人考实》一文中，从史学的角度证实有的是确有其人。其中不少人是因死罪被逼上梁山的，刻画出了当时的社会矛盾，揭露出封建统治阶级的剥削、压迫和残暴、腐朽，同时歌颂了农民英雄的反抗精神和高尚品格。"替天行道"的旗帜，也反映了农民要求参与国事的朴素的民本思想。其中所塑造的如李逵、武松、林冲、鲁智深等英雄人物，其英雄本色和高尚品格，至今还为群众所乐道。其中如"林冲夜奔""武松打虎""李逵探母""三打祝家庄"等，也成为优秀的剧目，被搬上舞台，是群众所喜爱的剧作。至于宋江的招安思想，也反映出农民革命只是反某个皇帝或某个王朝，而不是反封建社会皇权的历史局限性。

《水浒传》是中国白话小说的范本，它以通俗的语言为基础，有浓厚的生活气息，对人物的刻画高度个性化，金圣叹称赞《水浒传》写一百零八人的性格，真是一百零八样。其叙事、写景都极为细致和传神，体现出高度的艺术成就。据说施耐庵为了写好"武松打虎"，描述老虎吃人时的动作，曾亲自趴在地上，模仿老虎的一扑、一掀、一剪的三项伎俩，可见其写作的认真程度。

《水浒传》有多种传本，有七十回本、一百回本、一百二十回本等不同的版本，一般以七十回本为佳，以卢俊义一梦作结；在一百回本中，增加了宋江受招安和远征辽国及镇压方腊等情节；在一百二十回本中，又增加了镇压田虎和王庆的情节，对农民革命有所贬低。另外，对《水浒传》进行改名和改写的也不乏其人，在褒的方面有《忠义水浒传》的名称，在贬的方面有《荡寇志》的撰写等。因而如何读《水浒传》，如何选版本，还有许多研究工作可做。

3. 《西游记》

《西游记》是明代吴承恩（约1500—约1582）所作，成书于明代中叶。在《西游记》产生之前，唐僧到西天取经的故事早已流传，并有《大唐西域记》和《大唐三藏取经诗话》等书问世。有关唐僧、孙悟空、猪八戒、沙和尚和白龙马的形象已有所描述。当然，不能因此便以为《西游记》就是上述材料的拼凑，而不是作者的创造想象，一部《西游记》应是吴承恩的富于想象和构思的全新的创作。

在《西游记》中，唐僧和孙悟空等师徒为了实现去西天取经的宏愿，历经艰险，百折不挠，特别是对孙悟空形象的塑造更是感人至深。如"大闹天官"的故事，写了一个自称"齐天大圣"、敢于蔑视至高无上的天尊、敢与玉帝比高下、敢与天兵天将拼斗的豪雄。在与众多牛鬼蛇神做斗争时，如在"三打白骨精"的斗争中，不但表现出他的火眼金睛、洞察一切的智慧，更表现出他的忍辱负重、除恶务尽的高贵品质和斗争精神。

总之，一部《西游记》，写出了唐僧师徒为了去西天佛教发源地取得真经，经历九九八十一难，不达目的决不罢休的坚韧不拔的精神，和对信仰坚定不移的品格，最后终于达成了"径回东土，五圣成真"（第一百回）的目的。作者用富于想象的思维和善于表现的笔端，写出了许许多多的神话故事，书中所写的人物形象生动，情节细致，语言流畅，为广大读者所称颂。它不仅在我国有着广泛的影响，而且传播到世界各国，被译为日、英、法、德、俄等十多种文字，成为世界名著。

4. 《红楼梦》

《红楼梦》在四部古典小说中，可以说是独占鳌头。这不仅因为它没有史料和话本以及民间传说作依据，更因为它是写人情世故，而且通过贾府这个封建大家庭的没落，影射出封建社会已走向末世的历史悲剧。《红楼梦》在写作技巧上，包容了各个方面的知识，不但体现在衣食住行上，而且对于医学、园林、手工艺等无所不具，并使其与所写的人物相契合，是一本小百科全书。此书是用深情写成的，将诗、词、曲与白话融为一体，在小说的创作上已达到登峰造极的地步。曹雪芹耗费十年时间，写出了小说的前八十回，并为全书的内容定下了基调（"落了片白茫茫大地真干净"），谱写出全书的提纲（见第五回"神游太虚境"和"曲演红楼梦"的诗和曲），使后续者有所遵循。正如他在《自题红楼梦》诗中所说的："字字看来皆是血，十年辛苦不寻常"（见甲戌本）。他是含着"一把辛酸泪"，用"甄士隐"（真事隐）和"贾雨村"（假语存）言来写《红楼梦》的。

曹雪芹（？—1763或1764）出身于一个官僚地主的封建世家，他父祖辈曾任江宁（今江苏南京）织造，还兼任过苏州织造和两淮盐政，极受清朝统治者的重视和信任。曹雪芹出生于雍正初年，受当时统治阶级内部斗争的牵连，其父被免职，家产被抄。他十余岁即随父曹頫迁居北京，到22岁左右，家庭又一次遭受毁灭性打击而彻底没落。他晚年迁居北京西郊，生活极为艰苦，1763年他儿子病死，曹雪芹也在伤痛之下不久病死，时年未满50岁。

曹雪芹以"杀回马枪"的姿态来创作《红楼梦》，初名《石头记》。现传本《红楼梦》全书共一百二十回，前八十回为曹雪芹所写，后四十回一般认为由高鹗所续。乾隆五十六年（1791年），程伟元将前八十回和后四十回集中起来，以活字版排印出版，即今日我们所见的一百二十回本。除后四十回为他人所续外，其中前八十回的文字，有的地方可能也有改动。

《红楼梦》以贾、史、王、薛四大家族为背景，以贾宝玉和林黛玉的爱情悲剧为主线，描写了贾府（包括荣、宁二府）的腐败和没落，以"杀回马枪"的姿态揭露出地主阶级贵族集团的荒淫无耻和他们对劳动人民的残酷剥削与压榨；同时也歌颂了地主阶级中具有叛逆精神的青年和某些具有反抗性格的丫环，对封建礼教进行了反抗和批判。它塑造了贾宝玉、林黛玉、薛宝钗、王熙凤、尤三姐、晴雯、鸳鸯等艺术形象，对晴雯、鸳鸯、香菱、紫鹃等侍女的刚强性格、敦厚性情极其悲惨命运寄予深切的同情。书中大力颂扬女性美，抬高妇女的社会地位：称女性为"山川日月之精秀"所钟，而视男子为"须眉浊物"；认为女子是水做成的，而男子则是泥做成的，等等。本书以写妇女为主题，在某种意义上也是向封建宗法制度宣战。在行文方面，将诗文融为一体，知识渊博，规模宏大，结构严谨，文字优美，是一部具有高度思想性和艺术性的杰作，是我国古典小说中现实主义发展的高峰。因此，前八十回稿一问世，即广为传抄，产生了巨大的社会影响，当时即盛传着"开谈不说《红楼梦》，读尽诗书也枉然"的赞语。

将《红楼梦》研究发展成为"红学"研究，成为近代中国学术界的一大学术活动和专门学问，它包括了有关《红楼梦》的社会意义、艺术价值、版本流传和曹雪芹的生平家世等。前后有各种不同派别出现，可分为老红学家、新红学家、青年红学家等。老红学家中的索隐派，主要代表作有王梦阮、沈瓶庵的《红楼梦索隐》，蔡元培的《石头记索隐》等。批判索隐派的是新红学家，其主要代表作有胡适的《红楼梦考证》、俞平伯的《红楼梦辨》。新中国成立后，又有青年红学家李希凡、蓝翎的《评红楼梦》等有关"红楼研究"的批判文章，以及当前出版的周汝昌的《红楼梦新证》《红楼真梦》，冯其庸的《曹雪芹家世新考》《石头记脂本研究》，王昆仑的《红楼梦人物论》等。《红楼梦》连续剧的上映，更为人们提供了许多感性的认识和新的知识。总之，《红楼梦》是一个续写不完的、回味无穷的"梦"，但也不能做随意的、毫无根据的臆测。其根据就是第五回"贾宝玉神游太虚境，警幻仙曲演红楼梦"中的诗和曲，是《红楼梦》的大纲，对其中主要人物的命运进行了设计；其结局就是"飞鸟各投林"，"落了片白茫茫大地真干净"。下面引述大家公认的写王熙凤的诗来做些分析："凡鸟偏从末世来，都知爱慕此生才。一从二令三人木，哭向金陵事更哀。"其中第一、二、四句都比较好懂，唯有第三句，不好理解。如果"一从"是指嫁到贾府为妇，"二令"是指成为管家婆，"三人木"应是"休"字，这就是说，王熙凤的结局应是被休返回金陵。如果是这样的话，那么，后四十回的写法和电视连续剧的做法，都与原诗不完全相合。当否？请酌。

现仅就研究中提出的两个问题，一是《红楼梦》的原型问题，二是对《红楼梦》后四十回的评价问题，做些粗浅分析。

关于《红楼梦》的原型问题。毫无疑问，曹雪芹撰写《红楼梦》是有其切身体验的，新红学家批判了老红学家——索隐派将贾宝玉的原型拟为顺治或纳兰性德的臆测，是新红学家在《红楼梦》研究上一大进步；但他们对曹雪芹原型的过分推求，忽视文艺创作中的作家的创新，也难免犯有"胶柱鼓瑟"之忌。

关于《红楼梦》后四十回的评价问题。新红学派指出后四十回的缺陷是并未体现曹雪芹的原意，如宝玉"中乡魁"，贾家"延世泽"等，与曹雪芹原设计的"落了片白茫茫大地真干净"相左，是正确的。但对后四十回是否也有否定过多的问题存在？我们认为高鹗在续写后四十回时，还是力求贯彻原作意愿的，如贾家被抄家、黛玉病死、宝玉出家等。其中有的回，如九十七回"林黛玉焚稿断痴情，薛宝钗出闺成大礼"，写得还是比较成功的。而且有了后四十回，使《红楼梦》成为一本完整的名著；程伟元将其刊行出版，不但让其广为传播，而且防止了继续传抄的错讹，也是功不可没的。

总之，一部《红楼梦》，留给我们需要继续研讨的问题尚多，有志于此者，可以在这个广阔的天地中驰骋。现再就我们所感受到的几点，简述如下：

（1）曹雪芹以现实主义的笔法，铺叙了一个封建大家庭的腐败和没落，影射出整个封建社会已走向末世，使这部著作具有很高的社会历史价值。曹雪芹以其亲身感受，以"杀回马枪"的姿态，深刻地揭露了封建制度的腐朽，宣判了封建社会的死亡，将其中的主要人物——做了处置，实现他所说的"好一似食尽鸟投林，落了片白茫茫大地真干净"的结局。

（2）以宝、黛为主线，塑造了两个叛逆者的典型，虽然在宝玉和黛玉的身上，有不少少爷、小姐的坏毛病，但其反封建礼教的倾向是鲜明的。在封建礼法的高压下，二人最后只能落得一个死了，一个走了，"无可奈何花落去"，是找不到出路的。他们却以死和出走，控诉了封建制度的压迫和无情。

（3）在书中写了一大群女性，为众多女性写传，就这一点来说，就具有向封建宗法制度"夫权"宣战的意义。就连"机关算尽"的当权派王熙凤，尽管心狠手辣，作恶多端，但也远远胜过只知吃喝玩乐和荒淫无耻的贾珍、贾蓉和贾琏等纨绔子弟。特别对其中的一些身居社会下层的女性，写出了她们敢于抗争的精神和敦厚善良的品格，以其悲惨的结局对封建压迫制度进行了无情的控诉。如第四十六回"鸳鸯女誓绝鸳鸯偶"和第六十五回"尤三姐思嫁柳二郎"，一是抗拒，把贾赦骂得无地自容；一是热恋，为受误解而悲愤地自杀，都表现得铁骨铮铮，无敢撄其锋者。

（4）在写作方式上是以诗的语言写成，文与诗、词、曲、辞赋、歌谣、楹联、灯谜、酒令等做到了有机的结合，浑然一体，而且情深意切，珠联璧合。现举几例如下：从金陵十二钗的正副册写起，全部小说、诗、文密切结合，其中有的相当高雅；宝玉祭晴雯的《芙蓉诔》，其深奥处如不加解释，很难读懂；而薛蟠的"女儿酒令"，虽很低俗，但不失为嬉笑怒骂皆成文章；"黛玉葬花"，写出了黛玉对自己前途未卜的伤感；"宝玉参禅"，隐含着许多出世的哲理在内；"制灯谜"，贾政从谶语中感受到不祥之兆；"香菱学诗"，提供了有关律诗写作等多方面的知识。如此等等，不胜枚举。总之，一部《红楼梦》，在文学创作上真正达到了登峰造极的顶巅。

（5）在全书的结构上，以悲剧作结，也避免了传统小说写作上的固定模式。如有人所批判的那样"公子落魄，小姐逃难，写到最后，阖家团圆"的俗套和僵化模式，为读者留下了回味无穷的想象和思考。

当然，由于时代的甚至阶级的局限，在《红楼梦》中还存有无法"补天"的思想残余和找不到出路的悲观态度等问题。

（二）《三言》《二拍》和《聊斋志异》

小说根据篇幅的长短和情节的多寡，分为长篇、中篇和短篇。前面所列举的四部古典小说属长篇的章回体小说，《三言》《二拍》《聊斋志异》则属于中篇和短篇的小说。中篇小说与短篇小说有时较难划分。唐、宋的"传奇"可以算作中篇小说；元、明的《三言》《二拍》也可算是中篇小说；《聊斋志异》则可算是短篇小说。现将《三言》《二拍》举例说明，并对《聊斋志异》做重点介绍和评析。

1.《三言》

《三言》为明代冯梦龙（1574—1646）所撰，包含《喻世明言》《警世通言》和《醒世恒言》三部，合称《三言》。

《喻世明言》又称《古今小说》，共40篇，是一部影响较大，也是较早的话本集。《金玉奴棒打薄情郎》就出自这部小说，在前文"杂剧"中已谈到，不再赘述。在这里另讲一个故事：《李秀卿义结黄贞女》，讲的是一位名叫黄善聪的女子，为江苏南京应天府人。她女扮男装随父外出经商，改名张胜，不到两年，父死他乡庐州，张胜将其父灵柩安放在城外古寺中。正在无奈之际，幸遇一同乡姓李名英，字秀卿，也随父在庐州经商。两人相遇，结为异姓兄弟，共同营商达七年之久。张胜与李英言好，要送父灵柩返乡安葬，于是二人同返南京。黄女此时才身份大白，经其姐与姐夫的撮合，张胜（即黄善聪）与李英（即李秀卿）结合，终成夫妻。有诗为证："七载男妆不露真，归来独守岁寒心。编成小说垂闺训，一洗桑间濮上音。"可将这个故事与《金玉奴棒打薄情郎》对比起来读，也可以与《警世通言》中的《玉堂春落难逢夫》结合起来读，以示"喻世"之意。

《警世通言》也是40篇，其中的《杜十娘怒沉百宝箱》与上面所举的《金玉奴棒打薄情郎》同属一类问题，不过杜十娘是以人与百宝箱俱沉作结，给人以更强烈的感受和深切的同情，不再细述。其中的《白娘子永镇雷峰塔》，塑造了一个忠于爱情、敢于同旧势力做斗争的女性。书中用蛇与高僧对比来写，更加显现出它的革命性。所以鲁迅在《论雷峰塔的倒掉》一文中指出，雷峰塔倒了，白娘子出来了，而钻到蟹壳中的法海，则永无出头之日，真是"活该"！

《醒世恒言》也是40篇，其中有一篇是《卖油郎独占花魁》，讲的是一位妓女花魁脱离苦海之后，选择嫁给了一位卖油郎，二人过上幸福美满生活的故事。与前书杜十娘做对比，它启示人们应当去选择什么样的人做终身伴侣，其教育意义是很深刻的。《十五贯戏言成巧祸》，启示人们，特别是官吏，在断狱时对人对事要进行细致的调查研究，不要臆断和草率从事，特别是人命关天的事，尤应谨慎从事。

当然在这部《三言》中，所涉及的问题是很多的，我们仅选其中数篇，而且大部分是有关男女的婚姻大事。在宗法社会中，如何面对"夫权"的压迫，应是妇女首当其冲的大问题，因而常常成为进步作家所关注的焦点。

2.《二拍》

《二拍》为明代凌濛初（1580—1644）编撰，全称为《初刻拍案惊奇》《二刻拍案惊奇》，是在《三言》之后（几乎是同时）最有代表性的白话短篇小说，各收小说40篇。小说题材大都取材于《太平广记》及其他古籍，其中对社会的黑暗、统治阶级的荒淫无耻有所揭露，对男女爱情也多有表述，不再具体讲述了。但该书存有惨白说教等缺点，艺术上也比较粗糙。①

抱瓮老人从《三言》《二拍》中选出40篇，题名为《今古奇观》一书，广为流传于世。甚至阅《今古奇观》者多，知《三言》《二拍》者少。

3. 《聊斋志异》

《聊斋志异》的作者蒲松龄（1640—1715），山东淄川人，生于明末，长于清初。彼时正值社会大变动的时代，社会经济遭到严重破坏，加上连年水旱灾害，田园荒芜，饿殍载道。知识分子在文字狱的高压下，遭到镇压。蒲松龄又屡试不第，只做过短时间的知县幕僚，长时间在乡绅家设账教书。在这种历史背景和穷困潦倒的生活条件下，他写出了这部《聊斋志异》。其中的故事，大部分采自民间，也有些是从旧有的故事衍化而来，有的是他亲身的见闻和经历，多数是作者自己的想象和创作。他以"孤愤之笔"，写出了这部不朽的具有强烈批判性的短篇小说，借狐鬼的故事，申诉了人间的真情和不平。正如王士祯在《题聊斋志异》的诗中所说的"料因厌作人间语，爱听秋坟鬼唱诗"，道出了蒲松龄的主要思想。

（1）《聊斋志异》中描写爱情婚姻的作品较多。在长期的封建社会中，在宗法制度、封建礼教的压制下，受压迫最重、居于社会最底层的是妇女，妇女感受最深的又是封建婚姻的桎梏。

在《聊斋志异》中，通过鬼狐述写出妇女的智慧和抗争，其中塑造了一些敢说、敢笑、敢想、敢做的妇女形象，如《婴宁》《小翠》等就属于这类作品。在《婴宁》中，作者塑造了一个敢于按自己的意志和感情行事的少女形象。她憨直任性，不管走到哪里总是毫无顾忌地"放声大笑"；她不但敢笑，而且敢爬上树顶，在树上"狂笑欲堕"；在举行婚礼时，她也"笑极不能俯仰"，使婚礼无法按正常的程序进行。蒲松龄却对她倾注

---

① 以上参阅《中国古籍二百种提要》。

了极大的热情，直称"我婴宁"。婴宁是一个敢于向封建礼教"撒野"的女性。

在《小翠》篇中，作者更进一步写了一个无拘无束、不遵守闺范的少女。她"善谑"，什么玩笑都敢开，用假做的只有皇帝才能穿戴的衮衣和冕旒打扮自己的傻丈夫；踢球可以踢到她老公公的头上；为了给她的傻丈夫治病，她可以把他放在大缸中蒸死；如此等等，无所不做。什么"三纲""五常"，在她的眼里都不在话下。最后她终于治好了这个傻儿子，报答了夫家对她母亲（狐母）的救命之恩。蒲松龄对这位无法无天、活泼烂漫的少女，寄予极大的赞美和颂扬。

在《商三官》中，他塑造了一个具有斗争精神的妇女形象。为报父仇，16岁的三官看透了官府和法律的虚伪，根本不把报仇的希望寄托在诉讼上，她亲手杀死了邑豪，报了父仇。蒲松龄在篇末写道："然三官之为人，即萧萧易水，亦将羞而不流，况碌碌与世沉浮者耶！愿天下闺中人，买丝绣之，其功德当不减于奉壮缪矣！"蒲松龄对商三官做了如此高的评价，以荆轲（即"萧萧易水"）写其悲壮，以关公（即"壮缪"）赞其正义，热切地希望能有更多的"商三官"来扫尽天下的不平。

（2）对最高统治者以及贪官污吏和土豪劣绅对人民的剥削压榨，进行了无情的揭露和批判。

《促织》一文，成某为完成明宣德皇帝玩弄促织的要求，竟造成自己的儿子投井自杀的后果，作者对统治者进行了血泪控诉。这一故事已选入中学课文，为大家所熟知，不再赘述。

《梦狼》一文，通过白翁对他贪污的儿子的揭露，描述了整个官场是虎狼当道，白骨堆山的现象，"堂上，堂下，坐者，卧者，皆狼也"，揭露了官吏的豺狼本性。同时指出："窃叹天下之官虎而吏狼者，比比也，即官不为虎，而吏且为狼，况有猛于虎者耶！"吃人的官吏不是个别的，而是普遍的存在，这就使小说具有更深刻的社会政治意义。在文中，他还把白翁贪污儿子的脑袋安在背后，使其有所回顾和知所警戒，其用心良苦，其惩戒至深。

《聊斋志异》在批判官府的虎狼之威之外，还揭露和批判了土豪劣绅勾结官府、欺压人民的罪行。例如，《成仙》篇揭露了黄吏部勾结县宰残酷迫害周生的罪行；《红玉》篇揭露了已下台的宋御史回乡后，残害冯家，夺走冯家妻子，以至百姓有冤难诉的官官相护的社会黑暗；《金和尚》一篇，更是揭露了僧侣大地主勾结官吏、横行霸道的僧俗同恶的事实。

这些篇章充分暴露了当时的社会现实，官场中人沆瀣一气，上下串通，构成一张官场的关系网络，成为鱼肉人民的地狱。

(3) 冲破思想束缚，揭露了科举制度的流弊。

明清之际的进步思想家大都对科举制度的流弊深有体验，并做了不同程度的批判，蒲松龄是其中比较具体而深刻的批判者。

在《聊斋志异》中，有不少篇章包含有对科举制度批判的内容，如《司文郎》《王子安》《考弊司》《于去恶》《贾奉雉》等篇章中都有不同程度的批判内容。现以《司文郎》和《王子安》两篇来做些说明：

《司文郎》写的是一个盲僧能用鼻子嗅出文章的好坏，余杭生的文章不成文体，使盲僧嗅而作呕，他却偏偏高中了。因而盲僧不得不大为感叹道："仆虽盲于目，而不盲于鼻，帘中人并鼻盲矣！"这是对试官的无知和昏庸何等有力的批判！

在《王子安》一文中，具体描述了秀才入闱有七似："初入时，白足提篮，似丐。唱名时，官呵隶骂，似囚。其归号舍也，孔孔伸头，房房露脚，似秋末之冷蜂。其出场也，神情惝恍，天地异色，似出笼之病鸟。迫望报也，草木皆惊，梦想亦幻，时作一得志想，则顷刻而楼阁俱成；作一失意想，则瞬息而骸骨已朽……此际行坐难安，则似被絷之猱。忽然而飞骑传人，报条无我，此时神情猝变，嗒然若死，则似饵毒之蝇，弄之亦不觉也。……无何，日渐远，气渐平，技又渐痒，遂似破卵之鸠，只得衔木营巢，从新另抱矣。如此情况，当局者痛哭欲死，而自旁观者视之，其可笑孰甚焉。"这种入木三分的刻画，是对封建科举制度摧残人才之流弊判了死刑。

我们常说的"不管是黑猫白猫，能捉耗子就是好猫"。像这样的话，在《聊斋志异》中也可以找到。如在《秀才驱怪》一文中就有"黄狸黑狸，得鼠者胜"。

总之，一部《聊斋志异》，内容极为丰富，表现了蒲松龄的批判精神，是短篇小说中的一部佼佼之作。不但其内容杰出，而且其文采也非常佳美，在文艺上达到了极高的成就。它用最简练的文言文写成，夹杂着民间的口语、俚语，表现出一种古雅简练、清新活泼的风格，是短篇小说中现实主义和浪漫主义又一种结合的代表作。郭沫若为蒲松龄故居"聊斋"题写的楹联是"写鬼写妖高人一等，刺贪刺虐入骨三分"，是很恰当的评价。

当然，在《聊斋志异》中，有的篇章也宣扬了某些迷信思想、因果报应观念和宿命论观点等，但瑕不掩瑜，它仍不失为一部优秀的杰出的短篇古典小说。

三、几点补叙和结语

小说是文学中的一个重要部类，它通过塑造人物和编纂故事，多方面地反映社会生活，影响群众。

我国是一个小说多产的国家，除前面所列举者外，没有提及的还浩如烟海，碍难一一列举。远者不论，仅就明清两代来说，属于长篇的章回小说就有很多，现择其影响较大者，略举数部于下。

《东周列国志》　明代冯梦龙改编。记述了从西周末年到秦统一数百年间东周各国的重要人物和事实，为正史做了有益的补充，可供学习历史参考。

《封神演义》　明代许仲琳编辑。以姜子牙为主，以神魔斗法为术，描写了武王伐纣的诸多历史故事。最后以姜子牙封诸神、周武王封诸侯作结，是神话小说的代表作。

《杨家将》 由《北宋志传》改编而成，传为明代熊大木所作。叙述了杨家一门忠烈抗击辽、夏的战斗故事，也夹叙了潘杨之争。"杨家将"的故事在民间广为传播，也成为后世戏曲的主要题材。

《说岳全传》 清代钱彩作。叙述岳飞及其将士抗金的故事，"精忠报国"，"撼山易，撼岳家军难"，"直捣黄龙府，与诸君痛饮"，都说明了岳家军的战斗力。在即将胜利之时，秦桧等以"莫须有"的罪名将岳家父子杀害，使功败垂成。

《金瓶梅词话》 明代兰陵笑笑生撰。以西门庆和潘金莲为主线，叙述了官商勾结、残暴的恶霸荒淫无耻的非人行径，对当时的社会黑暗做了深刻的揭露，也反映了市井生活的一些内容。但秽笔过多，不宜于大众，特别是青少年阅读。

《儒林外史》 清代吴敬梓作。批判和嘲讽了走向没落的科举制度和士子利欲熏心的丑恶面貌，是我国古典讽刺文学的杰作。语言精练，对人物刻画深刻，而且具有诙谐的特点。

《镜花缘》 清代李汝珍作。以唐敖等的游历为线，介绍了海外的见闻；同时写了唐国臣等一百多个才女的故事，有利于读者扩大眼界、增长知识。

《老残游记》 清代刘鹗所作。以游记见闻的形式，暴露了某些官吏的残暴、昏庸；但有的内容美化了清政府，否定了农民及资产阶级革命。文笔清新，有可取之处。

《官场现形记》 清代李宝嘉作。谴责了晚清官场的黑暗，揭露了某些迫害人民、投靠帝国主义的罪行。但有的方面描述失实，或流于庸俗。

《二十年目睹之怪现状》 清代吴沃尧作。暴露社会政治黑暗和丑恶，其中有的内容还涉及商场和洋场，有时代感。文笔也比较生动。但有的方面过于夸张失实。作者还有《近十年之怪现状》，作为此书的续篇。

《儿女英雄传》 清代文康所作。叙述了十三妹（何玉凤）与安骥和张金凤三人的故事，其情节较婉转，何玉凤的侠义行为也有可取之处。但其中所宣扬的伦理纲常和一夫多妻等思想是应当抛弃的。

《荡寇志》 清代俞万春作。这是一部对农民革命极端仇视的反动小说，以荡平梁山、诛灭水泊为主要内容，是小说中为封建统治者作伥的作品，应当给予严厉批判。

从以上所列，可见在古典小说中，大部分思想是好的，虽然其中也难免杂有一些不健康的思想，但仍是瑕不掩瑜。也有少数小说是思想守旧（如《儿女英雄传》），甚至有个别是思想反动的小说（如《荡寇志》）；在写作技巧上，水平也很不平衡。为此，在学习时都需做分析批判使用。

上面仅补叙了部分长篇章回小说，至于短篇小说和笔记、杂文等，更是不计其数。文体有文有白，写作水平也是有高有低，不再赘述。

总之，浩如烟海的中国古典小说，是先哲留给我们的一份取之不尽、用之不竭的精神财富，我们应当很好地去学习和应用。许多人接受古典文化的熏陶，常常是从阅读小说开始的。但是既然是古典小说，都是一定历史阶段的产物，而且有作者自身的见解和立场，因而难免带有历史性甚至阶级局限性，其中有精华，也有糟粕，即使优秀的作品，也难免有不纯之处，因而需要有分析、有批判地进行学习，择其善者而从之，其不善者而去之。如果善于学习，其善者固然可以育人，其不善者经过批判分析，也可能发挥其反面教材的作用。

附：

楹联与谜语选介

（一）楹联选介

楹联也称对联，俗称对子。它是由诗、词演化而来的，是中国古典文学中的一块瑰宝。下面通称为对联。

对联要求两联相对，字数相等，词性相当，平仄相应。

对联盖萌芽于秦汉，问世于唐代，繁荣于明清。本是贴在门旁或柱子上的对联，后又普遍作为装饰及庆吊之用。在中国的古典小说中，也广泛地应用着，如在宋元话本、明清章回小说中，从标题到正文，广泛地应用着"对子"，以增添其文采。一部《三国演义》，其中的对子，据统计约有373副。① 在民间的对联，特别是春联，更是不计其数。在对联中，有的还加有横批，横批是对联的题目或中心内容，对对联起着画龙点睛的作用。

对联就其内容来分，极为广泛，有春联、寿联、喜联、挽联、行业联、交际联以及其他对联等。现举例于下。

1. 岳庙的对联：

<blockquote>

青山有幸埋忠骨，白铁无辜铸佞臣。

</blockquote>

上联赞岳飞，下联批秦桧等人。

2. 挽联：

现举吊唁我县一位编县志的老儒，事未竟而逝。其挽联如下：

<blockquote>

编县志，断简未续，慨乎谁操班固笔；

游京师，彼黍离叹，悄然如读少陵诗。

</blockquote>

---

① 《〈三国演义〉的对联》，载《对联》，远方出版社2004年版，第172页。

在这副挽联中，不仅用了典故，而且上下联词性及平仄完全相对，是一副非常规范的对联。

3. 寿联：

寿联最多，在寿联中，不只有一般的寿联，还有根据性别、年龄及地位等不同而专作的寿联，如下面是一副为两位百岁和五世同堂的老人所作的寿联：

> 孙子生孙，上寿同臻称国瑞；
>
> 老人偕老，百年共乐合家欢。

4. 下面再举几则对联故事：

(1) 同音借字的对联（见山海关孟姜女庙）：

> 海水朝，朝朝朝，朝朝朝落；
>
> 山云长，长长长，长长长消。

其中朝与潮是同音借字，长与常也是同音借字。应读为："海水潮，朝朝潮，朝潮朝落；山云长，常常长，常长常消。"

(2) 拆字对联：

> 十口心思，思父、思母、思妻子；
>
> 寸身言谢，谢天、谢地、谢君王。

据说这是纪晓岚请假回家探亲时，与乾隆一同作的对联，上联出自乾隆，将"思"字拆为"十、口、心"；下联出自纪晓岚，将"谢"字拆为"寸、身、言"。

(3) 用《论语》一句作为对联末句：

故事出自我县郭琇幼时与一私访的官吏的对话：

官吏出上联：

"出水青蛙着绿袄，美目盼兮。"（上句指郭琇的穿着，下句指其形象。

"美目盼兮"，出自《论语》。)

郭琇对下联：

"落汤虾子穿红袍，鞠躬如也。"（上句指访官的衣着，下句指其形象。"鞠躬如也"，也出自《论语》。)

5. 智对：

记某一塾师对访学者所对，是一副智对。故事情节是这样的：在一位塾师对来访者大夸其学生学习是如何好时，来访者借学校对面山上的塔，出了上联要学生作对。学生无言以对，含羞以摇手表示。教师灵机一动，强调学生摇手就是暗示答对，对出下联（上联是来访者所出，下联是教师替学生所对）：

> 高山隐隐，一塔七级，四面，八方；
>
> 众手摇摇，孤掌五指，三长，两短。

6. 最后再举两副长联：

一是清代孙髯翁为昆明大观楼所作的一副对联，号称"古今第一长联"（共180字）。但还有比这更长的对联，为清代张之洞为屈原庙所作的湘妃祠联，共408字。

孙髯翁：古今第一长联（180字）

上联："五百里滇池，奔来眼底。披襟岸帻，喜茫茫空阔无边。看东骧神骏，西翥灵仪，北走蜿蜒，南翔缟素。高人韵士，何妨选胜登临。趁蟹屿螺洲，梳裹就风鬟雾鬓；更萍天苇地，点缀些翠羽丹霞。莫辜负四周香稻，万顷晴沙，九夏芙蓉，三春杨柳。"

下联："数千年往事，注到心头。把酒凌虚，叹滚滚英雄谁在。想汉习楼船，唐标铁柱，宋挥玉斧，元跨革囊。伟烈丰功，费尽移山心力。尽珠帘画栋，卷不及暮雨朝云；便断碣残碑，都付与苍烟落照。只赢得几杵疏钟，半江渔火，两行秋雁，一枕清霜。"①

二是张之洞：屈原庙湘妃祠联（408字）

上联："九派会君山，刚才向汉沔荡胸，沧浪濯足。直江滚滚奔腾到，星沉禽赭，潮射钱塘，乱入海口间。把眼界洗宽，无边空阔。只见那庙唤鹧鸪，乱花满地，洲邻鹦鹉，芳草连天；只见那峰回鸿雁，智鸟惊寒，湖泛鸳鸯，文禽戢翼。恰点染得翠霭苍烟，绛霞绿树。敞开着万顷水光，有几多奇奇幻幻，淡淡浓浓，铺成画景。焉知他是雾锁吴樯，焉知他是雪消蜀舵？焉知他是益州雀舫，是彭蠡渔艘？一个个头顶竹蓑笠，浮巨艇南来。叹当日靳尚何奸，张仪何诈，怀王何暗，宋玉何悲，贾生何太息。至今破八百里浊浪洪涛，同读招魂呼屈子。"

下联："三终聆帝乐，纵观觅伶伦截管，荣猿敲钟。竞响飒飒随引去，潭作龙吟，孔闻鼋吼，静坐波心里。将耳根贯彻，别样清虚。试听这仙源渔棹，歌散桃林，楚客洞箫，悲含芦叶；试听这岳阳铁笛，曲折柳枝，俞伯瑶琴，丝弹桐柏。将又添些帆风橹雨，荻露葭霜。凑合了千秋韵事，偏如许淋淋漓漓，洋洋洒洒，惹动诗情。也任你说拳椎黄鹤，也任你说盘贮青螺；也任你说艳摘澧兰，说香分沅芷。数声声手拨铜琵琶，唱大江东去。忆此祠神尧阿父，傲朱阿兄，监明阿弟，宵烛阿女，魃首阿小姑。亘古望卅六湾白云皎日，还思鼓瑟吊湘灵。"②

（二）谜语选介

谜语源于民间口头文字，后来也成为文人的文字游戏。如《文心雕龙·谐隐》所指出的："自魏代以来，颇非俳优，而君子嘲隐，化为谜语。"原来是不能登大雅之堂的谜语，至此亦成为文学的别支。

---

① 抄自《对联》，远方出版社2004年版，第47—48页。
② 抄自《对联》，远方出版社2004年版，第50—51页。

谜语有诗钟、敲诗、文虎等，都是猜谜的术语，是文字游戏。

诗钟　即是出二字，要求以所出的字作出两句诗，诗要合乎格律。在进行时，以线系铜钱焚香寸许计时，香尽、线断、钱落，尚未作出者，即属未中而止。

敲诗　选古诗一句，隐去一字，在其旁写出与原字含义相同的四字（连诗的原字共五字），猜中者胜，称为敲诗。

文虎　以老虎难以射中比喻猜谜之难，因而也称猜谜为"打灯虎"。以文字为谜底的也称"灯谜"。现举几例如下：

1. 打一字的有：

"朱颜可爱，一支金钗懒向鬓边戴。"（谜底是"未"字）

"一字九横六竖，多少名人不识，有人去问孔子，孔子想了三日。"（谜底是"晶"字）

"一字四十八头，其中有水不流。"（谜底是"井"字）

2. 打一人名的有：

"街亭如何失守？"（谜底是"马占山"）

"翚。"（谜底是"虞姬"）

3. 打一物的就更多，如《红楼梦》在第二十二回"制灯谜贾政悲谶语"中，曹雪芹以宝玉和几位女性所写的灯谜，来影射他们各自的身世，现举几例如下：

元妃作："能使妖魔胆尽摧，身如束帛气如雷。一声震得人方恐，回首相看已化灰。"（谜底是"爆竹"）写出了元春早逝。

探春作："阶下儿童仰面时，清明妆点最堪宜。游丝一断浑无力，莫向东风怨别离。"（谜底是"风筝"）写出了探春远嫁。

迎春作："天运人功理不穷，有功无运也难逢。因何镇日纷纷乱，只为阴阳数不通。"（谜底是"算盘"）写出了迎春被欺。

黛玉作："朝罢谁携两袖烟，琴边衾里两无缘。晓筹不用鸡人报，五夜无烦侍女添。焦首朝朝还暮暮，煎心日日复年年。光阴荏苒须当惜，风雨阴晴任变迁。"（谜底是"更香"）写出了黛玉的孤单凄凉。

宝钗作："有眼无珠腹内空，荷花出水喜相逢。梧桐叶落分离别，恩爱夫妻不到冬。"（谜底是"竹夫人"）写出了宝钗婚姻的失意。

曹雪芹用这些谜语，来影射每个人的身世，也反映了一个家族的没落，因而贾政从中体会出不祥之兆，"甚觉凄凉，大有悲戚之状"。从文辞来说，曹雪芹却将猜谜语，搞成了一次诗文会。

4．以上是以诗写谜语，下面再举两个用对联作谜语的例子，两副对联写的都是"秃驴"两字。

其一是："日落香残，免去凡心一点；炉熄火尽，务把意马拴牢。"（谜底是"秃驴"，上联是"秃"字，下联是"驴"字。）

其二是："凰来禾下鸟自去，马到芦边草不生。"（于右任作）（谜底也是"秃驴"，上联是"秃"字，下联是"驴"字。）

后一副对联较之前一副对联更简更妙，这两副对联就其内容来说，虽系嬉笑谩骂的话，但其文采值得赞赏。

由此可见，谜语是一种雅俗共赏的文化艺术，为了更进一步了解谜语在增广学识、启迪思维和传播大众文化等方面的文学价值和社会功能，现再补选谭南周同志在《紫南斋谈艺》一书中的《谜语功能析》一文附后。从这篇论文中可以进一步了解谜语的文学价值和社会意义，并启示我们如何在小学中开展有关这方面的活动。

谜语功能析

——读曹骅《伏虎斋谜存》所想起的

谭南周

　　谜语，古称"瘦词""隐语"。刘勰在《文心雕龙·谐隐》中曰："自魏代以来，颇非俳优，而君子嘲隐，化为谜语。"作为中国特有的一种文化艺术，谜语先为民间的口头文学，后成文人的文字游戏，又发展为人民大众喜闻乐见的娱乐形式，千百年来，从未衰败。我对谜语素无研究，既不会制谜，亦不善猜谜，最近读了曹骅先生的《伏虎斋谜存》，倒产生一些想法。

　　谜语有着十分重要的社会功能。它不讲功利，却有明显的功利，首先是丰富了人民大众的精神生活。古往今来，中国有许多重要的节日，从古之元宵、中秋、重阳，到今之元旦、五一、国庆，无不以猜谜为乐。这里不言及古代，只讲当代，不管是高雅之堂的文人聚会，还是城市、农村、工厂、学校、部队、机关大院、街头巷尾、广场公园的百姓娱乐，都少不了猜谜这一项目。论形式，奢华一点，将一条条谜语写在灯笼四周；朴素一点，贴在纸壁上下；再简单一点，用几根绳子悬挂得满满的。论内容，猜字猜物，猜人名地名书名，猜诗词歌曲，猜风俗人情等等。雅者典雅之极，俗者通俗得很；难者煞费苦心，易者一见明了；猜不中者快快，猜中者大笑，获一份小小奖品，其乐融融。纵观猜谜之场面，人头攒动，川流不息，老者少者、红男绿女皆在其中，冥思苦想者有，相互谈论者有，翻阅谜书者有，甚至还有打电话救援者，文化气氛极浓，是真胜事也。

　　其次是调动学习文化科学知识的积极性。善制谜、猜谜者，除了掌握谜语应有的技艺之外，还需要丰富的知识面，其中最为主要的是人文知识和生活知识。猜地名须知地理，猜古人名须谙历史，猜今人名须晓时事政治，猜成语最好阅一下"成语大全"，猜诗词句不妨读一读汉赋魏骈唐诗宋词元曲，猜生活之中的事物、风俗、人情，应该掌握和熟悉生活常识、各地风情、民间掌故以及谚语、歇后语、二十四节气等等。有谜谜面为"刘邦闻之笑，刘备闻之哭"，打一字。刘邦的敌人的项羽，刘备的结义兄弟是关羽，"羽卒"是两人的注目点，是关键，"羽卒"即"翠"字也。又一谜谜面为"无边落木萧萧下"，打一字。这是杜工部的名句，如果从诗面上来理解是不行的。"萧萧下"是什么？南朝宋、齐、梁、陈，齐与梁的君王皆姓萧，萧萧之下是陈（繁体字为"陳"），陈去耳旁、去木，为"日"字。你如果不懂得有关历史知识怎行？上面两则太雅太难。讲简单一点的，你不懂书法，不知道秦朝文字是"篆"体，就猜不出"篆"（谜面）的谜底是电影演员秦文；你不懂得时政或地理，或许就猜不出"赤橙黄绿青蓝紫"的谜底是以色列。曹骅先生自制的"旧谜新猜"，如果你不了解当时（20世纪60年代）的时事政治和国际风云，就不会理解新谜底对旧谜底的发展。随着经济建设社会发展科技进步，谜语的内容将大大丰富起来，必须运用到自然科学知识、信息技术知识，产生众多的新语言、新名词、新事物，必定会推动人们进一步加强学习，提高自身的科学文化素养。

第三是启迪思维发展。猜谜是动脑筋的事，制谜开动脑筋更甚。因此，谜语牵涉到脑科学。光有形象思维不行，还需抽象思维；光有正向思维不够，大量的是逆向思维、非常规思维，甚至于异想天开和突发奇想。所谓"隐语"，谜底深深地"隐于"谜面的内部，而谜面是体现不出谜底"文字"的痕迹，只有从正反角度、表里层面、深浅寓意，以至"张冠李戴""牵强附会""李代桃僵"来剖析谜面。曹先生在《伏虎斋谜存》所谈的徐妃格、雍正格、秋千格、卷帘格、求凰格，以及哑谜、画谜、谜中谜等等，看来是文字游戏的雕虫小技，实际是极有利于启迪人们思维的。

有的谜语虽然不讲什么格，很通俗，谜面一点不复杂，但需要一个"脑筋急转弯"。有一个颇有调侃意味的谜语，谜面是"麻脸作报告"，打一政治术语。如果不是"脑筋急转弯"，不来一点逆向思维，怎么也不会想到谜底是"群众观点"。

21世纪的中国加快现代化建设的步伐，必须大力发展社会主义文化，民族的、大众的文化应该是其丰富的宝库，而既是传统又富于生命力的谜语亦在其中。人民需要谜语，谜语盛于民间，小者以谜会友，中者结谜社相互切磋，大者开展谜语讲座、培养谜语爱好者、推动文化知识的传承。前两者我见过，后者没有见过却听说过。曹先生曾任中学教师，在任教班级搞过"一日一谜"活动，学生参与热情很高，不仅有助于学生的学习，而且也对班级文化氛围的形成起了良好作用。当然"一日一谜"不是唯一的形式，学校教师可以根据自身优势和学生特点，开展"一日一诗""一日一歌""一日一画""一日一成语""一日一照片"等活动，使学校的文化活动活跃起来，健康起来，丰富起来。这话说得是有点离谱了，但恰恰是我们提倡和追求的。

厦门被誉为最温馨的城市，温馨的城市必须有着良好的文化生活氛围，而能者制谜、群众竞猜、广泛开展谜语活动，则是形成良好文化生活氛围的重要途径。

附　录

《中华传统文化与青少年素质教育研究》读后感
（手稿）

《中华传统文化与青少年素质教育研究》
读后感

山东省威海市长峰小学，在校领导和全体老师的共同努力下，于完成现有教学计划的前提下，给学生增加中国古典诗歌与经典文献的学习，取得了丰硕的成果，被评为威海市优秀校本课程开发先进单位，成为推进我国古代传统文化学习的典范，创新校园文化的先进集体。学校和教师多次获奖。在学校提出的"诵至贤书，立君子品，做有德人"的目标下，学生在道德品质和文化修养等方面，都有了长足的进步，使学生浸润在"幽幽古韵、浓浓书香"的中华文化钟灵的环境中茁壮成长！教师也在教学相长中对古典文化大步提高。正如书中所说："忽如一夜春风来，千树万树梨花开"；"诵经课题花烂漫，千朵万朵压枝低"；一所富有创新精神的新型实验学校呈现市内，为全区全国教育改革树花！

我拜读了全书，深受鼓舞和启示，嘱为写序，不敢承书，现将几点读后感，以表敬意，谨供参考。

我幼年读过八九年旧学私塾，对"三、百、千"、《四书》

《五经》(《易经》除外)都曾略读过，现将个人读后的一些体验，写出来提供资校，仅供作实验参考。

1. 我看了学校制定的实验方案，感到考虑的颇为周详：先从《弟子规》学起，到读完《四书》为止，将小学五年的学习内容做了具体的安排。并为了读好《四书》，还自编了教材，实在是难能可贵。《四书》比之上述各书，较为深奥，而且体例也不同，可进行选读(后面还将补叙)。在读古文的同时，还兼读古诗，通过诗文的解读，不但能提高学生的语文水平，还将提高道德水准。在学习经注意与现行的有关教材适当结合，使实验与原有教学计划相辅相成。

2. 小学一年级先读《弟子规》是恰当的，因为在蒙养教材中，它是最浅显、而且与生活结合最为密切的。全书用三言韵语写成，易读易记。但《弟子规》的成书，还是在封建社会的末期，其中有关伦理道德的要求，不能完全实行于今日，需要联系进行剪裁，才能达到"古为今用"。如《弟子规》在"入则孝，出则悌"部分，其论述颇详，有的内容对解决当前出现的问题和青年中存在的缺点，很有帮助。但其中也有的地方过于繁琐，甚至不适于今日，需要去粗取精，联系实际，方能为今日所用。后面的三个部分，写的比较细致实用，可作为具体规范来学。

3. "三、百、千"，是旧时蒙学教育中的主要教材。过去的私塾教育，儿童入学后大都先从读"三百千"开始，在"三、百、千"中《三字经》又是重要的学习内容。明代著名理学家吕坤曾说："初入社学八岁以下者，先读《三字经》，以习见闻；读《百家姓》，以便日用；读《千字文》，以明义理。"其言虽简，大致导火了这三本书的基本内涵和作用。过去读《三字经》，一般重在伦理方面，如有关孝、弟、三纲、五常、十义等方面的讲解。其实，其中的论史部分，仅用了三百字，写出了中国五千年的文明史，读后完全可以达到"考世系，知终始"的要求。如果能以讲故事的方式来读，可以为学生日后学习中国历史打下很好的基础。《三字经》的最后部分，讲了许多勤奋好学、功成业就的故事，对学生的学习也有激励作用。

《百家姓》，列举了五百多个姓氏，没有更多的理论可讲，但确实便于日用。该书将"赵"姓列在首位，可以说明可能是出自宋儒之手。如果能结合学生的姓名，讲点姓氏寻根，也可能使学生增加一些学习兴趣和自豪感。特别是在讲复姓时，向学生介绍其中一些复姓，如"拓拔"、"万俟(mòqí)"等属于少数民族的姓氏，可以使学生理解，在《百家姓》中也反映出中华民族是一个多民族的"大家庭"。读了《百家姓》，有助于民族团结和全球华人归宗。

《千字文》，在"三、百、千"中是较深的一本。因而在过去的私塾教育中，有的只背不讲，或多背少讲，只讲一些较为浅显的句子，如"知过必改，得能莫忘"；"尺璧非宝，寸阴是竞"；"祸因恶积，福缘善庆"等。有的内容，在讲授时可以同学过的《弟子规》或《三字经》联系起来讲，如将"知过必改"同《弟子规》中"过能改，归于无；倘掩饰，增一辜"联系起来讲，以加深学生的认识，并使其学习多方读书。再如把

"龙师火帝，鸟官人皇"，用《三字经》中"三皇""二帝"联系起来讲，以扩展学生对远古历史及传说的了解。把"吊民伐罪，周发殷汤"与《三字经》中的"汤伐夏，国号商"，"周武王，始诛纣"联系起来讲，使学生认识到在《千字文》中，仅用了"吊民伐罪"四个字，却加深了《三字经》中四句话（见上）的内容，显示出《千字文》的"以明义理"的特点，以及中国语言的深奥及其善于表述性。

4. 对《四书》的学习，应以读《论语》为主，在学习《大学》《中庸》和《孟子》时，要适当地与《论语》联系起来读，以增强对儒学整体性的理解。对《四书》，就小学来说，虽排在高年级，也不要全读，更不是全讲，以选读为好。教材的编选，应体现出这一点。

一部《论语》，涉及到教育、哲学、伦理、道德、政事等多方面的内容，是一本包容了社会生活知识和行为准则的百科全书。中国出了一个孔圣人，是我们民族的骄傲！孔子一生做了两件大事，一是整编了中国的古代文献，为我们留下了一部系统的文化遗产，这方面不准备多讲。二是一生从事教育工作，为我们留下丰富的教育思想和教育经验。孔子一生除少数时间从政以外，全部心力都用在教育工作上，就连他周游列国十四年，还是在施教不辍。我们今天来学习《论语》，也应主要的来学习他的教育思想和教育经验，以及他的伟大的教师人格。他提出了"有教无类"的教育宗旨，推进了文化下移，这在当时来说是一桩反传统的伟大举措。他提出了培养君子、士、成人的教育目标，全面的论述了有关"成人"的知、德、体、美的全面要求。他培养了弟子三千，贤者七十二，包括了德行、德政事、语言文学各种人才。他总结出丰富的教育经验，如"子以四教：文、行、忠、信"，"兴于诗、立于礼、成于乐"的教育制度和内容。在教育原则和方法方面，有启发诱导，文道结合，学思结合，温故知新，因材施教，教学相长，等。他还为我们树立了一位伟大教师的典型，其"学而不厌、诲人不倦"，爱生如子，无私奉献，"后生可畏"，"当仁不让于师"等的言与行，都可以作为教师模范。总之，尊奉孔子为"大成至圣文宣王"，称道孔子为"万世师表"是恰如其分的。

《大学》，相传为孔子弟子曾子（名参）及其弟子所作，分为"经"和"传"两部分。对儒家的政治思想作了系统的论述，包括格物、致知、诚意、正心、修身、齐家、治国平天下的系统阐述，体现出儒家明德、亲民、止于至善的主要主张。所以孙中山先生称《大学》为"中国政治哲学"。"其中传"的第十章，有关德财关系以及理财的某些主张，对当前尚有一定的参考价值，也可以从中选读一些。

《中庸》，相传为孔子孙子子思（孔伋）所作，是儒家哲学思想的继承和发展，对天道、人性、教育与政事做了全面的论述。在"天道"方面，提出了一个"诚"字，将传统的人格之天发展为义理之天，如"诚者，天之道也；诚之者，人之道也"，为后世理学奠定了基础。此外，在《中庸》一书中，关于"中和"之道的提出；关于"知、仁、勇"三达德的论述；对于学习的"五步"的设计，以及"慎独"、"和而不流"的要求等，都应选读，以增强学生的道德修养。

《孟子》，是由孟轲万章、公孙丑等所记述的孟子的言行录。孟子在哲学上继承了子思的天道观的思想，提出尽心"知性"

和"天命"的理论，成为"思孟学派"，因为后世理学的形成奠定了基础。在政治上，将孔子的仁"学进一步发展为仁义并德行"施仁政"，所倡的许多重要思想，如"保民而王"、"民贵君轻"、"吊民伐罪"等重要的民本思想。在教育上也有重大的建树，从人性善出发，提出了系统的内省修养的原则和方法：如修身养性，养浩盈正气，内省慎独，专心致志，学不躐等，教亦多术等重要的教育原则和方法。孟子为文，已从语录式发展为论文式，其为文气势磅礴，善于论辩和用喻，为散文的发展提供了范例。

由此我联想到，在儒家文选之外，可否从先秦文献中再选出一些寓言故事，作为校本教材，供学生阅读，这对于学生学习古代文化将会大有裨益。

关于儒家对古代文化的贡献，我想用张载的四句诗来作小结："为天地立心，为生民立命，为往圣继绝学，为万世开太平。"儒家思想，所以能成为"独尊"，不仅因为它内涵广大，而且还在于它积极进取和与时俱进。

5. 对于诗的学习，在小学应放在一个重要地位上。一般说来，小学生对于诗的喜爱要超过于文，对于低年级的学生尤其如此。对于低年级学生的诗选，主要在考虑其深浅的程度；对于高年级的学生，如有可能可将古诗分类选读。如田园诗、山水诗、咏史诗、爱国诗、言情诗、送别诗、哲理诗等可分阶段分类别来读，以增强其效益。如遇重大节日，还可以选学一些歌咏节日的诗篇来读，这也是进行传统文化教育的有力方式。总之，要通过诵诗以至练习写诗，三言两语也好，把对古代诗文化的学习推向高峰。

以上是我在八九年私塾学习中的片断感受，和六十多年教育生涯中的一些粗浅体验，不揣浅陋，把它全盘托出来供老师们参考。择其善者而用之，其不善者而去之。

　　小学阶段，孩子们在十二三岁以前，是记忆力发展的最佳时期。在这一时期内，让孩子们多学多背一些诗文，可以在一生中永记不忘，终生受益。但为了加强记忆和应用，在可能的情况下，结合学生的理解水平，通俗地讲解一些，也是必要的，因为只有理解了才能更好地掌握和应用。在学习中要防止死记，更不要搞"倒背如流"，这样做的结果，不仅会误解经典的含义，还会伤害学生学习的兴趣和积极性。我对此是有切身体会的，我曾在幼年倒背过《论语》，结果是一无所获，反而增加了反感。我们是要学古，而不是复古，要批信而不是迷信，要重效果而不是重形式。

　　最后，我想再重复一下书中所强调的一句话：是在完成现有教学计划的前提下来进行中国古典诗文的学习。是锦上添花，而不是随意改作。贵校的实验，将课内与课外学生的有限时间有效地利用起来，将学校和家庭、社会的力量协同地组织起来，构成一个科学的教育网，使其真正做到如书中所说的："借一缕春风，踏一路阳光，洒一路欢笑"，将一所创新的实验学校呈现在世人面前。我衷心的欢庆：长峰小学的学生，在"诵千古美文，做少年君子"的教育中，茁壮成长！祝愿长峰小学的实验，百尺竿头，更上一层！

黄济

2009年教师节于北京师范大学

后　记 [1]

　　拉拉杂杂地讲了上述十个问题，作为初稿问世。既是初稿，就必然带有不成熟的缺点，因而全书从设题到内容，值得商榷和研讨的问题尚多，需待继续学习研究和修改补充。

　　国学是一个很大的课题，先哲给我们留下的书刊浩如烟海，因而尽毕生之力，也难以读其万一。这就使我对书中所引的资料，虽力求出自原著，但书海浩瀚，终难卒渡；其中有的资料是来自"第二手"或"转引"；即使来自第一手的资料，也还存在有不同版本和不同的解读的问题，带来了使用上的不少难处，并难以卒读。所有这些问题，都有待方家的指正和读者的指点，以便使本书再版时继续进行修改和补遗。

　　我今年 [2] 已八十有九，年届耄耋，已至"望九"，幸身心尚健。如天公作美，假我数年，对这本拙著，以及与其相关的《中华文化经典导读丛书》，继续进行修订，使再版时能有新的面目出现，到那时或许可以说："可以无大过矣。"现以小诗作结：

> 学苑耕耘经数春，书山难越备艰辛。
>
> 天公若肯假年月，自当续修求纯真。

　　为了帮助初学者阅读，附上拙文三篇，也是我学国学时的一些体验，以供初学者参考，并请专家指点。其中如涉及有关专家的观点，不当之处，渴请指教！

---

　　① 该后记为第一版内容，即作者原稿，故言辞恳切，体现了一位学者谦和的治学态度。

　　② 时在2010年，黄济先生八十九岁。

编后语

自2006年第6期到2008年第15期，历时两年多，共27期，黄济先生应其早期博士劳凯声主编之约，为《中国教师》"古典文化专栏"持续提供"古典诗文选介"稿件。在此基础上，先生精心加工梳理，形成《国学十讲》，于2010年7月由江苏教育出版社出版，并用于是年7月20日北京师范大学举行的"智者不惑仁者无忧——黄济先生九十华诞庆典"，为庆典增添了厚重感。与此相关，先生率众弟子主编的《中华文化经典导读丛书》八部（《蒙学新读》《四书解读》《诸经品读》《诸子选读》《文赋释讲》《小说别裁》《诗词赏析》《曲剧品评》）于2011年底出齐，《国学十讲》可谓《中华文化经典导读丛书》名副其实的"导读"。

2012年1月8日，北京师范大学教育学部和江苏教育出版社联合举行了《中华文化经典导读丛书》出版发行座谈会，《国学十讲》再度引发关注。顾明远、钱逊、俞家庆、王殿卿、裴娣娜诸教授出席并发言，给予《中华文化经典导读丛书》尤其是《国学十讲》以赞誉。著名教育家、中国教育学会会长顾明远先生认为，研究、继承和发扬中华优秀传统文化是现阶段教育的重要任务，对培养有中国文化底蕴的现代"中国人"意义重大，在一定意义上关乎中国未来；该"丛书"致力于选择具有代表性的中华优秀传统文化典籍并加以阐释，对于中小学开展优秀传统文化教育大有裨益。

"1月8日"冥冥之中与先生再度关联。2015年是日晚8时，先生驾鹤西去，吾等弟子痛失恩师！次日，吾等依然习惯性来到先生书房，多想再聆听先生的谆谆教诲！书桌上摆放的《国学十讲》封面赫然书写着"黄济留用勘误和修改"。扉页粘贴的那张纸（先生常服的参松养心胶囊"说明书"背面）书写着《〈国学十讲〉勘误》，密密麻麻共11条。正文从"前言"到"后记"，多处留有先生修改完善的标记。看得出，那是先生对该书修订再版的期许！在先生那里，同一部书一版再版以求尽善尽美，早已成为常态，《教育哲学初稿》《诗词学步》《小学教育学》莫不如此。端看"黄济留用勘误和修改"九字，翻阅"后记"先生诗云"天公若肯假年月，自当续修求纯真"，心情久难平静；12日默别时许诺：恩师晚年未成书稿尤其是这部心血之作不应留下续修再版的遗憾！

2018年5月3日下午，正要为学院第五十四期高校中青年干部培训班解读《大学》，接到先生女儿黄小枚君来电：《国学十讲》出版合同已到期，托我回应出版社并酌情办理再版事宜。藉数年合作互信，济南出版有限责任公司崔刚董事长和冀瑞雪欣然同意修订出版，并商定将《国学十讲》更名为《黄济讲国学》。

接下来的难题是按先生旨意修订完善。据《〈国学十讲〉勘误》所列11条来修订，相对简单；按书中标记或提示需要多处增补内容，所补充的恰为弟子用功较少的"管子"和"名家"及《周易》相关内容。新冠疫情期间，易于集中时间，几经研读，终于补写五千余言，并增补多幅插图。

如同古今有识之士，先生在诸经中注重研习《易》学，视之为修道立身、探赜（zé）索隐之正途。第四讲"解读诸经"之三"《易经》简释"，谈到《易经》的价值，先生计划"补《周易》的文学和史学价值及文字学的启示：参考郭沫若的《周易时代的社会生活》和高亨《周易杂论》《周易卦爻辞的文学价值》"。先生提出的参考文献，查看"黄济学馆"先生遗存的藏书，郭沫若的《周易时代的社会生活》可从《郭沫若全集》中找出，所提高亨著述已不见踪迹，只能另加寻觅。参考先生提及的著述，借鉴近些年相关研究成果，最终形成三段，分别简要论述了《易经》的文学价值、史学价值和文字学启示。

按先生在"目录"部分的修改提示，在第五讲"诸子简介"部分要增加"管子"和"名家"。先生在正文中特别提示："在'老子'前应加'管子'，管子除属'老'还是属'法'有着不同见解外，其实与'儒'关系也很密切，带有综合性特点。"弟子深以为然。于是，反复研读《管子》，梳理出两千余字。至于"名家"，先生则无任何提示。若以"名家"为题，则存在与"管子""老子"诸子不对应的问题；若选取名家之代表人物，唯恐有失先生之本意，何况名家很难确定集大成者。故最终还是出现"名家"，选取邓析子、惠子、公孙龙子三位代表人物，梳理出两千多字。

除上述补写内容，"作者简介"和"前言"及正文中的文字均做过个别改动，因增补内容个别段落也做了必要梳理，先生划问号之处也尽力查阅核实。自行补写、改动之原稿，将全部留存于尼山圣源书院"黄济学馆"，以备查验。"纯真"然否，尚待方家指教。

无论如何，先生未能亲自"续修"的遗憾注定是难以弥补的。《国学十讲》中先生所作眉批甚多，全部融入修订本中不易。其中主要涉及：对《三字经》"修订"与"删节"现象不以为然；对孔子"万世师表"的阐释意犹未尽；提及朱元璋"删《孟子》撤配享"之举而未加评议；对《中庸》有关"政道"内容意欲补益；对诸子一度不为所重致使"许多闪光点"不彰而深表遗憾；对节日文化价值意欲深入挖掘与阐释。仅就第九讲中"有关京剧的几点评议"而言，该部分先生多处有增补，还黏贴了两张附页，其中就新改编并观看的京剧做了精到评述：从新编京剧《杨家女将》和《沙家浜》，看到了"京剧改革的曙光"，确信"京剧需要改革，而且大有发展前途"；觉得由陈少云出演的《成败萧何》"很好"，但就

"败也萧何"表现不足；赞赏《敬德装疯》"表现出一位将领的爱国之志和社会责任感，像这样的戏，希望多演些！"还列举改《武家坡》、改《四郎探母》诸问题。显而易见，先生为京剧改革取得的进步而欢欣鼓舞，并记录了2010年11月京剧申遗成功的消息，而对京剧革新中存在的问题也毫不掩饰。在用药《说明书》空隙留下的一段文字值得关注："京剧最讲师承关系，在尊师方面超过学校的师生关系是好的传统，但也由此产生了保守的一面：老师的戏一点都不能变。"先生自称"是一个京剧爱好者，但又是一个外行"。恰是这位"外行"，长期跟踪京剧改革动态，并善于就京剧名作新作发表真知灼见。限于本人认知能力，加之不敢"妄言"，先生诸如此类见解尚难在本书正文中充分展现。

吾与恩师同为胶东于氏。按当地习俗，今恰逢先生百岁。昨夜难眠，长时翻阅旧照遗存，寻找与恩师相处的点滴记忆。9年前即2011年是日，吾与中英君特意聚集家中为老师九十周岁贺寿，记得那天中午与老师分享长寿面，老师显得特别开心，合影时用手紧紧攥着我俩，那一刻我确信并期待着先生百岁庆典的热烈场景。未曾料想，如今只剩下追忆啦！天华与先生同月同日生，19年前即2001年是日，我俩登门拜贺恩师八十周岁诞辰，其乐融融，恩师以《雪泥鸿爪》署名相赠。今日天华提生日唯一心愿：沿三环一转。吾深谙其意，晚间直奔我俩初识的师大校园，随即不由自主开往新风南里，均因疫情而只能于门外徘徊流连。过火箭军总医院，亦念及先生于斯驾鹤游西。五载时光飞逝，"续修"初成，付梓在即，如若"无违"且"无大过"，或可些许告慰恩师！

于建福谨志

2020 年 7 月 20 日